PRÉCIS

DE LA

GUERRE EN SUISSE

(1799)

AVERTISSEMENT ET NOTES

PAR

ÉDOUARD GACHOT

PARIS

L. FOURNIER, ÉDITEUR MILITAIRE

264, BOULEVARD SAINT-GERMAIN

PRÉCIS

DE LA

GUERRE EN SUISSE

OUVRAGES DU MÊME AUTEUR

La première campagne d'Italie (1795 à 1798), ouvrage accompagné de gravures, plans et cartes. Un vol. in-8°.. 7 50

La deuxième campagne d'Italie (1800), ouvrage couronné par l'Académie française. Un vol. in-16... 3 50

Souvarow en Italie (1799), ouvrage accompagné de gravures, plans et cartes. Un vol. in-8°.......... 7 50

La campagne d'Helvétie (1799), ouvrage accompagné de gravures, plans et cartes. Un vol. in-8° (2e édition).. 7 50

Jourdan en Allemagne et Brune en Hollande (1799), ouvrage accompagné de gravures, plans et cartes. Un vol. in-8°.. 7 50

Le siège de Gênes (1800), ouvrage accompagné de gravures, plans et cartes. Un vol. in-8° (2e édition). 7 50

Les mémoires du colonel Delagrave (campagne du Portugal 1810-1811), ouvrage orné de gravures en couleurs, cartes. Un vol. in-8°.................... 7 50

PRÉCIS
DE LA
GUERRE EN SUISSE

(1799)

AVERTISSEMENT ET NOTES

PAR

ÉDOUARD GACHOT

PARIS

FOURNIER, LIBRAIRE-ÉDITEUR

264, BOULEVARD SAINT-GERMAIN

AVERTISSEMENT

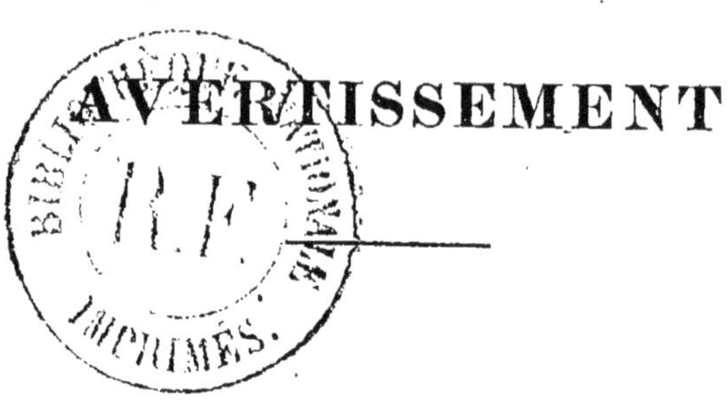

Des guerres entreprises ou soutenues par les armées
de la République française, sur le sol étranger, celle qui
ensanglanta l'Helvétie, de mars à décembre 1799, doit
compter parmi les plus importantes. Les belligérants
voulaient s'assurer, chacun, la direction d'un peuple qui
s'était, cinq siècles auparavant, affranchi d'une domi-
nation autrichienne ; ces belligérants purent livrer six
grandes batailles et se rencontrer dans plus de soixante
combats ; luttes qui portèrent partout la dévastation et
qui réduisirent l'habitant, forcé chaque jour de subir la
réquisition, à une extrême misère.

L'étude de cette campagne, dans laquelle parurent
trois hommes devenus illustres : l'archiduc Charles,
Souvarow et Massena, est difficile à parfaire, non pas
que d'actifs chercheurs — des officiers et des civils —
ne s'y soient courageusement employés ; mais, par le
défaut, dans les archives publiques, de rapports précis
et détaillés sur telle marche stratégique, sur tels travaux

d'approche, sur tel engagement, des chapitres sont restés incomplets et il a été nécessaire d'employer les papiers de M. le prince d'Essling pour reviser ou pour compléter l'œuvre de quelques mémorialistes ayant donné un trop libre cours à leur imagination.

Toute relation qui nous vient d'un témoin oculaire doit compléter parfois les bulletins rédigés pendant cette guerre. Tout mémoire, s'il ne vise pas à exalter la vertu ou la fortune de son auteur, peut nous renseigner parfaitement. On doit même les préférer aux rapports des chefs de corps, souvent partiaux envers plusieurs de leurs subordonnés. Opinion qui nous engage à publier les *Papiers* du colonel Marès.

D'abord quel homme était-ce ? Disons, en préambule, qu'il s'éleva, dans les armées de la Révolution, jusqu'à l'admiration de ses soldats ; ensuite, jusqu'à l'estime de Napoléon. Sa biographie tient dans quelques lignes :

Fils d'un apothicaire, Louis Marès est né à Marseillan, de l'Hérault, le 20 mai 1765. Notaire à Bessan en 1787, marié pendant cette année à Mlle Marie-Anne Labeille, il abandonne son étude pour être nommé capitaine de canonniers au 2e bataillon des volontaires de l'Hérault, le 29 août 1792. Attaché à l'état-major général de l'armée d'Italie le 28 septembre ; aide de camp du général Dumerbion le 28 février 1793 ; capitaine du génie le 4 juillet ; chef de bataillon le 25 février 1794 ; suspendu de ses fonctions et mis en prison à Antibes, sous l'accusation d'avoir servi Robespierre, le 28 avril 1795 ; mis en liberté le 19 septembre ; réintégré dans l'armée le

18 octobre, il servit dans les armées de Sambre-et-Meuse, de Mayence et du Danube de 1796 à 1799. Chef de brigade le 21 août 1799 ; employé à l'armée d'Italie, sous Massena, le 14 décembre ; passé du génie dans la ligne le 6 décembre 1801 ; adjudant-commandant le 3 novembre 1803 ; employé au camp de Boulogne le 23 novembre puis au 3e corps de la Grande Armée le 29 août 1805 ; blessé grièvement à Austerlitz le 2 décembre, il mourut à Brünn le 7 janvier 1806.

De ce brave, qui était officier de la Légion d'honneur depuis le 14 juin 1804, le général Suchet écrivait à son chef, le maréchal Davout :

« L'adjudant-commandant Marès vient de mourir ce matin dans cette ville ; j'éprouve d'autant plus de regrets à vous annoncer cette fâcheuse nouvelle que connaissant depuis longtems cet excellent officier, j'avais pour lui une estime et une amitié particulières et je ne doute pas qu'il n'ait inspiré les mêmes sentimens à tous ceux qui ont été à portée de le connaître.

« En partant pour Vienne où j'ai fait il y a quelques jours un petit voyage, je l'avais laissé dans l'état le plus satisfaisant ; mais il parait que livré d'abord aux mains d'un chirurgien allemand, les premiers soins lui ont manqué ; et malgré tous les secours de l'art que je lui ai fait prodiguer, la gangrène a gagné sa plaie et l'a enfin emporté lui-même, après de cruelles souffrances.

« Le commandant de place de Brünn, le général Pannetier a veillé à la vente du peu d'effets qu'il avait ici avec lui ; il a le reste de ses effets et des chevaux dans son logement à Vienne. Je m'empresse de vous en informer, monsieur le maréchal, en vous priant de bien vouloir faire ordonner que le produit de la recette revienne à sa famille. Je vous prie surtout de recommander aux bontés de Sa Majesté son père et sa fille dont il m'a souvent entretenu dans ses derniers moments. Elle est à Paris dans la pension de M. de L'Orphelin, rue des Champs-Elysées. Je compte d'avance, monsieur le maréchal, sur votre justice et votre bienveillance pour l'enfant de ce brave homme digne d'éloges et de regrets. »

A de grands talents militaires, Marès joignait des qualités d'écrivain, ce qui lui a permis de rédiger des relations qui, quoique rapidement écrites, n'en sont pas moins, pour nous, très précieuses. Il eut pour collaborateur, en 1800, Duvivier, adjoint à l'état-major.

Après avoir publié un résumé de la guerre en Helvétie (1), Marès se ravise ; il veut relier les événements qui ont eu pour théâtres Zurich et Gênes ; il écrit de Milan, le 18 thermidor an VIII, à Massena :

« Je me propose d'écrire et de faire paraître de suite un ouvrage ayant à peu près pour titre : *Campagne du général Massena en Helvétie et en Italie pendant les années 7e et 8e*, avec les plans des batailles et des combats les plus remarquables de ces deux campagnes, soit en Helvétie, soit dans la rivière de Gênes. Je fondrai dans cet

----

(1) *Précis historique de la campagne du général Massena dans les Grisons et en Helvétie*, depuis le passage du Rhin jusqu'à la prise de position sur l'Albis. Paris, Vatar-Jouannet, an VII.

ouvrage celui que j'avais déjà bien avancé et dont on grave les planches à Paris, toutes les cartes d'ensemble m'y serviront et j'y ajouterai toutes celles qui me deviendront nécessaires. Il me faut pour cet ouvrage d'ensemble le tems de réunir tous les matériaux, de faire faire les plans et de les livrer aux graveurs; il me faut aussi le tems de la rédaction.

« Pour ne pas attendre plus longtems la dernière partie de la campagne d'Helvétie, je peux publier de suite le *Précis* de la dernière partie de cette campagne, dans le genre de la première partie et y joindre une carte de la Suisse qui fera ensuite partie de la collection pour le grand ouvrage. J'ai déjà chargé un graveur, à Milan, de cette carte de la Suisse; on va y travailler sans relâche.

« Ces deux *Précis de la campagne d'Helvétie* et le travail imprimé du citoyen Thiébaut sur la défense de Gênes feront partie du recueil des pièces qui doivent accompagner ce même ouvrage. Pour l'exécution de ces travaux il faut :

« Que j'aille chercher dans votre dépôt d'Antibes les cartes, journaux, manuscrits et correspondance que je n'ai pas. J'y trouverai surtout le rapport du Gothard qui me manque pour le *Précis* qui doit paraître de suite.

« Arrivé ici, je rédigerai ce Précis. C'est l'affaire de huit jours au plus, et je le ferai imprimer à Milan ou à Paris à votre choix. Je mettrai en même tems en ordre toutes les cartes et plans des deux campagnes; je les ferai mettre au net. J'en arrêterai la forme et donnerai aux graveurs de Milan ce qu'ils sont en état d'exécuter. Je réserverai pour les graveurs de Paris les parties les plus difficiles.

« J'ai à Paris un manuscrit et beaucoup de pièces qui devront me servir à cet ouvrage ; je ne peux confier à personne l'ouverture de ma malle et la recherche de ces papiers et encore moins le transport de la seule minute que j'aye ; il faut donc que j'y aille ; et même ma présence est d'ailleurs nécessaire pour m'arranger avec les graveurs et imprimeurs, car ce n'est qu'à Paris qu'un ouvrage de cette importance doit être imprimé, malgré que plusieurs planches soient gravées ailleurs.

« La rédaction de cet ouvrage exigera de moi à peu près six mois. Je peux la faire à Paris ou à Milan, ou à Antibes et à Nice. A Paris, ce serait plus avantageux pour l'ouvrage, mais le dépôt de vos papiers n'y est pas. Pour ma satisfaction particulière, j'aimerais mieux Milan ou Nice d'où je pourrais voir vos papiers sans les déplacer et d'où je pourrais attendre la terminaison de quelques affaires que j'ai à finir dans le département de l'Hérault.

« Mes voyages : le premier à Antibes, le deuxième à Paris, peuvent être faits sur vos ordres, en profitant de quelque mission pour ces deux endroits lorsqu'il en sera tems. Mon séjour dans tel ou tel endroit pour la rédaction dépend encore de vous ; ainsi, je ne vous propose rien à cet égard.

« Les moyens d'exécution de l'ouvrage principal peuvent en accélérer plus ou moins la confection. Si je suis réduit à mes propres forces, je m'en tirerai sans doute, mais avec plus de peine et lentement parce que je ne peux faire par moy-même aucune avance de fonds et que je serais obligé d'avoir recours à des arrangements avec les imprimeurs et les libraires et aux souscriptions.

« Cet ouvrage étant l'histoire, le traité de vos campagnes, je crois que vous devés faciliter son exécution et que vous le pouvez sans faire de dépense personnelle. Le général Bonaparte vous en a fourni un exemple par la rédaction des cartes de sa campagne par d'Albe et a fourni à cet officier sur les fonds extraordinaires de l'armée les sommes nécessaires à son travail, dont la valeur a été complétée par les souscriptions que chacun s'est empressé de prendre en nombre suffisant pour le dédommager amplement de ses dépenses.

« Je vous propose de faire sur vos dépenses extraordinaires ou de toute autre manière que vous jugerés convenable un fonds quelconque qui sera affecté à ce travail. Vous en fixerés le remboursement comme vous le jugerés à propos sur le produit de l'ouvrage.

« Si vous approuvés ce projet, je vous présenterai un apperçu approximatif de la dépense que cet ouvrage peut occasionner et des fonds qu'il faudra faire à cet effet... »

Massena sut aider les travaux d'un « chantre de sa gloire », mais la publication du manuscrit fut ajournée quand le défenseur de Gênes quitta l'armée pour entrer au Corps législatif. Marès décédé en Moravie, l'œuvre tomba dans les archives du prince d'Essling.

Nos études faites en territoire helvétique, nos recherches poussées dans les archives françaises et étrangères, nos publications quant aux campagnes de 1799, nous désignaient sans doute pour corriger quelques détails du *Précis* de Marès ; mais aux noms parfois bizarres des lieux, nous n'avons rien changé.

En somme, l'ouvrage contient, jusqu'au chapitre traitant du passage de Souvarow dans le Saint-Gothard, une très lumineuse relation. L'exposé de cette marche qu'exécutèrent les Russes, entre Taverne et Feldkirch, c'est la partie vraiment faible du livre.

Ajoutons que l'auteur possédait une maîtresse qualité : celle de ne point parler de lui. Il peut donc paraître impartial.

Marès, un brave tombé sur le champ de bataille, nous a laissé une œuvre qui apporte, chacun le reconnaîtra, la contribution d'un long journal de guerre aux Annales militaires, — et surtout à l'Histoire de la Suisse.

GACHOT.

Janvier 1909.

PRÉCIS

DE LA

GUERRE EN SUISSE

CHAPITRE PREMIER

POSITION GÉOGRAPHIQUE ET MILITAIRE DE LA SUISSE

La Suisse occupe une des plus hautes régions de l'Europe et domine la France, l'Italie et l'Allemagne dont elle se trouve environnée. Son territoire, y compris celui des Grisons et autres alliés, occupe une étendue d'environ 70 lieues de longueur sur 40 lieues environ dans sa plus grande largeur; c'est-à-dire, des sources de l'Adige à Nion sur le lac de Genève et de Schaffouse, sur le Rhin à Bellinzona, près le lac Majeur. Il se trouve en très grande partie situé sur le revers septentrional de cette partie de l'immense chaîne de montagnes connue sous la dénomination de Hautes-Alpes et où sont les monts fameux du Saint-Gothard, de la Furca, du Grimsel, du Fursteraarhorm, Jungfrau près desquels on sait que le Rhin, le Rhône et l'Aar prennent leurs sources.

Circonscrit par les Alpes du Jura, le lac de Constance et le Rhin, cet Etat forme un saillant vers l'Allemagne, déborde la haute Italie et donne des entrées plus ou moins faciles en Souabe, sur le Vorarlberg, dans le Tyrol et en Italie.

La possession de la Suisse devient extrêmement importante pour cette puissance, puisque, lorsque la France est engagée dans une guerre dont le théâtre s'étend d'une mer à l'autre et lorsqu'elle ne peut guère compter sur une franche neutralité de la part des Suisses ou sur la non-violation par l'ennemi du territoire de cette petite république dans l'hypothèse que nous venons de faire, la question de l'occupation de la Suisse paraît donc résolue affirmativement car si la France s'y laissait prévenir par ses ennemis, elle se priverait dès lors des avantages nombreux que lui procure cette position avancée d'où elle menace à la fois plusieurs des provinces importantes qui couvrent ou composent l'Empire d'Autriche, elle renoncerait à l'ensemble et à la liaison qu'elle peut donner par là aux opérations combinées de ses armées sur le Rhin et en Italie, ainsi qu'aux avantages de leur communication entre elles, et découvrirait en outre cette portion faible de sa frontière comprise entre Basle et Genève. Il paraît évident que tout le tems qu'une armée française occupera fortement la Suisse, l'ennemi, auquel des succès obtenus sur les armées du Rhin ou d'Italie aurait ouvert le chemin de la France, n'osera y pénétrer bien avant, menacé lui-même au centre de son pays, ayant beaucoup à craindre pour les vallées du Danube, de l'Inn, de l'Adige, de l'Adda et du Tessin ; il n'y a guère que sur le Bas-Rhin entre l'Océan et le Mayn qu'il pourra poursuivre avec sécurité ses succès ; partout ailleurs, c'est-à-dire sur toute l'étendue de sa ligne entre Manheim et la Méditerranée, il ne peut se hasarder bien loin sans risquer de se compromettre à moins d'être parvenu à déposter les Français de la Suisse.

Sous les rapports offensifs et défensifs, l'occupation de la Suisse, ne présente pas cependant des avantages égaux aux puissances belligérantes ; elle est plus immédiatement menaçante contre la France parce qu'elle tourne cette partie de ses frontières que le cours et la place du Rhin rendent si formidable, procure dans un pays assez ouvert des débouchés dangereux sur Belfort, Besançon et Lyon et expose ainsi cette belle partie de son territoire à une prompte invasion : mais il n'en est pas de même à l'égard de l'Allemagne et de l'Italie qu'une barrière presqu'impénétrable (1) ou qu'un pays montueux couvert de forêts, sillonné de torrents et généralement dépourvu de bonnes communications, protège fortement contre les opérations offensives : car si on dirige celles-ci vers l'Allemagne par les vallées de l'Inn, du Lech ou du Danube, il faut traverser une partie des montagnes difficiles et âpres, de sa frontière ou du Vorarlberg qui offrent à chaque pas de bonnes positions défensives et des défilés ; et si l'on veut, au contraire, agir du côté de l'Italie, tous les obstacles et toutes les difficultés dont les Hautes-Alpes sont hérissées se présentent aussitôt ; ainsi, sous ce premier rapport (l'offensive), l'occupation de la Suisse semble tout à l'avantage de l'Autriche tandis qu'à l'égard de la défensive, elle paraît plus utile à la France.

Quoiqu'il en soit de cette opinion qui n'est pas émise ici pour servir de justification à l'envahissement de la Suisse par telle ou telle puissance ; on ne peut s'empêcher de déplorer à ce sujet les funestes conséquences de cette politique injuste, immorale qui entraîne les gouvernements à des actes dans lesquels leur intérêt est leur seul mobile et la force leur unique moyen.

---

(1) Les Alpes.

Combien serait-il préférable qu'ils prissent toujours l'équité pour base et pour règle de leurs rapports entre eux et surtout avec les Etats faibles ! Les avantages qui résulteraient pour tous les peuples de l'observation d'un tel principe se présentent en foule à l'esprit. La diplomatie s'épure et se simplifie ; elle n'est plus obligée alors d'employer la ruse et la corruption ; moyens insuffisants et vils qui dégradent autant ceux qui les mettent en œuvre que ceux qui y sont accessibles ; et la morale publique, sur laquelle les gouvernements et les princes exercent une si puissante influence, s'enrichissant des vertus qu'ils professent, s'épure alors à son tour, les hommes s'améliorent, sont plus faciles à gouverner, les peuples sont plus heureux.

CHAPITRE II

Depuis que le Directoire français, secondé du vœu et des efforts d'une très grande partie des habitants de la Suisse, était enfin parvenu, après avoir vaincu ou comprimé toutes les résistances, à établir dans ce pays un gouvernement à peu près semblable à celui qui existait alors en France par la constitution de l'an III, la nouvelle République helvétique était en proie aux troubles et aux dissensions civiles qui accompagnent et suivent toujours les révolutions politiques. En vertu de l'alliance contractée entre les Républiques française et helvétique, 20,000 Français, commandés successivement par les généraux Brune, Schauemburg, occupaient le territoire de la Suisse (le pays des Grisons excepté) afin de contenir les partisans de l'oligarchie qui conspiraient sans cesse le renversement du nouveau gouvernement et afin d'en imposer en même tems à ses ennemis extérieurs. Cependant le Directoire helvétique, auquel la mésintelligence de ses membres donnait peu de considération et de force, était presque sans autorité et ne parvenait qu'avec peine, et même que partiellement, à faire exécuter ses décrets. La marche du gouvernement entravée en toute occasion par les intrigues et les oppositions des mécontents nombreux et puissants que le nouvel ordre établi avait faits, était toute remplie d'hésitation et n'avait pas cette fermeté, cette régularité qui indique la force, prouve la bonne foi et produit la confiance. Les finances de l'Etat épuisées par les dilapidations et les désordres presqu'indispensables de la situation qui venait d'avoir lieu ne pouvaient se réparer. La levée pour l'organisation et l'armement des 18,000 auxiliaires que la Suisse devait fournir à la France, d'après une convention stipulée entre les deux Républiques, ne se faisait qu'avec beaucoup de lenteur et de difficultés, de sorte que quelques milliers d'hommes, imparfaitement armés et équipés, se trouvaient à peine assemblés dans différents dépôts au commencement de mars 1799.

Cette situation fâcheuse de la République helvétique se trouvait encore aggravée, comme on l'a indiqué plus haut, du poids de l'occupation de son territoire par les troupes françaises : car quelque discipline qu'observent des soldats étrangers, quelles que soient la sagesse, la modération, la probité de leurs chefs, leur présence, quoiqu'utile et nécessaire au maintien de la tranquillité publique et des nouvelles institutions, ne peut qu'obérer et qu'irriter une nation, puisqu'elle la blesse dans son orgueil national, attaque tous les intérêts particuliers, offense ses mœurs, gêne ses coutumes ou protège une partie des opinions. Les mécontentements, la haine puis enfin la révolte sont donc les résultats ordinaires et presqu'inévitables de toute occupation militaire ; et dans cette disposition hostile qu'elle fait naître chez le peuple, rien n'est plus facile aux mécontents que de les porter à s'insurger contre ceux qu'ils lui désigne comme ses oppresseurs et comme les auteurs de tous les maux qu'eux mêmes attirent et font peser par leur résistance et leurs intrigues sur leur propre patrie.

Aussi la Suisse était-elle remplie de séditions. De tous côtés se tramaient des complots qui avaient pour double objet le renversement de l'ordre des choses nouvellement établi et l'expulsion des Français qui les protégeaient ; des insurrections nombreuses s'organisaient, et comme le changement opéré dans la forme fédérative du gouvernement des cantons suisses n'avait pu l'être dans plusieurs que par la force des armes et après de sanglants combats, les ennemis du nouveau gouvernement profitèrent de cette malheureuse circonstance pour appeler le peuple aux armes et à la vengeance. De leur côté, les Autrichiens, postés dans les pays qu'ils avaient envahi et qu'ils occupaient militairement, arrivaient avec l'argent des Anglais, des corps levés et organisés clandestinement par leurs soins et sous leurs auspices ; ils donnaient refuge et protection aux émigrés suisses et réussissaient même à entraîner à l'émigration des hommes de la classe supérieure par l'appât de l'indemnité qu'ils accordaient à tous ceux qui désertaient la patrie et venaient offrir leurs bras pour la délivrer du joug des Français, mais bien plus réellement pour la déchirer.

Leurs émissaires parcourant toute la Suisse y fomentaient la discorde et la guerre civile en signalant les partisans des Français comme les auteurs de toutes les calamités qui avaient affligé et qui menaçaient encore de la désoler. Ils profitaient de quelques exactions malheureusement commises par quelques-uns des agents du gouvernement français pour rendre celui-ci odieux et méprisable en l'accusant de complicité dans des actes honteux et punissables. Exagérant les revers qu'avaient essuyés les armées françaises, leur faiblesse actuelle, les difficultés de leur réorganisation en même tems qu'ils faisaient un grand étalage des forces de la coalition et de ses victoires, ils cherchaient à faire naître l'espoir et la confiance dans l'esprit des chefs des mécontents et s'efforçaient de persuader au peuple que le moment favorable était venu de se débarrasser des Français, de recouvrer son indépendance et de rétablir ses anciennes institutions.

Tel était à peu près l'état des choses en Suisse lorsque le général Massena fut nommé général en chef de l'armée française en Helvétie, et tandis que les Russes s'avançaient à grands pas vers l'Italie et que les Autrichiens rassemblaient des forces considérables dans le duché de Venise, dans le Tyrol, dans le Vorarlberg, vers le haut Danube et sur le Rhin. De l'ensemble de toutes ces circonstances défavorables on peut aisément déduire combien la position du général français devait être délicate et critique et par conséquent de quelle habileté il a dû faire preuve pour soutenir un gouvernement aussi mal affermi, et contenir ou calmer ou maintenir un peuple dont il augmentait encore les misères par les mesures onéreuses et sévères qu'il devait nécessairement ordonner pour subvenir aux besoins pressants et multiples de l'armée dont il venait prendre le commandement et qu'il avait ordre de mettre immédiatement en état d'agir offensivement.

Mais les détails intéressants qui se rapportent à cette époque difficile trouveront leur place plus loin et lorsqu'on s'occupera des préparatifs de la campagne.

CHAPITRE III

DESCRIPTION TOPOGRAPHIQUE
Abrégé du théâtre de la guerre en Suisse et sur le Rhin (1).

Ce qui frappe d'abord les regards dès qu'on jette un coup d'œil sur la carte pour considérer dans son ensemble, ou dans ses détails, le théâtre de la guerre en Suisse, c'est cette portion de l'immense chaîne des Alpes qui le partage en deux parties fort inégales et diamétralement opposées quant à leur situation sur le penchant méridional et septentrional de ces montagnes célèbres.

De cette chaîne énorme au centre de laquelle on remarque principalement les pics glacés du mont Grimsel, de la Furca, du Fursteraarhorn, du Saint-Gothard, l'attention se porte d'abord naturellement sur cette multitude de torrents et de rivières qui en descendent; mais bientôt après elle se fixe entièrement sur le Rhin, le Tessin et le Rhône. Le Rhin qui s'en précipite au nord et à l'ouest, le Rhône à l'ouest, le Tessin au sud, dans des directions diamétralement opposées et vont se jeter : le premier dans la mer du Nord, le deuxième dans la Méditerranée et le dernier dans le Pô; c'est-à-dire dans l'Adriatique après avoir embelli, fertilisé ou protégé

---

(1) Le théâtre de la guerre se trouva limité entre le Rhin au nord et à l'est et la grande chaîne des Alpes au sud.

l'Allemagne, le midi de la France et une portion de l'Italie,

Après le Rhin et le Rhône, ces deux fleuves remarquables qui limitent et enveloppent en quelque sorte au sud, au nord et à l'est le théâtre de la guerre, que l'on s'occupe de trouver les objets qui se présentent successivement et dans l'ordre de leur importance. Tout d'abord l'Aar, rivière qui recueille toutes les eaux du revers septentrional des Alpes entre Wallenstadt sur le lac du même nom et Iverdun sur le lac de Neuchâtel, et dans le bassin circonscrit au sud par ces monts prodigieux servant de limites entre la Suisse, le Valais et les Grisons, au nord par les montagnes qui bordent les rives septentrionales des lacs de Wallenstadt, Zurich et le cours de la Limat et à l'ouest par les monts Jura, occupe ainsi presque la totalité du territoire de la Suisse. Viennent ensuite les lacs de *Constance*, de *Zurich*, de *Lucerne*, de *Brienz* et *Thun*, de *Neuchâtel* et de *Genève*. Les rivières qui les alimentent ou en dégorgent tel que la *Linth*, la *Limat*, la *Reuss*, l'*Aar* et les deux fleuves déjà cités, les sources de l'*Adda* sont également au pied du Wassimserbach et du mont Tonal et sur le penchant méridional des montagnes qui séparent le Valteline de la haute Engadine au-dessus de Bormio ; elles sont au nombre des objets intéressants qu'offre fréquemment cette haute région des Alpes située vers l'Italie.

L'*Inn* et l'*Adige*, rivières qui se jettent l'une dans le Danube et l'autre dans la mer Adriatique après avoir arrosé des pays aussi diversement situés entre eux que le sont le Tyrol allemand et les anciens états de Venise, prennent aussi naissance à l'extrémité orientale de cette portion des Alpes comprise dans l'étendue qu'embrasse le théâtre de la guerre en Suisse : la première sort d'un petit lac situé au pied des monts Albula et Bernina dans la haute Engadine, la seconde descend du Warm-serbach du côté de Munster, vers la frontière orientale des Grisons avec le Tyrol italien.

Dans aucune contrée de l'Europe la nature ne déploie à la fois plus de grandeur, plus de variétés dans les traits majestueux et riants dont elle se compose ; nulle part on ne rencontre peut-être autant de merveilles réunies dans un espace aussi circonscrit. Des montagnes d'une élévation si prodigieuse que la cime en est formée par des glaciers éternels et que les neiges séjournent sur leurs flancs pendant plus de neuf mois de l'année, des précipices affreux, des ravins profonds, où roulent avec fracas des torrents impétueux dont les eaux rassemblées dans des vallées spacieuses forment le *Rhin* et le *Rhône*, deux des fleuves les plus remarquables de l'Europe à cause de l'étendue et de la direction opposée de leur cours ; des lacs magnifiques que traversent et d'où sortent des rivières navigables ; tous les climats et aussi presque toutes les cultures et toutes les productions de l'Europe ; les sites les plus agrestes ou les plus enchanteurs ; en un mot toutes les formes gracieuses, effrayantes et majestueuses que la nature paraît susceptible de prendre, se rencontrent dans cette petite étendue de pays qui compose le territoire de la Suisse et de ses alliés. Une description détaillée de la Suisse et des pays environnants étant cependant étrangère sous bien des rapports à l'objet dont on s'occupe, on croit devoir se borner à donner une idée générale de la conformation de cette contrée, c'est-à-dire à esquisser les traits principaux qui la caractérisent et auxquels toute opération militaire y a toujours été et demeurera toujours soumise. Tel est le but qu'on se propose d'atteindre en décrivant succinctement la chaîne des Alpes depuis le mont *Rosa* environ jusqu'au *Wurmser Loch* ou plutôt en indiquant tous les passages et cols par lesquels on parvient à franchir ces hautes montagnes et à passer de la Suisse en Italie puis en donnant immédiatement des renseignements exacts sur les routes, chemins et sentiers de toutes ces contrées. Les données nécessaires à l'intelligence des opérations militaires dont on va offrir le récit devant compléter, par une espèce de reconnaissance du cours du *Rhin*, depuis ses sources jusqu'à Basle, du cours entier de l'*Aar*, de l'*Em*, de la *Jur*, de la *Reuss*, de la *Limat*, de la *Glatt* et de la *Thur* qui forment avec les lacs qu'elles traversent ou d'où elles prennent naissance une suite de lignes militaires plus ou moins faciles à défendre ou à franchir, dont les extrémités s'appuient d'un côté aux plus hautes sommités des Alpes et de l'autre au Rhin à l'Aar et au Jura et divisent ainsi la Suisse en un nombre de zones égales à celui de ces lignes.

Le mont *Rosa* étant pris pour point de départ d'une ligne que l'on conduira par les monts *Griès*, *Grimsel* et la *Furca*, les cimes du *Saint-Gothard*, du *Lukmanier*, du *Saint-Bernardin*, du *Splügen* et les monts *Septimer*, *Bormina* et le *Wurmser Loch* tracera d'Occident en Orient les sinuosités que forme la crête des Alpes dans une étendue de 45 lieues environ de développement où elle sert de démarcation entre l'Italie et la Suisse. Le plus élevé de ces pics glacés est le mont Rosa dont la hauteur, inférieure seulement d'une quinzaine de toises à celle du mont Blanc, est de 2,400 toises au-dessus du niveau de la mer. Le Griès et le Grimsel, la Furca et le Saint-Gothard, quoique fort élevés, lui sont cependant bien inférieurs, puisque le plus haut d'entre eux (le Griès) n'a que 1,200 toises environ d'élévation au-dessus du même niveau.

C'est au milieu de ces derniers, non loin du groupe énorme formé par les cimes presque contiguës de la

Jungfrau, du Monch, de l'Erger, du Fursteraarhorm, du Schrekhom et du Wetterhorn, et dans une étendue que circonscrirait un cercle de 2 lieues de rayon, que prennent à la fois naissance des grands fleuves : Le Rhin, le Rhône, le Tessin, l'Aar et la Reuss, qui de là vont arroser des pays si diversement situés et baignés par trois différentes mers de l'Europe.

PRINCIPAUX COLS OU PASSAGES

Les passages ou cols qui existent dans cet espace de 45 lieues sont en petit nombre et impraticables pour la plupart pendant quelques mois de l'année. Les plus remarquables sont les suivants :

1° Celui du Simplon où passe aujourd'hui une route magnifique et praticable en tout tems, mais qui n'était encore en 1799, qu'un chemin de mulets, servant de communication entre le Valais et le Piémont par le val de Nedro et Domo d'Ossola.

2° Celui qui existe au pied du mont Griès passe au-dessus de Munster dans le Haut-Valais ; il établit ainsi une communication entre l'Italie et la Suisse par la vallée de l'Aar et le val Formosa. Ce chemin praticable seulement aux gens de pied et aux chevaux de bât, descend aussi vers Munster dans le Haut-Valais ; il conduit également, en remontant la vallée du Rhône, à Realp, village situé au pied du mont Furca et aux sources de la Reuss dont il suit le cours jusqu'à l'Hôpital où passe la route de Saint-Gothard dont il va être parlé.

3° *Le passage du Saint-Gothard.* — Avant de donner les détails relatifs à la route du Saint-Gothard, il convient de faire remarquer qu'elle est l'unique communication directe entre Schaffouse et Milan, c'est-à-dire entre le Haut-Rhin et le Pô, par conséquent d'une haute importance dans les rapports stratégiques. Elle est, de plus, la meilleure et dès lors la plus fréquentée de celles qui conduisent de l'Italie en Suisse et réciproquement. Elle consiste du côté de la Suisse en un chemin qui remonte la vallée de la Reuss jusqu'aux sources de cette rivière vers l'Hôpital, passant plusieurs fois d'une de ses rives à l'autre sur des ponts de pierre au-dessous desquels coule la Reuss à une profondeur quelquefois considérable. Ce chemin est fort bon et praticable aux chevaux ; il y a peu d'endroits où il ait moins de six pieds de largeur, et ce n'est qu'au dessus de l'Hôpital (1), c'est-à-dire que dans l'intervalle de 3 lieues et demie environ qui sépare ce dernier village de celui d'Airolo, situé sur le revers méridional du Saint-Gothard dans la vallée du Tessin, qu'il présente d'assez grandes difficultés. Au delà elles diminuent à mesure que l'on descend par Faido et Giornico vers Bellinzona.

Préférable aux chemins dont il a été parlé plus haut, comme à ceux qui seront indiqués ci-après, celui-ci présente cependant dans les défilés du Pont-du-Diable et de l'Urnerloch ou Trou-d'Uri des obstacles majeurs qu'il est à propos de décrire.

Le Trou-d'Uri est une voûte souterraine, fort étroite et longue d'environ 300 pieds. Elle commence à un quart de lieue d'Andermatt, et se prolonge par une pente rapide (2) jusqu'à peu de distance du Pont-du-Diable, qui lie par une seule arche les parois escarpées de la vallée de la Reuss, et conduit de la rive droite sur la rive gauche de cette rivière (3).

---

(1) Hospenthal.

(2) La pente même de la Reuss, à cet endroit.

(3) En 1799, les deux arches du pont du Diable s'élevaient à 18 mètres au-dessus du torrent.

La disposition du terrain offre autour de ce long défilé et de quelque côté que l'on veuille s'opposer à son passage, des points où il peut être défendu avec le plus grand avantage, de sorte que si l'on n'a pas pu y prévenir l'ennemi, il faudra chercher à l'y surprendre ou bien se résoudre à supporter des fatigues infinies et à s'exposer, en même tems à de nombreux périls pour le tourner ; car il serait inutile de vouloir forcer un tel passage, les armes à la main.

Près de là, il y a un sentier par lequel on passe d'Urseren, dans le pays des Grisons, en franchissant les montagnes qui séparent les eaux de la Reuss de celles du Rhin (1).

4° *Le passage du Splügen.* — Ce col est formé entre le village de Splügen et l'hospice du même nom par l'affaissement de la chaîne de montagnes qui lie le mont Saint-Bernardin au mont Splügen. C'est là que passe la route de Reichenau à Chiavenna, c'est-à-dire une des principales communications entre les Grisons et la Valteline depuis Reichenau.

Lorsque l'on considère cependant que cette même route se prolonge par Coire, Mayenfeld et Feldkirch jusqu'à Brégenz et établit ainsi une communication bien directe et bonne, à quelques passages près, entre le lac de Constance et celui de Côme, on se figure aisément son importance actuelle dans les opérations militaires.

Jusqu'à Tusis, cette route est assez bonne, mais elle devient plus difficile à mesure qu'on remonte le val Schamser et qu'on approche du Splügen, au delà duquel on la trouve extrêmement pénible jusqu'à ce qu'on ait atteint Isola, petit village situé dans le val Saint-Giacomo, sur le penchant méridional du Splügen, à deux lieues au-dessous de l'hospice.

------

(1) Le col de l'Ober-Alp.

5° Il existe encore une autre communication entre le pays des Grisons et la Valteline. Celle-ci part de Coire, passe à Ilanz, Stern, où elle se divise en deux branches dont l'une se dirige entre les monts Septimer et Juliers sur Taretsch dans le val Bregaglia et vient aboutir à Chiavenna et dont l'autre conduit à Silva Plena, vastes sources de l'Inn qu'elle traverse ainsi que le mont Bernina d'où elle descend ensuite par Saint-Antonio à Toirano dans la Valteline.

6° Le col de Sainte-Marie ou de Munster où passe le chemin qu'il faut suivre pour se rendre de la vallée de l'Inn dans celle de l'Adige c'est-à-dire de Coire ou du pays des Grisons dans le Tyrol italien.

Outre ces passages principaux il y en a plusieurs autres moins connus qui ne sont fréquentés que par les habitants du pays et pendant quelques mois de l'année seulement ; il serait donc superflu, vu leur peu d'importance, de les indiquer ici ; et il suffira de le faire, lorsqu'on devra suivre les mouvements de quelques corps de troupes dans leur marche offensive ou rétrograde par ces issues.

Entre le col du Simplon et celui de Sainte-Marie, on ne peut réussir à franchir les Alpes sur aucun autre point que ceux qui viennent d'être indiqués ; partout ailleurs, ce n'est qu'abîmes, masses de glaces et rochers escarpés, devant lesquels tout effort, tout courage humain viendraient inutilement se briser. Ainsi, maîtres de ces passages aussi difficiles à forcer que faciles à défendre, on peut longtems préserver la Suisse, une partie de l'Italie de toute invasion ennemie. Quelques milliers de braves soldats placés derrière des retranchements que l'on aurait eu la prévoyance d'établir sur les points les plus favorables à la défense de ces débouchés, sont dans le cas de les disputer des mois entiers à une armée nombreuse, puisque celle-ci ne pouvant faire agir à la fois et contre chacune, qu'un petit nombre de troupes, sa supériorité numérique lui devient superflue et qu'elle n'en peut tirer certains avantages qu'en envoyant une multitude de détachements, dont quelques-uns seulement parviendront peut-être après des fatigues et des pertes inouïes à pénétrer sur les derrières de l'ennemi, qui de son côté pourra bien se trouver en mesure de les repousser ou même de les anéantir.

Sans doute que si la Suisse était aussi fortement protégée sur toute sa circonférence qu'elle l'est du côté de l'Italie, on pourrait la considérer comme inexpugnable; mais plus accessible du côté des Grisons, des provinces allemandes, ou de la France, l'ennemi qui voudra l'envahir dirigera ses efforts sur celui de ces points qui seront le mieux à sa convenance, et cette formidable barrière des Alpes ne sera d'aucun autre secours à l'armée chargée de la défense de ce pays qui dut servir d'appui à l'une de ses ailes ou d'assurer à peu près ses derrières.

C'est ce que prouve d'une manière évidente la campagne mémorable de l'année 1799, pendant laquelle les chocs les plus rudes que se portèrent tour à tour les deux armées qui se disputaient la Suisse, combattant dans l'espace compris entre la Limat, les lacs de Zurich, de Wallenstadt et le Rhin depuis Mayenfeld jusqu'à Coblentz, village situé au confluent de l'Aar et de ce fleuve.

Ayant ainsi sa droite appuyée aux Alpes et au Rhin, et sa gauche couverte par l'Aar, les monts Jura, ou la France et son front protégé par le lac de Constance et le Rhin, l'armée française était assurément dans une attitude fort imposante ; mais sa faiblesse numérique, eu égard à l'étendue du pays qu'elle avait à défendre, aux cols et aux vallées qu'elle devait occuper pour couvrir ses communications avec l'armée d'Italie ; la pénurie générale de tous ses moyens de transports, des subsistances, des objets d'armements, d'équipements, en un mot de tous les attirails de guerre ; les insurrections nombreuses qui éclatèrent autour d'elle et qu'elle eut beaucoup de peine à réduire ; les obstacles sans cesse renaissants que les accidents multipliés du terrain opposaient à chaque pas à toutes ses entreprises, atténuent singulièrement les avantages de sa position et démontrent que c'est à l'énergie de son courage et surtout à la valeur et à l'habileté du général qui la commandait, que l'on doit attribuer les brillants succès qu'obtinrent dans ces contrées les armées françaises à cette époque de leur gloire.

Avant de descendre de cette haute région où nous nous trouvons et où nous avons eu occasion de remarquer combien les communications entre l'Italie et la Suisse sont rares, périlleuses et incertaines, et, par conséquent, peu favorables au passage des troupes, et par suite aux opérations militaires en général, il convient d'examiner sous le même point de vue toute la superficie de cette zone occupée par les contreforts qui se détachent au sud et au nord des sommets glacés de la grande chaîne et se prolongent vers la Suisse jusqu'aux lacs de Thur et Brienz, de Lucerne et de Wallenstadt, jusqu'à la hauteur du lac Majeur, de celui de Côme et de Lugano du côté de l'Italie.

A la seule inspection de la carte, on juge d'abord, qu'à l'exception des chemins que l'on aperçoit au fond des vallées du Rhône et du Rhin (1), il ne peut y en avoir

---

(1) Ces deux chemins étaient liés entre eux par un sentier extrêmement rapide partant de Taretsch (vallée du Rhin) et venant aboutir à Munster (vallée du Rhône). Il passe à Visère, Realp et au mont Furca.

d'autres dans cette direction longitudinale de la crête des Alpes, puisque les branches des montagnes énormes qui longent ces deux vallées ont leurs contreforts perpendiculaires à cette direction et présentent une suite de crêtes escarpées, séparées entre elles par des torrents rapides encaissés, qui composent ainsi une série d'obstacles presque insurmontables et d'où l'absence presque totale de communications parallèles au cours du Rhin ou à celui du Rhône doit nécessairement résulter; et en effet, ce que l'on vient d'avancer se trouve immédiatement prouvé, dès qu'on voit qu'il n'existe sur le penchant méridional des Alpes aucun autre chemin pour aller de Domo-Dossola à Chiavenna et Bormio, ou de l'Engadine dans le Valais, que celui qui vient du Simplon, longe la Sésia, remonte par le lac Majeur et le Tessin à Bellinzona, passe au mont Furca puis à Chiavenna où il se divise en deux branches, dont l'une conduit, par le val Bregaglia, dans la haute Engadine et dont l'autre descend dans la Valteline, se dirige à Toirano et Bormio et de là vers le val di Sole et le val Camonica.

Du côté de la Suisse, ce n'est également que par deux mauvais chemins, pratiqués dans le Mayen-Thal et le Surenner-Thal que l'on peut se rendre des bords des lacs de Thun et de Brienz à Altorf, c'est-à-dire passer de la vallée supérieure de l'Aar dans celle de la Reuss, car les communications entre cette dernière vallée et celle de la Linth où est Glaris et jusqu'au Rhin, à la hauteur de Sargans, ne consistent qu'en quelques sentiers qu'il faut gravir péniblement au milieu des rochers escarpés, des torrents et des précipices que ces hautes montagnes offrent à chaque pas.

Ainsi, dans toute l'étendue occupée par la crête des Alpes et les grandes ramifications, c'est-à-dire sur un espace de 25 lieues de largeur et de près de 60 de longueur, il n'existe, comme on voit, que fort peu de chemins propres au mouvement des troupes ; et, soit qu'il s'agisse de porter celles-ci d'un versant des Alpes à l'autre, ou de combiner la marche et les opérations de divers corps agissant de l'un ou de l'autre côté de la grande chaîne, on éprouve toujours des difficultés infinies dans les deux cas, mais parvenus à la hauteur de Thun, de Lucerne, de Kinnilders et d'Uznach, situé à l'extrémité supérieure du lac de Zurich, les montagnes s'abaissent peu à peu, les torrents et les ravins se transforment en rivières plus ou moins larges, plus ou moins rapides, le terrain se prête à la culture et l'on voit alors des chemins nombreux les parcourir en tous sens. Cependant, comme il conserve, malgré cela, des formes montagneuses et que le cours des rivières est quelquefois torrentueux, encaissé ou bordé de montagnes assez rapides, les chemins que l'on trouve dans toute l'étendue du bassin inférieur de l'Aar, entre Constance et Lausanne, présentent encore de tems à autre des obstacles assez difficiles et sont loin d'être généralement praticables à toutes espèces de voitures.

Les meilleures comme les plus importantes communications de la Suisse intérieure sont celles qui, partant de Constance, de Schaffouse ou d'Eglisau, passent par Zurich et Lucerne, descendent vers Baden et Arbourg, conduisent à Soleure et Berne puis à Neuchâtel, Fribourg et Lausanne par Morat. Ces routes, aussi bien que celles de Basle à Soleure et Berne par Waldenbourg ou à Lucerne par Arbourg, sont praticables en tous tems pour les plus gros équipages ; mais tous autres chemins servant de communication entre eux ou bien entre les villes, bourgs ou gros villages de l'intérieur du pays, ne sont en général propres qu'aux légères voitures, en usage dans ces montueuses contrées. Cependant ceux qui sont dans les vallées de l'Aar, de l'Emen et de la Sür pourraient être suivis par les gros bagages.

On peut aussi comprendre parmi les bons chemins, ceux de Brégenz à Coire par Feldkirch et Mayenfeld sur la rive droite du Rhin et de Reineck à Sargans et Reichenau sur la rive gauche de ce même fleuve. Le dernier, cependant, tantôt contournant, tantôt gravissant cette multitude de petits contreforts de la chaîne de montagnes qui longe de très près la rive gauche du Rhin, n'est pas aussi bon que l'autre et devient même assez difficile aux plus petites voitures, lorsqu'il quitte la vallée du Rhin à Ragaz pour rentrer dans le val Tamina.

En résumant ce qui vient d'être dit, relativement aux communications de cette contrée, on voit que sous les rapports militaires, elles sont à peu près nulles sur une très grande partie de sa surface, et qu'elles se réduisent, pour ainsi dire, aux routes de Constance, Schaffouse et Basle à Zurich, Lucerne, Berne et Lausanne, auxquelles on peut ajouter celle de Brégenz à Coire et les chemins du Saint-Gothard et du Simplon.

C'est dans ces seules directions que les opérations militaires si importantes y peuvent être conduites ; et soit qu'on ait pour objet d'envahir la Suisse, soit qu'on veuille la défendre de l'invasion ou pénétrer dans les États autrichiens, ce sera toujours vers Constance, Schaffouse, Coire et sur les autres points indiqués plus haut qu'il faudra diriger les principales masses et faire les plus grands efforts.

Maintenant que l'on a donné une idée générale des communications de la Suisse et des pays adjacents, on va compléter l'esquisse topographique du théâtre de la guerre par la description succincte des fleuves et des rivières et lacs qu'on y remarque.

FLEUVES, RIVIÈRES ET LACS

Cours du Rhin.

Le Rhin pendant son cours en Suisse, c'est-à-dire depuis le Saint-Gothard, où sont ses principales sources jusqu'à Basle, coule dans plusieurs directions fort différentes et même opposées, savoir : à l'est, entre son origine et Coire qui en est éloigné de 16 lieues, puis du sud au nord depuis Coire jusqu'à Alt Rhin où il se jette dans le lac de Constance après avoir parcouru un espace de 18 lieues et enfin de l'est à l'ouest durant les 25 lieues que l'on compte entre Stein et Basle.

De la disposition singulière de ces trois portions de son cours, il résulte que le Rhin forme avec le lac de Constance pendant un développement d'environ 70 lieues sur la circonférence de la Suisse une ceinture défensive que le lit torrentueux de ce fleuve et les montagnes escarpées qui le bordent rendent déjà de quelque importance sur toute la frontière des Grisons, mais dont la force augmente à mesure que les eaux sont grossies par cette quantité de torrents et les rivières qui y affluent. Depuis Reichenau jusqu'à son embouchure dans le lac de Constance, on peut considérer cette ceinture comme impénétrable sur l'étendue de 12 lieues où elle est formée par le lac de Constance ; de Stein à Basle elle devient susceptible de toute la résistance qu'un fleuve rapide, encaissé d'une largeur moyenne de cent toises et non guéable, est capable d'offrir.

Le Rhône.

Le Rhône, dont les sources sont placées comme on l'a vu précédemment au pied du mont Grimsel et du mont

Furca, descend avec fracas de cette haute région et n'est qu'un torrent impétueux pendant tout son cours au fond de la vallée spacieuse et agreste appelée le Valais. Il se dirige d'abord pendant 25 lieues environ de l'est à l'ouest et dans un sens diamétralement opposé au cours du Rhin ; puis se recourbe à angle droit vers le nord, à Martigny, d'où il va se rendre dans le lac de Genève au-dessous de Villeneuve.

Une triple barrière composée : d'une portion de la plus haute chaîne des Alpes, du cours du Rhône, et enfin de branches de montagnes immenses qui descendent du pic fameux du Fursteraarhorm et de la Jungfrau, se prolongent à l'ouest par les sommets glacés du Génie et du Ravel, jusqu'au Diablerets vers le coude que forme le Rhône à Martigny, protégeant ainsi la Suisse sur une étendue de 20 lieues de sa frontière méridionale que les Hautes-Alpes et le lac de Genève terminent d'une manière inexpugnable.

L'Aar.

La plupart des géographes placent l'origine de l'Aar près de celle du Rhône au pied du mont Grimsel sur le revers septentrional de ce glacier et à peu de distance du Fursteraarhorm et du Schzekorn, vers lesquels ils prétendent que cette rivière a aussi plusieurs autres sources.

Son cours, dont le développement a près de 80 lieues, traverse les lacs de Brienz et de Thun, passe à Berne et suit une direction à peu près sud-ouest jusqu'à 4 lieues environ au-dessous de cette ville où il semble qu'il va se terminer dans le lac de Bienne ou dans celui de Neuchâtel, mais rejeté au nord par les montagnes qui bordent la Pame, petite rivière venant de Fribourg et qui tombe dans l'Aar entre Laupen et Arberg, il prend alors une direction ouest-est presque perpendiculaire à celle qu'il avait suivie et longeant ensuite les pieds des monts Jura parvient, en décrivant mille sinuosités, pendant lesquelles il recueille les eaux de l'Emen (1), de la Suren (2), de la Reuss et de la Limat et arrose les vallées de Soleure, d'Arbourg, d'Arau, Bruck, etc., jusqu'à Coblentz (3) où il se jette dans le Rhin.

Ces deux directions perpendiculaires que le cours de l'Aar affecte sont à peu près chacune d'une égale étendue, c'est-à-dire de 25 lieues. La première offre une ligne d'une assez bonne défense à cause de la hauteur et de l'âpreté des montagnes qui environnent le berceau de cette rivière et qui s'étendent au delà des lacs de Brienz et de Thun et vu aussi la rapidité avec laquelle elle coule ensuite dans un lit profondément encaissé.

Pendant la seconde, l'Aar successivement grossie par une foule de torrents et de rivières qui y affluent forme à mesure qu'elle s'approche du Rhin un appui toujours plus respectable au flanc gauche et aux derrières d'une armée placée sur les frontières septentrionales de la Suisse et faisant face au lac de Constance. Avant de quitter l'Aar, il est bon d'observer qu'elle a cela de commun avec le Rhin qu'elle enveloppe et protège comme lui une partie de la Suisse d'une manière à peu près semblable, mais dans des situations opposées. Il résulte de là, que son cours se liant par les monts on peut dire inaccessibles du Grimsel, de la Furca et du Saint-Gothard à celui du Rhin, entoure, avec ce fleuve,

---

(1) C'est l'Emmen.
(2) La Suhr-L'aa n'est pas mentionnée.
(3) Koblenz, en face de Waldshut.

cette portion intéressante du territoire suisse où les événements militaires les plus importants devront nécessairement avoir lieu, lorsque ce pays sera attaqué du côté de l'Allemagne.

Mais une particularité bien plus remarquable, c'est que l'Aar, après qu'elle a reçu la Limat, se trouve alors avoir rassemblé dans son seul lit presque toutes les rivières qui arrosent la Suisse, de sorte que si l'on est maître de cette partie inférieure de son cours comprise entre Bruck et Coblentz et qui n'a guère plus de trois lieues d'étendue, on peut de là s'avancer sans de grandes difficultés par la rive gauche vers le centre de la Suisse, ayant tourné tout à la fois les obstacles que la Limat, la Reuss et les lacs présenteraient au contraire successivement à l'armée qui aurait choisi sa ligne d'opérations par Constance ou Schaffouse sur Zurich, au lieu de l'avoir établie par Kaiserthal et Valdshut au fond d'un ravin de l'Aar.

Sous le rapport défensif, cette partie du cours de l'Aar me semble aussi d'une très haute importance, puisque elle est comme le pivot sur lequel pourrait s'appuyer toute la défense de la Suisse.

L'Emen.

L'Emen prend sa source derrière le Hottgant, rocher considérable situé entre Schangnau et le lac de Brienz, dans le canton de Berne. Cette rivière, après un cours torrentueux de plusieurs lieues, arrose la belle vallée de l'Ementhal et se jette dans l'Aar à trois quarts de lieue de Soleure. Exposée à des crues subites et fort irrégulières par la fonte des neiges ou l'abondance des pluies, elle est seulement alors susceptible de quelque défense. Dans tout autre tems elle est guéable sur tous les points de son cours dont l'étendue peut avoir 12 lieues environ.

La Suren.

La Suren sort d'un petit lac du même nom situé 2 lieues à l'ouest du lac de Lucerne et se jette dans l'Aar un peu au-dessous d'Arau, après un cours sinueux d'environ 8 lieues de développement. Elle a peu d'importance sous les rapports militaires parce qu'elle peut être partout assez facilement franchie.

La Reuss.

La Reuss est une des principales rivières qui arrosent la Suisse ; elle la traverse entièrement dans une direction sud-ouest et la partage en deux parties presque égales que l'on distingue quelquefois par les dénominations de Suisse orientale et occidentale. Son origine est dans le val d'Orsière formé par les branches de montagnes qui descendent du Saint-Gothard et du mont Furca et aussi remarquable par l'âpreté de son site que par les difficultés qu'on éprouve à y pénétrer soit du côté de l'Italie à cause des glaciers immenses qui le ceignent au Midi et qui ne peuvent être franchis que par le col du Saint-Gothard, soit du côté de la Suisse à cause du passage étroit nommé l'Urnerloch ou trou d'Uri qu'il faut traverser avant d'y entrer lorsqu'on vient d'Altorf. Jusqu'à son embouchure dans la partie supérieure du lac de Lucerne à Seedorf, la Reuss est un torrent encaissé, rarement guéable et presque constamment bordée de montagnes escarpées qui en rendent le passage périlleux et difficile de quelque côté qu'on veuille l'effectuer. Le lac de Lucerne offre ensuite un genre d'obstacles non moins respectacles pendant l'espace de 8 lieues et la Reuss, à la sortie de ce lac, se trouvant alors accrue

des eaux que celui-ci recueille et de celles qu'elle reçoit
de la rivière appelée Petit-Euren, fermée par les obstacles
accumulés par sa rapidité, sa profondeur et l'escarpement de ses bords, elle présente une assez bonne ligne
défensive jusqu'à son confluent dans l'Aar, un peu au-
dessous de Bruck. Le développement total du cours de
la Reuss, y compris le lac de Lucerne, est d'une trentaine
de lieues.

La Limat.

La Limat sort du lac de Zurich, à Zurich même qu'elle
divise en deux parties distinctes entre elles par les dénominations de haute et basse ville. De ce point, à son
embouchure dans l'Aar qui a lieu un peu au-dessous de
Bruck et presque au même endroit que celle de la Reuss,
elle fournit un cours d'environ 6 lieues, pendant lequel
les obstacles ou les facilités que cette rivière présentent
aux troupes qui veulent la défendre ou à l'ennemi qui
veut la forcer se balancent à peu près.

L'habileté des dispositions relativement à l'emplacement des troupes et des ouvrages qui devront être élevés
pour fortifier les points les plus vulnérables de cette
ligne, une certaine prévoyance et une vigilance exacte
sont donc les conditions d'où dépendent essentiellement
le succès de sa défense, comme le bon choix des points
du passage joint à une grande promptitude et à une
grande vigueur dans les opérations offensives contre
elles, sont indispensables pour la forcer ; mais, si elle
est aisée à défendre parce qu'elle est trop resserrée et
que ses flancs sont fortement appuyés par le lac de
Zurich et de l'Aar, elle acquiert encore une nouvelle
importance par son prolongement de 18 lieues à l'est,
formé par le lac de Zurich et le cours entier de la Linth,
rivière ou plutôt torrent considérable, dont les sources

sont situées vers les hautes montagnes qui servent de limite entre la Suisse et les Grisons. C'est ainsi que la Limat, le lac de Zurich, de Vallenstadt et la Linth composent, par leur naturelle jonction, une forte ligne défensive de 25 lieues d'étendue et derrière laquelle on peut opposer une longue résistance et préserver peut-être la plus grande partie de la Suisse des malheurs d'une invasion.

La Glatt.

Le petit lac de Greiffen que l'on remarque à deux lieues à l'est de Zurich, vers le milieu de cet espèce de croissant que ce dernier décrit entre Uznach et Zurich, qui en sont les points extrêmes, donne naissance à la Glatt petite rivière qui se jette dans le Rhin un peu au-dessous d'Eglisau après un cours d'environ 6 lieues parallèle à peu près à celui de la Limat ; elle n'offre, ainsi que la Toss, coulant parallèlement à quelques lieues de là, que de faibles moyens défensifs et ces deux rivières ne doivent être considérées que comme des obstacles passagers, dont on peut profiter pour ralentir les progrès de l'ennemi, mais qui seraient insuffisants pour le contenir pour peu qu'il mît de vigueur et de célérité dans ses mouvements offensifs, ou qu'il eut quelque supériorité de forces.

La Thur.

La Thur est la première ligne derrière laquelle devront se replier les troupes qui n'auront pu s'opposer effica cement au passage du Rhin entre Constance et Eglisau. Le cours de cette rivière peut se diviser en deux parties d'une égale étendue, mais très distinctes par les directions qu'elles suivent. La première comprise entre les sources de la Thur, située à 2 lieues au nord de Wallenstadt au pied du mont Sentis et Buchofzell se dirige du sud au nord pendant 11 lieues, passant à Lichtensteig et près de Weil (1). Elle couvre faiblement le flanc droit du corps d'armée qui occuperait la rive gauche de la Thur sur toute l'étendue de l'autre partie de son cours. La deuxième partie a 11 lieues de longueur et suit une direction est-ouest perpendiculaire à la première ; elle tombe aussi à angle droit dans le Rhin, vers le milieu de cet espace durant lequel le fleuve rejeté au sud par des montagnes qui descendent de Neukirch (rive droite) remonte pendant 4 lieues vers Eglisau, où il reprend ensuite sa direction à l'ouest jusqu'à Basle. Sur cette étendue de 11 lieues où la Thur est absolument parallèle au Rhin, le volume et la rapidité de ses eaux, l'escarpement de ses bords, ainsi que les montagnes qui cotoyent sa rive droite, la rendent susceptible d'une défense prolongée, mais que l'on devra cependant cesser dès que des corps ennemis seront parvenus à pénétrer, soit par le col de Wildhaus, soit par Wallenstadt et Wasen sur Lichtensteig et Uznach.

Telles sont les principales lignes que la nature semble avoir tracé pour arrêter successivement les progrès d'une invasion en Suisse du côté du Nord, et comme on l'a indiqué plus haut partagent cette contrée en autant de zones défensives que l'on compte de ces lignes.

Quoique l'esquisse topographique qu'on vient de lire soit fort abrégée et laisse par conséquent ignorer une foule de détails essentiels à connaître pour apprécier les événements militaires de la campagne, il est cependant facile, d'après cela, de se faire une idée générale des obstacles multipliés et des difficultés de toute espèce, qu'un tel pays présente aux combinaisons militaires et à leur exécution. La rareté ou le défaut de communication y

____

(1) Wyl.

isole, en quelque sorte, les différents corps, dont l'action simultanée et dès lors fort difficile à combiner à cause des obstacles imprévus et quelquefois insurmontables qu'ils peuvent éprouver à suivre les directions qui leur sont prescrites. Soit que l'armée agisse offensivement ou qu'elle opère sa retraite, elle a toujours des défilés nombreux à franchir, des torrents, des rivières, de grands lacs et de hautes montagnes à tourner ou à traverser. Gênée ainsi dans tous ses mouvements, elle ne peut que rarement parvenir à leur conserver cette liaison, à leur donner cet ensemble, cette exactitude d'exécution dans un tems déterminé d'où dépendent si souvent le succès.

De quelque sagacité que soit doué le général qui combat dans un tel pays, jamais il ne parviendra à découvrir qu'une petite partie des difficultés qu'il rencontrera plus tard dans l'exécution de ses desseins les mieux médités et sa prévoyance sera souvent en défaut. L'imperfection inévitable des renseignements relatifs aux communications, l'instabilité de celles-ci produites par la chute et la fonte des neiges, par l'abondance des pluies, la crue ou l'éboulement presque subit des eaux, apportent d'ailleurs des chances si diverses, soit en découvrant un pont que l'on croyait suffisamment gardé, soit en fermant des cols, des passages par lesquels on devait faire avancer ou retirer ses colonnes, que toute combinaison devient fort éventuelle et peut avoir des résultats très différents de ceux qu'on espérait.

Sur un tel théâtre plus que partout ailleurs, une activité infatigable, un courage que les obstacles accroissent, une vigueur soutenue dans l'attaque comme dans la défense, et même une certaine opiniâtreté dans l'un et l'autre cas, sont les qualités essentielles qui paraissent devoir distinguer le général chargé d'y faire la guerre;

et ce sont celles-là sans doute jointes à beaucoup de valeur, d'expérience et d'habileté, que le gouvernement français jugea trouver réunies dans la personne du général Massena (1) lorsqu'il lui confia le commandement de l'armée française en Suisse.

---

(1) André Massena, né à Nice le 6 mai 1758. Engagé volontaire en 1773, au régiment *Royal-Italien*. Libéré le 10 août 1790, après avoir obtenu le grade d'adjudant. Nommé adjudant-major au 2e bataillon des volontaires du Var le 22 septembre 1793. Chef de bataillon, colonel, général de brigade, puis de division en 1793. Fait en 1794 la guerre dans les Alpes. Gagne sur les Austro-Piémontais, les 24 et 25 novembre 1795, la bataille de Loano. Premier lieutenant de Bonaparte à l'armée d'Italie, Massena se distingue à Lodi, à Castiglione, à Arcole, à Rivoli. Il bat l'archiduc Charles devant Klagenfurth et à Friesach et mérite le surnom « d'*Enfant chéri de la Victoire* ». La direction de l'armée d'occupation de Rome lui est confiée en 1798. Employé à l'armée de Mayence, sous Jourdan, il reçoit du Directoire, le 10 décembre 1798, le commandement des troupes stationnées en Helvétie.

CHAPITRE IV

EXPOSÉ SUCCINCT DE LA SITUATION ET DE LA FORCE EN GÉNÉRAL DES ARMÉES FRANÇAISE ET AUTRICHIENNE TANT EN ITALIE QUE SUR LE RHIN ET OBSERVATIONS RELATIVES A L'INFLUENCE DES MOUVEMENTS DE CES ARMÉES SUR LES OPÉRATIONS DE L'ARMÉE DE L'HELVÉTIE.

Tant d'auteurs s'accordent sur le même plan de campagne, pour l'année 1799, qu'on ne peut guère se refuser à l'admettre, avec eux, comme étant effectivement celui que le gouvernement français avait arrêté, bien que l'on n'ait pas les pièces nécessaires pour donner à cette opinion assez généralement adoptée toute l'authenticité désirable (1).

D'après ce plan très vaste, puisqu'il embrassait et réglait à la fois les opérations et les mouvements de toutes les forces de la République, sur l'étendue d'une ligne d'environ 140 lieues, où la France avec ses alliés se trouvait actuellement en contact avec l'empire d'Autriche, trois armées sous les dénominations d'armée d'Italie, d'armée d'Helvétie et d'armée de Mayence ou du Danube, avaient été rassemblées sur les points correspondants à ces différentes dénominations.

---

(1) Le plan a été publié depuis. Voir notre ouvrage *Jourdan en Allemagne.* Chapitre III.

La première était de 50,000 (1) hommes et occupait derrière l'Oglio, entre Peschiera et Mantouè, les frontières de la République cisalpine.

Scherer en avait le commandement en chef.

L'armée d'Helvétie devait être de 30,000 hommes mais n'étant effectivement que de 26,000 (2) elle cantonnait depuis le Saint-Gothard jusqu'au lac de Constance et Basle.

L'armée de Mayence ou du Danube forte de 42,000 hommes était sensé appuyer sa gauche à Mayence et même à Dusseldorf, sa droite à Huningue. Une quatrième armée, sous le nom d'armée d'Observation, devait se rassembler aux environs de Strasbourg et de Mayence, en deux corps de 20 à 25,000 hommes chacun, y compris les garnisons des places du Rhin ; mais celle-ci n'a jamais été que fort incomplètement organisée. Bernadotte la commandait, et était de sa personne avec environ 20,000 hommes sur les frontières du Palatinat.

Cette répartition des armées de la République était motivée non seulement sur l'emplacement et la force des armées impériales, mais encore d'après les desseins qu'on leur supposait et sur le projet qu'avait, de son côté, le Directoire, de porter le théâtre de la guerre sur tel ou tel autre point (3).

Les préparatifs de l'Autriche étaient considérables, 120,000 hommes se réunissaient sous les ordres du prince Charles, en Bavière, sur le Rhin, sur les frontières

---

(1) 43,000 hommes.

(2) L'armée active n'avait, le 4 mars 1799, que 21,013 combattants. Les réserves des troupes de garnison s'élevaient à 5,000 hommes.

(3) Jourdan faisait passer le Rhin, le 1er mars, à 38,000 hommes.

septentrionales de la Suisse et dans le pays des Grisons.

47,000 hommes commandés par le lieutenant-général Bellegarde occupaient le Tyrol ou tout le pays compris entre l'Inn et le lac de Garde; et le général Kray, en attendant l'arrivée de Mélas, commandait une armée de 75,000 hommes (1) en Italie, derrière l'Adige, où Souvarow à la tête de 50,000 Russes (2) se dirigeait à marches forcées et devait nécessairement arriver.

Ainsi près de 300,000 hommes s'apprêtaient à fondre de toutes parts sur nos faibles armées. Cependant les divisions, les intrigues et les corruptions de plusieurs membres du Directoire lui avaient aliéné le cœur de bien des Français et l'avaient privé de la considération et de la confiance publique qui fait la force des gouvernements et leur procure d'inépuisables ressources au jour du danger.

Réduit par son immoralité et la faiblesse qui en est la suite, à l'impossibilité absolue d'opposer à la coalition des forces à peu près égales à celles qu'elle rassemblait, le Directoire jugea cependant avec raison que, puisque la guerre était imminente, il ne fallait pas attendre que Souvarow eût effectué sa jonction avec Kray et que les Autrichiens fussent entièrement en mesure sur tous les points pour les attaquer.

C'est pourquoi, les armées françaises, malgré leur faiblesse numérique, malgré l'état d'imperfection de leur matériel en général, reçurent l'ordre de marcher à l'ennemi et de commencer les hostilités.

L'avantage de position que donnait l'occupation de

---

(1) Le 1er février, Mélas avait 78,832 hommes et 215 canons.

(2) Souvarow arrivait le 14 avril à Vérone; il précédait 19,000 Russes.

la Suisse avait déterminé le gouvernement français à diriger le principal effort de ses armées par leur centre ; mais afin d'attirer l'attention de l'ennemi sur un autre héâtre que celui où il avait l'intention de porter la guerre, le général Bernadotte, commandant à l'extrême gauche, devait s'avancer le premier dans le Palatinat ; pendant qu'il marcherait, Jourdan devait faire filer son armée sur les ponts de Strasbourg et de Basle, prévenir les Autrichiens aux principaux débouchés des montagnes noires (1), et Massena s'rpprocherait du pays des Grisons d'où il avait ordre de chasser immédiatement l'ennemi s'il ne consentait pas à l'évacuer.

Ce mouvement offensif de l'armée d'Helvétie ne devait cependant avoir lieu que lorsque l'armée de Mayence, autrement dite du Danube, aurait franchi tous les défilés des montagnes noires et se trouverait en position à la hauteur de Willingen et Blomberg. Une division de l'armée d'Italie avait été mise à la disposition du général Massena et se rendait en Valteline afin de concourir au succès de son expédition sur les Grisons et pour couvrir et fortifier son aile droite aussi faible sous le rapport numérique des soldats que par la dispersion où les corps qui la composaient devaient être nécessairement, vu l'étendue et la nature du terrain qu'elles occupaient. Cette division avait aussi ponr objet d'entretenir les communications entre les deux armées d'Helvétie et d'Italie. Une brigade placée à Schaffouse formait l'extrême droite de l'armée de Jourdan et se liait par des postes à l'armée de Massena, L'armée d'Italie, commandée par cSherer, était rassemblée derrière l'Oglio entre Peschiera et Mantoue, et comme il suffisait qu'elle eût déposté les Autrichiens de l'Adige et rejeté Kray au

----

(1) La forêt Noire.

delà de Trévise avant l'arrivée des Russes qui ne pouvait avoir lieu avant le milieu d'avril, les instructions de Scherer portaient qu'il n'agirait offensivement que vers la fin de mars et lorsque les armées du Danube et d'Helvétie auraient pénétré le plus avant possible en Souabe et dans le Tyrol.

Le plan que l'on vient d'exposer offrait assurément quelque espoir de succès, mais l'immense supériorité des alliés, l'état formidable de leurs armées pourvues d'un matériel complet et abondamment approvisionnés, ne nous permettait pas de préjuger fort avantageusement de la campagne, à moins que le gouvernement ne trouvât promptement le moyen de renforcer nos armées et de pourvoir à tous leurs besoins ; et comme il n'en fut pas ainsi, à nos premiers succès, succédèrent bientôt de funestes revers, que le courage et la constance de nos braves défenseurs, l'habileté et la valeur de nos généraux, empêchèrent d'être aussi grands qu'ils auraient pu le devenir. Et le sol de la patrie fut encore préservé, cette fois, du ravage de la guerre et nos frontières respectées.

De la situation de la Suisse sur un point saillant très prononcé vers l'Allemagne, et qui déborde d'un côté les montagnes noires, de l'autre la haute Italie, il résulte que l'armée d'Helvétie occupait une position très importante au centre de cette ligne immense, sur laquelle étaient disposées nos armées depuis le Mayn jusqu'au Pô.

Chargée de protéger et de défendre tout le pays entre l'armée d'Italie et du Danube, elle devait aussi s'emparer des Grisons et de quelques positions dans le Vorarlberg, occuper les principaux débouchés dans les vallées de l'Inn et de l'Adige et enfin comprimer ou réduire les insurrections qui éclataient sur divers points de la Suisse. Cependant, l'armée d'Helvétie était extrêmement faible et de plus ses mouvements se trouvaient singulièrement assujettis et subordonnés à ceux de Scherer et Jourdan dont les revers ou même une certaine direction dans leur marche devait nécessairement avoir une influence très grande sur ses opérations et sur son sort.

Car si Jourdan était forcé de se replier, la gauche de l'armée d'Helvétie se trouvait totalement découverte, et dans l'hypothèse contraire des progrès de ce général dans la vallée du Danube, le même inconvénient avait encore lieu parce que la faiblesse de cette armée ne lui permettait pas d'enlever Brégenz à l'ennemi, ni de l'occuper convenablement s'il l'abandonnait ainsi que la tête des vallées de l'Iller et du Lech. Du côté de l'Italie, les succès de Scherer ne le conduiraient pas, il est vrai, vers une ligne divergente ; mais les forces que les Autrichiens avaient dans le Tyrol, l'attachement connu des habitants de cette contrée à la maison d'Autriche, présentaient des obstacles qu'il était bien difficile que Massena parvînt à surmonter pour se tenir à la hauteur de l'armée d'Italie et entretenir ses communications avec elle. Si celle-ci était, au contraire, rejetée derrière l'Adda, le Tessin et la Sésia, la droite de l'armée d'Helvétie se trouvait alors débordée ; mais elle était tout à fait compromise, si au lieu de se retirer par la rive gauche du Pô, Scherer choisissait ou était contraint d'effectuer sa retraite par la rive droite du fleuve, par les Appennins et le Pô.

D'après ces considérations, il est facile de se faire une idée de l'étendue des devoirs imposés à l'armée d'Helvétie ; mais lorsqu'on la suivra dans ses périlleux travaux et au milieu des chances les plus défavorables, on la verra soutenir glorieusement la lutte terrible où elle

se trouvera engagée. On ne saura lequel admirer le plus
de la constance et de l'intrépidité des braves qui la composaient ou du talent et du dévouement des généraux
qui les guidaient.

compte après avoir fait connaître l'emplacement actuel de l'armée.

EMPLACEMENT DE L'ARMÉE LES 16 ET 17 MARS

Légion helvétique, 700 hommes

Général Xaintrailles. — Aile gauche, depuis Schaffouse à Werdenberg, savoir : la brigade Ruby à Schaffouse ; division Xaintrailles à Reineck, observant Constance et le lac, ainsi que la rive gauche du Rhin jusqu'à Werdenberg ; brigade Oudinot sur la rive droite du Rhin, à cheval sur la route de Feldkirch à Coire ; le centre à Schau ; la gauche au Rhin ; la droite aux montagnes, sur le Schellemberg.

Général Ménard. — Centre, depuis Lucisteig à Reichenau ; division Ménard à ..... ; brigade Chabran à ..... ; brigade Lorge à ..... ; brigade Démont à .....

Général Lecourbe. — Aile droite, depuis Amsteig, situé au débouché du val Maderan dans la vallée de la Reuss, jusqu'à Bellinzona sur le Tessin ; division Lecourbe à ..... (1) et en marche vers les Engadines ; brigade Mainoni à ..... (2), également en marche vers la même destination ; brigade Loison à ..... (3), se disposant à pénétrer dans les hautes vallées du Rhin supérieur ; division Dessoles à ..... (4), dans la Valteline, attendant les ordres du général Moreau (5), commandant en chef l'armée d'Italie, pour exécuter le mouvement qui lui était prescrit par le général Massena, à la disposition duquel on se rappelle que cette division avait été mise par le ministre de la guerre.

----

(1) Schulz.
(2) A Funstermunster.
(3) Dissentis.
(4) Toirano.
(5) C'était Scherer qui commandait l'armée d'Italie. Il était arrivé à Milan le 12 mars.

Le désir et l'impatience qu'avait le général Massena de connaître par lui-même nos positions et nos moyens dans les Engadines et de terminer cette partie décisive des opérations de son aile droite l'engageaient singulièrement à s'y porter en personne ; mais ses craintes sur les événements qui se préparaient en Allemagne où l'immense supériorité des ennemis lui faisait présager des revers inévitables le déterminèrent à ne pas abandonner la vallée du Rhin.

On a vu que le général Lecourbe était à Poset dans la haute Engadine et l'on se rappellera qu'il avait ordre de descendre la vallée de l'Inn jusqu'à Funstermuntz situé dans l'extrême frontière du Tyrol avec les Grisons. Ayant chassé devant lui les troupes autrichiennes qui voulaient s'opposer à sa marche et dont deux bataillons forcés de se retirer par le val Bregaglia durent se rendre prisonniers au général Lechi qui venait d'arriver en Valteline, il se mit en devoir de continuer son mouvement.

Cependant, le général Bellegarde, instruit de sa marche et des succès obtenus sur divers points par l'armée d'Helvétie, rassemblait et faisait avancer en grande hâte son armée disséminée entre Insprück et les frontières des Grisons, depuis le mont Tonal jusqu'à Landeck.

Le 10 mars, le général Landon chargé de défendre la vallée de l'Inn avait 3 bataillons et 1 escadron à Nauders, 5 bataillons et 1 escadron à Taufers et Sainte-Marie et marchait avec 4 bataillons sur Zernetz. Les troupes qui étaient chassées des Grisons s'étant jointes à lui, il leur fit occuper le pas de la Scaletta et du mont Fiola, envoya un bataillon à Bormio et établit un autre bataillon à Tchusis (1) et Zernetz.

----

(1) Tusis.

Ces dispositions faites, Landon s'avance contre Lecourbe qu'il oblige d'abord à abandonner Poset et le pied du mont Albula, mais celui-ci se maintient un peu au delà sur les hauteurs dominantes. Il n'avait ordonné ce mouvement rétrograde qu'afin d'attirer les Autrichiens dans le haut de la vallée, tandis qu'il faisait filer un détachement par Davos pour surprendre le poste de la Scaletta, arriver par là sur les derrières de l'ennemi, lorsqu'il le pousserait vivement de front. Landon donna tout à fait dans le piège, car à peine commençait-il à se porter en avant que le général Lecourbe descend à sa rencontre, l'attaque avec impétuosité, le chasse successivement des positions qu'il essaye de prendre et, sans lui laisser un instant pour se reconnaître, le pousse jusqu'à la hauteur de la Scaletta où arrivait le détachement français qui avait enlevé ce poste. Pris ainsi à revers en même tems qu'ils étaient pressés de front, les Autrichiens éprouvèrent une perte considérable et durent abandonner plusieurs pièces de canon avec leurs caissons et 2,300 prisonniers.

Le général Lecourbe les fit harceler vivement pendant leur retraite ; ils l'effectuèrent en toute hâte et avec beaucoup de peine jusqu'à Zernetz qu'ils atteignirent vers le soir, mais que le général Landon jugea à propos d'évacuer pendant la nuit pour se retirer jusqu'à Schülz.

Dès le lendemain (1), de grand matin, les Français occupèrent Zernetz, et furent ainsi maîtres de la vallée de Munster. Cependant, rien n'annonçait que la division de l'armée d'Italie qui devait avoir remonté la Valteline et s'être dirigée de là sur Taufers et Glurenz, vers les sources de l'Adige, eût fait aucun mouvement. Afin de s'en assurer, le général Lecourbe se détermina à marcher

____

(1) Le 11 mars.

sur Martinsbrück, prévoyant bien ne rencontrer que peu de résistance sur ce point si le général Dessoles était aux environs de Munster ou Glurens. Ayant laissé un bataillon à Zernetz pour garder la vallée de Munster, par où il savait qu'une partie des troupes du général Landon s'était retirée, il se porta avec une brigade sur Martinsbrück et le fit immédiatement attaquer ; mais les Autrichiens qui avaient reçu du renfort et 3 pièces d'artillerie défendent vigoureusement cette position et s'y maintiennent. Les Français placent leurs bivouacs en présence, en attendant la brigade du général Mainoni qui s'avançait par échelons. L'intention de Lecourbe était de renouveler l'attaque dès le lendemain matin. Il faisait ses premières dispositions lorsqu'il fut attaqué lui-même par le général Landon, qui, ayant réuni les corps dispersés par les combats précédents, rassemblé 7,000 hommes de la levée en masse et fait avancer de nouvelles troupes de l'intérieur du Tyrol, se jeta brusquement sur les Français par trois points différents à la fois, à Zernetz, à Schülz et à Martinsbrück. Ces diverses attaques assez bien combinées et exécutées par des forces infiniment supérieures eurent d'abord quelques succès. Trois compagnies de grenadiers qui se réunissaient à Schülz y furent surprises et dispersées et le général Mainoni fait prisonnier avec plusieurs de ses officiers ; mais le général Lecourbe accourut sur ce point avec un bataillon, reprit le village et fit 300 prisonniers. Du côté de Martinsbrück, l'ennemi ne put faire aucun progrès, et il fut aussi repoussé à Zernetz dont il s'était d'abord emparé et qu'il dut céder de nouveau aux Français qui portèrent leurs postes jusqu'à Louwino vers le col de Thusis.

Ces diverses tentatives de l'ennemi que l'activité du général Lecourbe et l'intrépidité de ses troupes avaient rendu infructueuses, lui prouvèrent non seulement qu'il avait à faire à un ennemi nombreux, mais que la division de la Valteline n'était pas à sa même hauteur; il crut donc à propos de suspendre ses opérations, jusqu'à ce qu'il eut quelque avis à ce sujet. Au surplus ses troupes étant épuisées de fatigue par les marches rapides qu'elles avaient faites, en suivant des chemins affreux, souvent encombrés de neige, et par les combats journaliers qu'elles avaient livré, il était indispensable de leur laisser prendre un peu de repos, tandis que les vivres dont elles éprouvaient, en outre, une très grande pénurie arriveraient. L'emplacement des différents corps ayant donc été rectifié, le général Lecourbe recommanda la plus grande vigilance, fit observer toutes les avenues, et attendit dans cette position difficile, où la coopération de la division de la Valteline le plaçait, de nouveaux ordres du général en chef.

Vers le même tems que le général Massena fut instruit par le retour d'un de ses aides de camp de la situation critique de son aile droite, un officier, envoyé par le général Dessoles, vint lui annoncer que le quartier général de la division de la Valteline n'était encore qu'à Toirano et que le fort important de Bormio, occupé intérieurement par un détachement d'une soixantaine de Cisalpins, était tombé depuis quelques jours au pouvoir de l'ennemi, auquel le général Dessoles n'avait encore pu l'enlever. Ces nouvelles affligeantes l'attristèrent d'autant plus qu'il les recevait pendant que ses réclamations les plus pressantes auprès du Directoire, relativement aux secours de toutes espèces qui lui avaient été promis, demeuraient infructueuses, lorsqu'il voyait les soldats soumis à la fois aux plus dures privations et aux rudes travaux, manquer de pain, de vêtements et de munitions et tandis qu'il avait encore la douleur de voir les opérations les plus nécessaires de la campagne manquées par l'inexécution formelle des ordres qu'il avait donnés. Cette réunion de circonstances fâcheuses et les graves inconvénients qu'il lui paraissait devoir résulter d'une nouvelle disposition du Directoire qui réunissait sous le commandement supérieur et immédiat du général Jourdan les armées du Danube, de Mayence et d'Helvétie, disposition de laquelle Massena, d'ailleurs plein d'estime et d'amitié pour le général Jourdan dont il honorait le caractère et les talents militaires, préjugeait défavorablement dans l'intérêt général des armées de la République, le déterminèrent, dans la crainte de ne pouvoir être aussi utile à son pays qu'il le désirait, à demander d'être remplacé dans le commandement de l'armée d'Helvétie (1). Mais combien le mérite d'une semblable action, que la sagesse jointe à une modestie rare avait seule dictée, ne se trouve-t-il pas rehaussé par cet acte d'un patriotisme aussi pur qu'éclairé, dont le général Massena donne en même tems l'exemple en

---

(1) Massena écrivait le 18 mars au Directoir de la République française :

« Depuis trois mois, je fais encore la demande au ministre de la guerre de 800,000 rations de biscuit et des moyens de transports nécessaires pour les avoir à la suite de l'armée dans un pays montagneux ; encore beaucoup de promesses et rien n'est arrivé.

« Les subsistances sont épuisées et les transports sont devenus plus difficiles ; enfin, la situation de l'armée est telle que la droite, commandée par le général Lecourbe, est depuis huit jours sans pain ; et je ne sais pas trop si malgré mes efforts je lui en ferai parvenir.

« Je vous observe que dans ma position, je suis dans l'impossibilité de remplir vos intentions et les ordres du général Jourdan, ce qui me détermine à vous demander un successeur dans le commandement de l'armée d'Helvétie. »

redoublant de sollicitude envers ses soldats et d'activité dans ses opérations militaires, tandis qu'il pressait instamment le gouvernement d'accueillir favorablement la demande de sa démission du commandement. Une conduite aussi digne d'éloges ne saurait trop être remarquée, puisqu'elle caractérise d'une manière aussi honorable un homme qui avait tant d'autres titres à l'admiration de ses concitoyens, un des guerriers les plus illustres dont la France ait eu à s'enorgueillir pendant cette période de gloire qu'elle a récemment parcourue.

En attendant une réponse du Directoire, le général Massena fit faire plusieurs reconnaissances préparatoires sur Feldkirch et alla lui-même reconnaître de nouveau cette importante position dont il avait définitivement résolu de s'emparer. Il renforça son aile droite, y envoya des officiers généraux et particuliers dont elle manquait et autant de vivres et de munitions que la pénurie extrême où il était à cet égard et relativement aux moyens de transport lui permit d'en expédier. Ayant pourvu de la sorte aux besoins les plus urgents des corps d'armée, il ordonna aux généraux Lecourbe et Dessoles de s'emparer simultanément de Glurens, Nauders et Funstermuntz, principaux débouchés du Tyrol par la vallée de l'Inn et de l'Adige. De son côté, il se mit en devoir de se conformer aux dispositions du général Jourdan par l'attaque de Feldkirch et de Brégenz que le général le pressait de faire afin d'obliger le prince Charles à porter des troupes sur un de ces points, et d'opérer par là une diversion favorable à l'armée du Danube à laquelle des forces très supérieures étaient alors opposées. En jetant un coup d'œil sur la carte, on voit que l'armée d'Helvétie occupait un front très étendu et hors de proportion avec le nombre de ses soldats, réduit par les combats précédents, à moins de **26,000** hommes.

Des environs de Schaffouse aux sources de l'Adige et de l'Adda, on compte à peu près 50 lieues, et c'était sur tout le développement d'une telle ligne qu'il fallait se trouver en mesure de contenir l'ennemi, dont la force alors de plus de 60,000 hommes s'augmentait encore journellement. C'était avec des soldats soumis, comme on l'a vu plus haut, aux plus pénibles privations et aux plus dures fatigues, qu'il fallait combattre chaque jour et contenir en même tems les habitants du pays toujours prêts à se révolter. D'ailleurs sans espoir de secours prochains du côté de la France ni du gouvernement helvétique qui n'avait encore pu réussir à rassembler en bataillons les 18,000 auxiliaires qu'il s'était engagé à fournir (1), le général Massena éprouvait de plus le grave inconvénient de voir son aile droite compromise par la lenteur de la marche de la division de la Valteline et son aile gauche affaiblie de la brigade Ruby, que le général Jourdan avait attirée à lui.

Placé dans de pareilles circonstances, un homme ordinaire en eut été sans doute accablé, mais Massena dont l'énergie et la capacité semblaient croître avec les difficultés de sa situation, Massena dont les sentiments, dominants étaient l'amour de la gloire et de la patrie, trouva dans la fermeté de son caractère, dans les ressources de son génie, le moyen de sortir glorieusement de cette terrible crise et de soutenir l'honneur de nos armes contre des forces tellement supérieures, secondées encore par les habitants armés qui s'insurgeaient de tous côtés.

Pressé, comme on sait, par le général Jourdan de

---

(1) Le 15 mars, seulement un bataillon suisse, de 600 hommes, avait été envoyé par le Directoire helvétique à l'armée de Massena.

faire attaquer Feldkirch, il régla toutes ses dispositions de manière à tenter de s'en emparer le 24 mars au matin et donna ordre au général Xaintrailles de faire le même jour une fausse attaque du côté de Brégenz.

Dans ces entrefaites il fut prévenu le 22 par l'ennemi qui sortit brusquement de ses retranchements, par plusieurs points à la fois, culbuta le premier poste français et obtint d'abord quelques avantages ; mais l'ordre se rétablit bientôt parmi nos troupes ; les réserves arrivent, reprennent les positions abandonnées et poursuivent les Autrichiens jusqu'à leurs retranchements, qu'ils sont trop heureux d'atteindre après avoir laissé bon nombre de morts sur le champ de bataille et 300 prisonniers. Nous perdîmes pendant ce combat environ 500 hommes y compris les blessés et quelques prisonniers.

La vigueur avec laquelle cette sortie avait été exécutée par les Autrichiens fit présumer au général Massena qu'ils avaient reçu des renforts et dans la crainte qu'il ne leur en arrivât encore de nouveaux pendant qu'il différerait son attaque, il la devança d'un jour (1). Au surplus des bruits extrêmement sinistres se répandaient autour de lui. Le Togenbourg et une partie de la Suisse s'insurgeaient et l'armée de Jourdan, après avoir essuyé un terrible échec (2), était, disait-on, en pleine retraite. Il importait donc de ne pas attendre l'arrivée des renforts que les succès du prince Charles lui donnaient la faculté d'envoyer à Feldkirch. Dans tous les cas il n'y avait nul danger dans cette entreprise, tandis que du succès résulterait évidemment de très grands avantages; car, dans la dernière hypothèse, et supposé que l'armée

____

(1) Ce fut, plutôt, sur un ordre formel envoyé par Jourdan.

(2) A Ostrach, le 21 mars.

du Danube fût effectivement en retraite, Massena s'était placé à Feldkirch, dans une attitude menaçante par les facilités qu'il avait acquises pour se porter dans le flanc gauche et sur les derrières du prince Charles et opérer ainsi une diversion importante en faveur de Jourdan. Mais si au contraire nous venions à échouer contre Feldkirch, nos troupes se retiraient alors paisiblement dans leurs positions d'où elles se repliaient ensuite à leur choix derrière le Rhin ou par la route de Coire sur Lucisteig, si toutefois elles y étaient contraintes, et la position de l'armée d'Helvétie n'avait pour ainsi dire point été changée.

La ville de Feldkirch est située sur la rive droite de l'Ill, 2 lieues au-dessus du confluent de cette rivière dans le Rhin et à l'entrée d'un petit vallon qui s'étend par Defis jusqu'aux premières maisons d'Altenstadt. Le grand chemin de Coire à Brégenz, après avoir côtoyé le pied des montagnes depuis les moulins de Neudeln, dans la vallée formée par le Leschbach jusqu'aux environs de Saint-Michel et du hameau Defis, pénètre par une gorge fort étroite et au travers des montagnes d'un accès difficile, dans une espèce de vallon situé en avant de Feldkirch, d'où il descend vers l'Ill qu'il traverse sur un pont construit au-dessous de la ville et se dirige ensuite par Defis et Altenstadt sur Brégenz. Immédiatement au-dessous du pont, l'Ill se trouve étroitement encaissé entre des escarpements formés par un passage fort resserré et long d'environ 150 toises que cette rivière s'est ouvert à travers l'Artzenberg. Au dessus de la ville, l'Ill coule également pendant 300 toises entre des rochers inaccessibles au pied desquels est le chemin de Bludenz qui longe la rive droite de cette rivière. Ainsi les flancs de la position de Feldkirch sont parfaitement assurés.

Les obstacles naturels que ce défilé présentent avaient été augmentés par plusieurs lignes de retranchements que les Autrichiens avaient élevés en avant et en arrière de Defis ainsi que sur le Blazenberg vers Saint-Michel et Saint-Antoine. La première de ces lignes coupait la route de Coire depuis les premières maisons du village de Defis jusqu'à la forêt, au pied des montagnes. La deuxième placée à 500 toises en arrière liait le Blazenberg avec les hauteurs que traversent cette route. Des ouvrages détachés couronnaient les hauteurs sur la droite en avant de Gallmist; quelques flèches protégeaient les avant-postes et la lisière du bois, ainsi qu'un ravin remontant vers Rojaberg étaient couverts d'abatis. Des retranchements avaient été également élevés vis-à-vis de Nafels sur la rive droite de l'Ill ainsi qu'au pied de l'Artzenberg près de Gesingen et sur divers points autour d'Altenstadt, de sorte que l'ennemi s'était mis en mesure de tous côtés et ne pouvait guère craindre de se voir tourné. Telle était la position de Feldkirch, qui se trouvait défendue alors par cinq bataillons et des milices postés dans des ouvrages bien armés.

En cas de retraite, ces troupes seraient protégées par des détachements placés de distance en distance sur la route de Brégenz. Les Autrichiens avaient aussi un bataillon et un escadron à Dornbien et cinq bataillons et trois escadrons et demi à Brégenz se liant par des postes à un camp de huit bataillons et de deux escadrons que le général Hotze avait formé sur la rive droite du lac de Constance vers Buchorn.

L'attaque de Feldkirch fut dirigée sur quatre points à la fois. La première par Nafels, la seconde par la rive gauche de l'Ill contre l'ouvrage de Sainte-Marguerite, la troisième à travers les prairies marécageuses de l'Estch contre les retranchements du Blazenberg vers

Saint-Michel et Saint-Antoine, et la quatrième par le chemin de Neudeln; cette dernière était la principale et le général Massena la commandait en personne.

Malgré le courage que déployèrent les troupes chargées de ces trois premières attaques, elles n'eurent aucun succès et l'ennemi fortement retranché sur ces différents points, que la nature du terrain rendait d'un très difficile accès, s'y maintint et s'y défendit même avec succès. Il n'en fut pas tout à fait ainsi du côté de Neudeln où nous parvînmes à nous emparer de plusicurs redoutes et à forcer la 5e ligne des retranchements ennemis. Mais la disposition du terrain étant telle, qu'on ne pouvait déployer que fort peu de troupes ni étendre le front d'attaque que sous le feu des autres ouvrages contre lesquels il était très difficile de faire jouer l'artillerie; il s'ensuivit que ce premier succès ne put être convenablement soutenu. Les Autrichiens s'en étant aperçus, profitèrent de cette circonstance pour faire avancer leur réserve et ayant envoyé en même tems quatre compagnies et des milices contre un détachement qui avait gravi la montagne à travers les abatis pour tourner la gauche de la position et avait déjà fait quelques progrès de ce côté, ils redoublèrent d'efforts sur tous les points, parvinrent à reprendre leurs premières positions et nous dûmes revenir occuper celles que nous avions avant l'action.

L'importance reconnue de la position de Feldkirch est probablement le motif des efforts prodigieux que firent les Français pour s'en emparer et de la résistance que les Autrichiens leur opposèrent afin de la conserver car, depuis sept heures du matin que l'attaque commença, on combattit de part et d'autre avec une espèce d'acharnement jusqu'à la nuit. Du côté des Français plus de 600 hommes restèrent sur le champ de bataille, et la perte de l'ennemi ne put être moins considérable, vu les 300 prisonniers que nos premiers avantages avaient fait tomber entre nos mains (1).

Tandis que le général en chef se voyait obligé de renoncer à s'emparer de cette redoutable position, qui lui était disputée par des forces infiniment supérieures à celles dont il pouvait disposer sur ce point de l'immense développement de sa ligne, les bruits alarmants qui circulaient dès la veille acquirent tant de vraisemblance que quoique l'avis officiel de la retraite de Jourdan ne lui fût pas encore parvenu, il ne lui était plus possible cependant de douter de la réalité de ce grand désastre ; il ne s'agissait plus dès lors d'agir offensivement ; bien loin de là il fallait se résoudre et se préparer à soutenir une défensive, excessivement pénible contre un ennemi victorieux et fort supérieur. Mais pour être plus à portée des événements majeurs qui pourraient se passer dans les Engadines et du côté de Munster, et afin d'activer les mesures qu'il avait précédemment ordonnées pour assurer les subsistances de son armée, pourvoir à ses besoins les plus pressants et organiser un gouvernement provisoire qui put faciliter l'exécution de ces diverses mesures et veiller à la tranquillité publique, le général Massena se détermina à retourner à Coire, d'où il écrivit aussitôt au gouvernement français pour lui représenter les difficultés inouies de sa situation et lui demander des ordres relatifs à ses opérations ultérieures.

A l'époque où Massena avait été informé par Jourdan que le prince Charles se portait à la tête de forces considérables contre l'armée du Danube, il avait

---

(1) La perte des Français fut réellement de 1,503 hommes tués, blessés ou pris.

ordonné sur-le-champ de suspendre les attaques de Funstermuntz, Nauders et Glurenz et avait rappelé à lui les renforts dirigés sur les Engadines ; mais ce contre-ordre n'arriva que lorsque nos troupes étaient déjà en possession de ces positions qu'elles avaient enlevées à l'ennemi à la suite de brillants avantages remportés sur lui.

On se rappelle que le général Lecourbe avait tenté vainement de se rendre maître de Martinsbrück. Ce village appuyé, d'un côté à l'Inn, de l'autre à des montagnes escarpées, barrait en quelque sorte la vallée, et offrait en effet une excellente position dont le front très resserré ne pouvait être attaqué ainsi que sur un seul point. Il suit de là, naturellement, que pour l'enlever de vive force, il eût fallu sacrifier beaucoup de monde, sans pouvoir cependant compter sur un succès certain.

C'est pourquoi le général Lecourbe, ayant fait reconnaître des sentiers à la vérité très pénibles, par lesquels on pouvait la tourner, se borna d'abord à faire quelques démonstrations sur la route de Raüns cependant que Loison à la tête de sa brigade s'acheminait par ces sentiers. Cette manœuvre eut un plein succès et l'ennemi pris à revers par le général Loison, qui débouche entre Nauders et Reschen, en même tems qu'un détachement qui avait gravi le mont Kalmschat l'assaille de flanc et que le général Lecourbe pousse alors vigoureusement l'attaque de front, il s'enfuit en désordre vers Funstermuntz, abandonnant son artillerie, ses équipages et 3,000 prisonniers. La déroute fut si complète qu'il ne parvint à se rallier que vers Landeck à une réserve de 10,000 hommes établie dans les environs de cette ville par le général Bellegarde. Nos troupes s'arrêtèrent à Plands où Lecourbe mit une avant-garde ; il établit le gros de sa division à Nauders et Funstermuntz.

D'après les intentions du général Massena, la division de la Valteline devait se porter sur Munster et Taufers, en même tems que celle de l'Engadine attaquerait Nauders et Funstermuntz. Elles furent cette fois parfaitement suivies, car le général Dessoles, ayant atteint Sainte-Marie après avoir surmonté des difficultés inouïes dans le chemin qu'il dut suivre pour passer de la Valteline dans la vallée de l'Adige, en franchissant le Wurmserlok, fit attaquer les Autrichiens à Taufers, au même instant que le général Lecourbe les chassait de Martinsbrück. L'ennemi avait eu tout le loisir de se fortifier dans cette position qui d'ailleurs offrait comme toutes celles qu'on trouve à chaque pas dans les hautes montagnes et surtout vers l'origine des vallées des avantages de terrain très faciles à saisir.

Taufers est situé sur le chemin de Sainte-Marie à Glurenz entre Munster et Rotweil dans une petite vallée où coule dans un ravin profond un ruisseau ou plutôt un torrent appelé le Rambach. Des pentes rapides férment à droite les accès de cette vallée, le terrain de la gauche est plus ouvert surtout depuis Munster jusqu'au torrent Valoralla qui se jette dans le Rambach par un canal rocailleux et défend ainsi les approches de Taufers. C'est en arrière de ce torrent que les Autrichiens avaient élevé des retranchements qui présentaient une ligne bastionnée, appuyée d'un côté au Rambach et se prolongeant vers la gauche, sur le penchant des montagnes jusqu'au point où elles deviennent rapides, semées de rochers et fort difficiles à gravir. Cette ligne avait 400 toises de développement. En arrière de la gauche du village, à la hauteur des dernières maisons, il existait une seconde ligne composée de deux bastions liés par une courtine et protégée également par un petit ravin à peu près parallèle au Valoralla. Cet ouvrage bien conditionné était armé de quinze pièces de canon et défendu par 7,000 hommes de troupes régulières et des milices.

Un des inconvénients de la position de Taufers consistait en ce qu'on pouvait aisément découvrir des environs de Munster tout l'intérieur des ouvrages ou les examiner. Le général Dessoles jugea que la gauche de l'ennemi appuyée au Rambach devait être le point faible de sa ligne, parce que le lit profond du torrent n'étant vu par aucun ouvrage formait une espèce de chemin creux par lequel on pouvait s'avancer à couvert des feux ennemis et sans être aperçu de lui jusque sur le flanc et même sur les derrières de ses retranchements ; il se détermina en conséquence après avoir fait resserrer les postes de l'ennemi et s'être fortifié à Munster, à conduire sa principale attaque par la droite, appuyant sa gauche au village de Munster. Le matin, au point du jour, la 12e demi-brigade d'infanterie légère, soutenue d'un bataillon de la 39e de ligne, se met en mouvement, culbute les premiers postes sans tirer, se jette dans le torrent et pénètre à l'abri de l'artillerie jusqu'à la hauteur de ses retranchements ; elle débouche ensuite et tourne la première redoute. Pendant ce temps, le 1er bataillon de la 39e marchait en bataille sur le front de cette même redoute ; elle est aussitôt enlevée. Sans perdre un instant la 12e prend la route de Glurenz et se place sur les derrières de l'ennemi. Dès que la première redoute est enlevée, le général Dessoles ordonne aux trois bataillons formant sa gauche de s'avancer ; ces troupes marchent dans le meilleur ordre sous le feu le plus vif jusqu'aux retranchements ennemis où elles se jettent et qu'elles enlèvent immédiatement en combattant avec la plus grande intrépidité. Culbutés dès cet instant sur tous les points, les Autrichiens ne pouvant plus se retirer par la route de Glurenz cherchent à s'échapper par les sentiers à travers les montagnes; mais très peu y parviennent. Parmi eux se trouvait le général Landon qui, après avoir couru les plus grands risques, atteignit enfin Landeck le lendemain avec 300 hommes du régiment de Walis.

Le résultat de cette action où nous n'avions cependant que 4,500 hommes et trois pièces pour en combattre près de 9,000 dans une position retranchée et garnie d'artillerie, fut de 1,200 Autrichiens couchés sur le champ de bataille, 4,500 prisonniers, quinze pièces de canon avec leurs caissons et leurs attelages. Parmi les prisonniers, il y avait 4 colonels et environ 150 officiers. Notre perte ne s'éleva qu'à 60 hommes tués et 200 blessés. Le soir même, nos troupes arrivèrent à Glurenz que le général Dessoles occupa le lendemain avec toute sa division.

Les Autrichiens avaient reçu quelques renforts de leur réserve de Latsch et étaient en position devant lui avec quatre bataillons, 400 cavaliers et deux pièces de canon. Il y a tout lieu de croire cependant que le général Dessoles eût cherché à pénétrer plus avant dans la vallée de l'Adige, s'il avait eu connaissance des succès obtenus par le général Lecourbe à Nauders et Funstermuntz; mais l'avis de l'occupation de ces points par les Français ne lui parvint qu'avec celui de la retraite de l'armée du Danube, événement malheureux qu'il prévit devoir exercer une grande influence sur les opérations ulté-rieures de l'armée d'Helvétie et par conséquent sur celle de sa division.

En effet, le général Massena se trouvait dans une des situations les plus critiques qui aient jamais été. Menacé à la fois sur tous les points de sa ligne, étendue comme on sait depuis les sources de l'Adige jusqu'à Schaffouse, il n'avait que 26,000 hommes, y compris la brigade Ruby, à opposer à près de 100,000 Autrichiens, dont

40,000 étaient entre le Danube, le lac de Constance et l'Ach (le surplus des forces de l'archiduc suivait la retraite de Jourdan), 28,000 entre Brégenz et la vallée de Pazenau et 30,000 sur les frontières du Tyrol, depuis cette vallée jusqu'au mont Tonal. Le prince Charles voulait-il pénétrer en Suisse ? Il n'avait devant lui que la faible brigade Ruby, placée à Schaffouse ; et une fois cette brigade repoussée, il lui était bien facile d'atteindre Zurich avant les divisions françaises (les forces de ces corps étaient de 14,400 hommes toutes armes comprises) qui observaient Constance, le lac et les bords du Rhin entre Reineck et Coire et qui auraient été suivies et même fort inquiétées dans leur marche par les 28,000 Autrichiens que le général Hotze commandait vis-à-vis d'elles. Du côté de l'aile droite, les divisions Lecourbe et Dessoles comptaient à peine 9,000 combattants ; elles ne pouvaient donc que disputer vaillamment le terrain contre 30,000 dont le général Bellegarde disposait. Ainsi quel que fut le point de la ligne que l'ennemi voulût choisir pour diriger ses attaques, il était impossible, vu sa supériorité numérique, de lui résister longtems, d'autant plus qu'on ne pouvait pas se dissimuler que le défaut de vivres, joint aux nombreuses insurrections que nos revers, les intrigues des puissances étrangères et des amis de l'ancien gouvernement avaient fomentées et encouragées, viendraient augmenter encore les difficultés de la retraite. Mais on verra bientôt ce que peut un général habile et doué d'une grande force d'âme à la tête d'une petite armée composée de braves soldats dont il possède la confiance et l'amour.

Embrassant d'un coup d'œil toute l'étendue de sa ligne, Massena fit sur-le-champ les dispositions les plus propres à lui donner la consistance dont elle était susceptible avec de si faibles moyens. Il ordonna au généraux Lecourbe et Dessoles de disputer le terrain pied à pied en se retirant, lorsqu'ils y seraient contraints, le premier par le val Bregaglia sur Bellinzona, le deuxième par la Valteline sur Toirano. Tous les corps campés sur la rive droite du Rhin, entre Mayenfeld et Reineck, eurent ordre de passer sur la rive gauche du fleuve à l'exception de quelques bataillons chargés d'occuper le col de Lucisteig, position importante et fortifiée qui nous assurait un passage sur la rive droite du Rhin, couvrait la route de Brégenz à Coire et interceptait la communication directe du corps de Hotze avec celui de Bellegarde.

Le général Xaintrailles, commandant l'aile gauche, reçut l'ordre de jeter quelques troupes dans Constance, afin d'assurer provisoirement ce débouché important, jusqu'à ce que deux demi-brigades et le régiment de cavalerie que l'évacuation du Vorarlberg allait rendre disponibles puissent venir former, avec la brigade Ruby, une petite réserve qui devait s'établir entre Schaffouse et Constance à portée de secourir ces deux points.

Pendant que tout cela s'exécutait, le général Massena redoublait d'instance auprès du gouvernement helvétique au sujet de la levée et de l'organisation des 18,000 auxiliaires suisses, dont il y avait alors à peine deux bataillons de formés. Il écrivait journellement au Directoire et au ministre de la guerre pour leur exposer tous les dangers de sa situation ; leur demander des instructions, des secours ; mais tout convaincu qu'il était de ne pouvoir se maintenir en Suisse contre les forces réunies des trois armées autrichiennes, du prince Charles, de Hotze et de Bellegarde, par un généreux dévouement, trop rare de nos jours, il s'imposait cependant la pénible tâche de soutenir cette lutte inégale où les fatigues et les périls les plus multipliés l'attendaient presque sans espoir de succès et dès lors presque sans gloire.

CHAPITRE VI

EMPLACEMENTS, FORCE ET OPÉRATIONS DES ARMÉES
FRANÇAISES D'HELVÉTIE ET DU DANUBE, RÉUNIES
SOUS LE COMMANDEMENT DU GÉNÉRAL MASSENA,
DEPUIS LES PREMIERS JOURS D'AVRIL AU 20 MAI 1799.

A la fin de mars, en conséquence des dispositions
précédemment arrêtées par le général en chef, l'armée
d'Helvétie était placée comme il suit :

Trois demi-brigades et cinq escadrons couvraient tout
le pays compris entre Schaffouse et Constance et formaient principalement une réserve placée de manière à
secourir efficacement ces deux points occupés chacun
par quelques bataillons tirés de ces demi-brigades.

Depuis Arbon sur le lac de Constance jusqu'à Azmoos,
deux demi-brigades, deux escadrons et 800 hommes de
la Légion helvétique observaient le cours du Rhin. Le
général Ménard était chargé de défendre le pays des
Grisons avec trois demi-brigades et avait de plus deux
bataillons de garnison à Lucisteig et Zollbrück.

L'Engadine était occupée par le général Lecourbe,
et enfin 4,000 hommes, sous le commandement du général Dessoles, se trouvaient dans cette vallée et gardaient
une position retranchée à Taufers et Munster, couvrant
ainsi l'entrée de la Valteline par les cols de Sainte-Marie
et du Wurmserlock et entretenant au moyen d'un déta-

chement placé à Bormio les communications avec Scherer (1).

Il y avait aussi cinq bataillons de garnison qui observaient le cours du Rhin depuis le confluent de l'Aar jusqu'à Basle.

On ne répétera point ici combien ces divisions étaient peu nombreuses et qu'elle était l'immense supériorité de l'ennemi; mais on ne doit pas négliger de faire remarquer qu'aux dangers imminents résultant de la faiblesse de l'armée d'Helvétie et de la dispersion inévitable des troupes sur une ligne fort étendue, il faut encore ajouter ceux auxquels elle était exposée par la fermentation générale et les insurrections partielles qui se manifestaient dans l'intérieur de la Suisse où le général Nouvion n'ayant à sa disposition que quelques faibles bataillons de garnison ne pouvait réussir que très imparfaitement à ramener et à maintenir le calme. D'ailleurs, la retraite de l'armée du Danube enhardissait les mécontents et la disette des vivres qui commençait réellement à se faire sentir favorisait nos ennemis dans leurs efforts pour exciter le peuple suisse à prendre les armes contre nous.

Cependant le général Massena, que son activité prodigieuse rendait présent, en quelque sorte, sur tous les points de sa ligne et dans tous les lieux de son commandement, n'ignorait aucun des dangers de sa situation; mais s'il embrassait à la fois toutes les circonstances désastreuses qui s'accumulaient de tous côtés et semblaient la rendre désespérée, il trouvait aussi dans son âme élevée et forte et dans son dévouement à la patrie le courage et la confiance nécessaires pour oser affronter tant de dangers réunis et concevait l'espoir

---

(1) Qui commandait l'armée d'Italie.

d'en triompher. Secondé dans son noble dessein par tous les officiers et soldats de son armée, il se préparait avec la plus grande célérité à soutenir le choc terrible de trois armées ennemies, lorsque le gouvernement français, jugeant nécessaire de réunir sous un même chef les armées d'Helvétie et du Danube, fut déterminé par la confiance que lui inspiraient les talents et le patriotisme du général Massena à lui offrir le commandement en chef de ses deux armées; mais si un semblable choix honore extrêmement celui qui en est l'objet, quels éloges ce général ne mérite-t-il pas pour avoir consenti à se charger d'une tâche dont les difficultés étaient si multipliées et si grandes, que plusieurs généraux célèbres ou devenus illustres dans la suite agissaient de manière à éviter qu'elle leur fût imposée (1).

Après la bataille de Stokack, où l'ennemi avait déployé des forces infiniment supérieures contre Jourdan (2), ce général s'était déterminé à faire rétrograder ses troupes jusqu'aux débouchés des montagnes noires (3) et avait établi son quartier général à Hornberg. Mais fatigué de voir ses réclamations et ses plaintes au Directoire sans succès, il venait de remettre enfin sa démission de commandant en chef de l'armée du Danube, motivée sur l'impossibilité où il était de rien faire d'utile pour la République avec des troupes qu'on laissait mourir de faim et qui étaient sans chaussures et sans vêtements (4). Sa demande ayant été acceptée, il

----

(1) Allusion qui vise surtout Bernadotte et Brune.

(2) L'archiduc Charles avait mis en ligne 71,535 combattants ; Jourdan ne disposait que de 29,923 hommes.

(3) La forêt Noire.

(4) Jourdan n'avait demandé, au Directoire, qu'un congé pour raisons de santé. Mais avant qu'il n'arrivât à Paris, le

remet provisoirement le commandement de l'armée au général Ernouf, son chef d'état-major, qui, voyant que l'archiduc se disposait à l'attaquer, prit le parti d'ordonner la retraite sur Kehl et Vieux-Brisack. Tel était l'état affligeant de l'armée du Danube que des privations pénibles et des revers avaient en outre découragée et extrêmement affaiblie au moment où elle fut mise sous les ordres du général Massena.

Soit que l'archiduc n'ait pas eu une connaissance exacte de la misère et de la faiblesse des armées d'Helvétie et du Danube, soit que les ordres de sa cour l'aient obligé à apporter la circonspection qu'il a mise dans ses opérations après le gain de la bataille de Stokack (1), il demeure toujours constant qu'il n'a tiré aucun parti de sa supériorité numérique pour troubler la retraite de l'armée du Danube ni pour inquiéter le flanc gauche de l'armée d'Helvétie entièrement découvert par le mouvement rétrograde de Jourdan et qu'il a laissé échapper une belle occasion d'obtenir des avantages importants et qui pouvaient être décisifs pour la campagne.

Quoiqu'il en soit, Massena sut mieux mettre le tems à profit. Aussitôt qu'il eut avis de sa nomination, il confia momentanément le commandement de l'armée d'Helvétie au général Ménard (le plus ancien de ses généraux de division) et alla parcourir rapidement toute la ligne de l'armée du Danube, visita les places du Rhin depuis Strasbourg jusqu'à Basle, donna les ordres et régla les travaux nécessaires pour qu'elles soient mises immé-

---

gouvernement prononçait sa révocation. Voir chapitre VIII de l'ouvrage : *Jourdan en Allemagne.*

(1) En effet, ce furent les ordres du Conseil aulique qui le forcèrent à marquer le pas autour de Stokack.

diatement dans un état respectable de défense et convenablement approvisionnées, y plaça des garnisons suffisantes et plaça le surplus de ses troupes dans les positions les plus avantageuses, augmenta autant que possible ses moyens de résistance en faisant élever des retranchements sur tous les points où il jugea utile d'en construire ; et s'il fut obligé un moment de garder l'expectative, il adopta un système de défense active d'où il résultait qu'il tenait en échec toutes les forces que l'ennemi avait en Souabe et dans le Vorarlberg, en même tems qu'il restait en mesure de défendre le Rhin et la Suisse et de conserver ses communications avec la gauche de l'armée d'Italie.

Ayant établi son quartier général à Basle afin d'attirer l'attention de l'ennemi de ce côté et de le retenir ainsi dans l'angle droit formé par le changement brusque que l'on observe dans la direction du cours du Rhin à Basle (1), il s'occupa de l'organisation nouvelle que la réunion des deux armées et l'état actuel des choses nécessitaient. Heureusement, l'archiduc ne l'inquiéta nullement pendant ce tems et il eut le loisir d'achever toutes ses dispositions avant que ce prince se déterminât à rien entreprendre de sérieux contre lui. Hotze et Bellegarde restèrent à peu près dans la même inaction, à l'exception cependant d'une attaque assez vive que ce dernier dirigea contre le général Dessoles qu'il força dans ses retranchements de Taufers et de Munster. Malgré la résistance la plus opiniâtre, les Français, après une perte de plusieurs centaines d'hommes et de quelques pièces de canon, durent se replier sur Zernetz ; mais en effectuant leur retraite par la haute Engadine,

---

(1) Massena fit établir, au petit Bâle, un camp retranché formidable, qui devait couvrir Huningue. Voir dessin.

ils ne purent envoyer qu'un faible détachement à Bormio et laissèrent ainsi l'entrée de la Valteline ouverte, en quelque façon, aux Autrichiens qui y pénétrèrent quelques jours après par le val Péjo et le Wurmserlock et menacèrent d'intercepter par là les communications entre les armées d'Italie et d'Helvétie.

Aucun événement de quelque importance n'eut lieu durant la première quinzaine d'avril (1) pendant laquelle le général Massena porta ses moyens défensifs à un degré de force tel qu'on ne pouvait pas espérer l'atteindre au milieu de tant d'obstacles et en aussi peu de tems, et que le prince Charles employa de son côté en démonstrations qui avaient pour objet de marquer le véritable point par lequel il se proposait de diriger ses opérations contre l'armée française en Suisse.

Ayant enfin résolu de s'emparer de Schaffouse et de s'établir sur la rive droite du Rhin, ce prince donna ordre au général Nauendorf de sommer le commandant français qui occupait cette ville de l'évacuer (2). Sur le refus de celui-ci, l'attaque commença immédiatement par une canonnade très vive, en même tems les Autrichiens, poussant devant eux les avant-postes français, s'avancèrent jusqu'aux portes de la ville qu'ils enfoncèrent aussitôt. Un combat assez vif s'engagea alors dans les rues; mais les Français, qui ne le soutenaient que pour ralentir les progrès de l'ennemi et donner le tems de rompre le pont de Schaffouse, ne prolongèrent pas leur résistance au-delà du tems nécessaire à cette opération et se retirèrent, après l'avoir achevée, sur la rive gauche du Rhin.

---

(1) Marès eût dû mentionner ici l'entrée à Schaffouse, le 13 avril, des troupes autrichiennes de Nauendorf.

(2) C'était le général Paillard.

Le même jour, les troupes autrichiennes, protégées par la flottille du colonel Williams, attaquèrent à plusieurs reprises et sans succès la ville de Constance qui fut vigoureusement défendue par deux bataillons de la brigade Ruby.

Après cet événement, Massena, ayant à peu près terminé ses préparatifs de défense sur le Rhin, transporta son quartier général à Zurich, situé vers le centre de sa ligne et d'où il était à même de se porter rapidement sur tous les points menacés.

Au 20 avril, l'armée du Danube, composée comme on sait de la réunion des troupes des deux armées françaises de Massena et de Jourdan et de quelques renforts venus de l'intérieur était organisée et établie comme il suit :

L'aile gauche, composée de deux divisions commandées par les généraux Souham, Xaintrailles et Legrand s'étendait depuis Strasbourg jusqu'au delà d'Oberkirch et d'Offemburg, occupant les environs de Kehl, le Vieux-Brisack, Huningue, Basle et divers points le long du Rhin jusqu'à la hauteur de Seckingen. Ces deux divisions, dont les quartiers généraux étaient à Basle et à Wilstett comptaient à peu près 17,000 hommes de toutes armes. Elles avaient une réserve de cavalerie de 2,200 hommes commandée par le général Klein et répartie sur toute l'étendue de leur front.

L'aile droite, commandée par le général Ferino se composait des divisions Ménard, Lecourbe et Lorge qui avaient leurs quartiers généraux à Zizers, Zernetz et Altstetten et étaient chargées de défendre tout le pays compris entre la Valteline et la ville de Constance. Les forces de ces trois divisions s'élevaient à 22,000 hommes environ.

Le Centre était formé de quatre divisions qui comptaient ensemble 22,000 combattants. La première division commandée par Vandamme se trouvait à Andelfingen. Le général Oudinot commandant la deuxième, avait établi son quartier général à Frauenfeld et ceux des généraux Tharreau et Soult commandant les troisième et quatrième divisions, étaient à Bulach sur la Glatt et à Altorff situé sur la droite de Zurich, à quelques lieues en avant de cette ville (1). Une faible division de cavalerie légère (1,800 hommes) commandée par Ney, était autour de Zurich.

Le général Colaud, avec une division de 9,000 hommes se trouvait à Manheim et sur le Necker, en sorte que l'on peut considérer que les forces actives de l'armée du Danube obligée de couvrir tout le pays depuis Manheim jusqu'au lac de Como ne s'élevaient cependant qu'à 74,000 hommes (2) réparties comme on voit sur une étendue de plus de 120 lieues. A cette force il est juste de joindre la division du général Nouvion composée de dix bataillons de garnison, une demi-brigade helvétique et plusieurs escadrons de cavalerie offrant un effectif de 10,000 hommes disséminés dans l'intérieur de la Suisse, dans le Valais et dont le quartier général, d'abord à Lentzbourg, fut transporté vers le 20 avril à Lucerne. 7,000 hommes cantonnaient dans la 5e division militaire derrière le Rhin, depuis Landau jusqu'à Huningue et enfin 15,000 hommes stationnés dans les quatre départements réunis faisaient aussi partie de l'armée du Danube et défendaient le Rhin entre Mayence et Dusseldorf, fournissant la garnison de cette première ville et celles de Spire, Ehrenbreitstein, Cologne, Coblentz, Aix-la-Chapelle, etc.

---

(1) Altdorf, chef-lieu du canton d'Uri, est à 26 lieues de Zurich.

(2) Le 4 mai, les effectifs de l'armée du Danube étaient de 112,159 hommes.

On peut évaluer par une approximation modérée à 160,000 hommes la totalité des forces que le prince Charles et le général Bellegarde pouvaient opposer au général Massena à la même époque et sur le même développement, c'est-à-dire depuis Dusseldorf au lac de Como ; et comme il résulte, en comparant les armées des deux puissances, que l'Autriche avait une supériorité de 55,000 hommes sur la France, on peut être surpris que, parfaitement tranquilles du côté de l'Italie où ils savaient que Kray était supérieur de 15 à 20,000 hommes à Scherer (1), même avant l'arrivée de 40,000 Russes (2), l'archiduc Charles et Bellegarde soient demeurés dans une sorte d'inaction pendant plus de quinze jours, et n'ayant aucunement profité de la circonstance favorable où ils se trouvaient pour pousser la guerre avec vigueur tandis qu'ils avaient tant de probabilité de succès. Les hésitations du cabinet de Vienne relativement aux opérations dans ces contrées furent, dit-on, le motif qui empêcha ces deux généraux d'agir (3) ; et la maladie que le prince Charles essuya vers cette époque contribua aussi très vraisemblablement à prolonger encore ce tems qui nous fut si avantageux et nous épargna peut-être de grands désastres ; car les dissensions qui existaient alors en France et principalement entre les membres du Directoire affaiblissaient tellement l'action du gouvernement que les levées d'hommes et toutes les autres mesures qui avaient

---

(1) A cette époque, Scherer qui n'avait pu forcer les lignes de l'Adige se repliait sur l'Adda ; il n'avait que 28,000 hommes à opposer au 52,000 combattants du maréchal Kray.

(2) Le nombre des Russes qui descendirent en Italie ne s'éleva qu'au chiffre de 26,000.

(3) C'était bien réellement le motif.

pour objet de pourvoir aux besoins urgents et multipliés des armées ne s'exécutaient qu'avec une extrême
lenteur et que très incomplètement. Cependant, malgré
les obstacles infinis et sans cesse renaissants que les circonstances difficiles où la situation actuelle de la France,
les revers essuyés par les armées d'Italie et du Danube,
et l'état d'insurrection d'une grande partie de la Suisse
causaient au général Massena, celui-ci parvint à mettre
son armée sur un pied assez respectable, mais tous ses
soins furent superflus relativement aux subsistances
qui demeurèrent toujours insuffisantes et mal assurées.

On se rappelle que depuis le commencement d'avril,
jusqu'au 13, jour où le général Nauendorf s'empara de
Schaffouse et fit attaquer Constance, l'ennemi ne tenta
en quelque sorte aucune hostilité sur toute l'étendue de
la ligne. Après ce léger succès, il resta encore sans agir
pendant une semaine entière, mais enfin le général
Bellegarde se mit en mouvement et attaqua, le 21, le
général Lecourbe à Remüs et sur plusieurs autres points.
Le premier choc des Autrichiens fut terrible et le détachement de la 44e qui occupait ce village fut d'abord
contraint de le céder à l'ennemi ; mais le 2e bataillon de
cette même demi-brigade, ayant à sa tête le chef de
brigade Voxeur, s'avance audacieusement contre les
assaillants, les chasse du village et les rejette dans les
montagnes d'où ils venaient de descendre. Tandis que
ceci se passait, le 1er bataillon de la même demi-brigade
repoussait victorieusement les attaques que l'ennemi
exécutait sur Schlims et Pont-Martin (Martinsbrück).
Ayant échoué dans leurs entreprises, les Autrichiens se
replièrent sur Martinsbrück après avoir laissé plus de
400 des leurs sur le champ de bataille ; notre perte ne
fut pas à beaucoup près aussi grande et nous fîmes
dans cette journée 800 prisonniers parmi lesquels se

trouvaient : un major, six capitaines, six lieutenants et cinq enseignes.

Depuis lors les troupes de Bellegarde ne cessèrent d'inquiéter et de tourmenter les avant-postes du général Lecourbe ; elles n'entreprirent pourtant rien d'important sur lui jusqu'à la fin du mois et le général Loison, qui avait été envoyé en Valteline avec une demi-brigade afin de remplacer le général Dessoles que Scherer (1) avait rappelé avec la majeure partie de sa division, reprit et conserva les postes de Bormio et de Fredda que le détachement laissé par le général Dessoles avait été obligé d'abandonner, et occupa Edolo et Ponte de Legno dans le val Camonica par lequel l'ennemi cherchait à pénétrer en Valteline.

Les rapports des généraux sur tous les mouvements de l'ennemi et tous les renseignements qui étaient transmis au général Massena sur les projets de l'archiduc ne lui annonçaient pas que ce prince fût encore à la veille de l'attaquer. Il employa donc le tems que son adversaire lui laissait pour visiter toute sa ligne afin d'examiner et de rectifier les dispositions de ses généraux, de se concerter avec eux et d'augmenter par des marques de sa sollicitude la résignation des soldats, que la disette des vivres dont ils avaient constamment à souffrir n'empêchait pas cependant de désirer avec ardeur le combat.

Cependant les alliés obtenaient des avantages signalés en Italie. Vainqueurs sur l'Adige et sur l'Adda (2), ils

---

(1) C'était Moreau.

(2) Sur l'Adige, de Kray avait deux fois repoussé Scherer ; les 25 mars et 3 avril. Sur l'Adda, Souvarow venait de vaincre Moreau le 27 avril à Vaprio. Voir notre ouvrage : *Souvarow en Italie*, chapitres III et IV.

étaient entrés à Milan (1) d'où Souvarow avait dirigé aussitôt plusieurs colonnes pour occuper les vallées au-dessus des lacs, pénétrer de là dans les gorges qui servent de passage pour aller en Suisse et se lier ainsi à la gauche de l'armée de l'archiduc (2). Pendant ce tems, le général russe (3) s'avançait avec le gros de ses troupes par les routes de Novare, de Pavie sur le Tessin derrière lequel le général Moreau s'était retiré. Mais dans le but de faciliter la jonction de l'armée de Naples qui était en marche pour se réunir à lui, ce général, à la suite de la bataille de Cassano (4), avait ordonné aux troupes composant son aile droite et à celles qui formaient le centre d'effectuer leur retraite sur Plaisance et Voghera et marchait lui-même de Novare sur Alexandrie en donnant cette direction à ses opérations.

Le général Moreau porta son armée tout entière sur la rive droite du Pô ; mais, s'il réussit momentanément à mettre par là l'armée d'Italie en sûreté, ce fut incontestablement aux dépens de celle du Danube, dont l'aile droite débordée et absolument en l'air courut dès lors les plus grands risques.

En effet, l'archiduc et Bellegarde, jugeant que le moment était favorable, firent leurs dispositions pour une attaque générale sur toute la ligne de l'armée du Danube. Les troupes du général Bellegarde furent les premières qui entrèrent en mouvement. Le 30 avril, de grand matin, elles se présentèrent à la fois du côté de Martinsbrück et par le Val de Munster et attaquèrent

----

(1) Le 28 avril.

(2) Le prince de Rohan et le colonel Strauch allaient garder les bords du lac Majeur et monter vers Bellinzona.

(3) Souvarow.

(4) Réellement la bataille fut livrée à Vaprio.

avec une extrême impétuosité les retranchements que le général Lecourbe avait établi à ses débouchés. Le combat se soutint avec un égal acharnement pendant tout le jour et coûta beaucoup de monde aux Autrichiens qui renouvelèrent quatre fois l'assaut et ne purent cependant réussir malgré les plus grands efforts et d'énormes sacrifices, à chasser les Français de leurs positions. L'attaque dirigée sur le val Munster fut également repoussée.

Le but du général Bellegarde était vraisemblablement d'atteindre Zernets et de refouler le général Lecourbe dans la haute Engadine ou vers Coire par les mauvais chemins qui traversent l'Albula, le forçant par ce dernier parti à abandonner Loison qui était en Valteline avec une demi-brigade qui aurait été infailliblement obligée de poser les armes.

A son retour le général Massena écrivit au Directoire pour le solliciter vivement d'ordonner des mesures afin d'assurer les subsistances de l'armée, objectant aux invitations qu'il recevait de prendre l'offensive, qu'il lui était impossible de le faire et de chercher à s'avancer dans un pays totalement ruiné par l'ennemi, tandis qu'il n'avait pas assuré même pour un seul jour de vivres. L'adjudant-général Reille, officier dont le général Massena faisait le plus grand cas et qui possédait toute sa confiance et qui l'avait accompagné dans sa tournée, se chargea de remettre cette lettre extrêmement pressante au gouvernement et de lui exposer en même tems, dans le plus grand détail, la situation exacte de l'armée.

Dans la première hypothèse, à découvrir la gauche du général Ménard, dont la division occupait les environs de Coire, près de 15,000 hommes avaient été employés à cette importante opération, que l'habileté des dispositions du général Lecourbe, l'intrépidité de ses soldats et la valeur des officiers de tous grades empêchèrent de réussir (1). L'ennemi laissa plus de 2,000 morts sur le champ de bataille et perdit 500 prisonniers au nombre desquels se trouvait le jeune prince de Ligne et 10 autres officiers (2). Du côté des Français, la perte en tués, blessés et prisonniers ne fut que de 500 hommes ; mais la supériorité numérique des Autrichiens, qui les mettait à même de renouveler leurs attaques le lendemain avec des troupes fraîches, et surtout ce qui se passait en Italie, engagea le général Lecourbe à se retirer pendant la nuit entre Lavis et Jüss, d'où il avait l'avantage de couvrir plus efficacement le chemin de Coire par Davos et de communiquer librement avec Loison par Pont et Poschiave.

Le lendemain 1er mai, à la pointe du jour, Hotze déboucha en plusieurs colonnes par Flasch, Mayenfeld par la route de Balzers et le mont Falknis sur Lucisteig. La première colonne, forte d'environ 2,000 hommes, repoussa d'abord les quatre compagnies qui étaient à Flasch (3) et s'avança au-delà de Mayenfeld. Mais le général Chabran se porta rapidement avec cinq compagnies de la 109ᵉ demi-brigade (4), qui étaient en réserve à Malans au devant de cette colonne, l'attaqua avec la plus grande vigueur et l'obligea tout entière à se rendre prisonnière avec son artillerie. Nos troupes reprirent aussi les postes qu'elles avaient été obligées de céder un instant sur quelques autres points et rentrèrent dans toutes leurs positions. Il paraît que la colonne ennemie, qui devait marcher par les pâturages de Mayenfeld,

---

(1) Combat livré le 30 avril.
(2) Le chiffre des pertes de l'ennemi est exagéré.
(3) 4 compagnies de la 14ᵉ demi-brigade légère.
(4) Des grenadiers seulement.

fut retardée dans sa marche par la difficulté des chemins et n'arriva pas à tems pour soutenir celle qui était descendue par les montagnes au-dessus de Flasch, et avec laquelle elle devait se réunir sur les derrières de la position de Lucisteig ; c'est pourquoi l'entreprise du général Hotze, bien combinée d'ailleurs et vivement exécutée par des forces très supérieures, échoua complètement (1).

En même tems que l'ennemi dirigeait des attaques aussi sérieuses sur nos positions dans les Grisons et en Engadine, il nous canonnait sur la rive du Rhin et faisait des dispositions qui annonçaient l'intention de tenter un passage. Tous ces mouvements étaient en outre combinés avec une insurrection générale fomentée et organisée par les soins de l'Autriche et qui devait éclater simultanément chez les Grisons ; mais heureusement les insurgés ne se trouvaient pas encore en mesure et la rapidité avec laquelle les généraux Ménard et Lecourbe repoussèrent les Autrichiens fit avorter ce plan. Il consistait à faire assaillir par les paysans armés nos troupes sur leurs derrières, pendant qu'elles étaient attaquées de front.

Cependant, le 2 mai, 2,000 paysans environ se portèrent tout à coup sur Dissentis, y surprirent et enlevèrent deux compagnies de la 103ᵉ demi-brigade et forcèrent les autres troupes échelonnées dans la vallée à se retirer sur Ilanz puis à Reichenau. Ces insurgés, dont le nombre grossissait toujours à mesure qu'ils s'approchaient de Reichenau, formaient un corps d'environ 6,000 hommes, assez bien organisé et commandé par des officiers autrichiens lorsqu'ils arrivèrent sous les

---

(1) Le régiment d'Orange perdit dans cette affaire 1,466 hommes.

murs de cette ville. En même tems que ceci avait lieu, le général Lecourbe, obligé de rester dans sa position de Zernetz afin de donner le tems à Loison de retirer ses troupes de la partie supérieure de la Valteline et de faire sa retraite sur Morbeigne, était vivement attaqué par le général Bellegarde. La résistance opiniâtre des Français et les actes multipliés de valeur qu'ils firent pendant tout le jour ne purent les maintenir dans leurs positions, et accablés par la supériorité de l'ennemi, ils durent les abandonner vers le soir, mais après avoir fait éprouver aux Autrichiens une perte considérable et triple de celle qu'ils avaient eux-mêmes essuyée. On fut obligé d'abandonner les affûts et de mettre les pièces sur des traîneaux afin de faciliter leur transport par les mauvais chemins que l'on dut suivre en se retirant derrière l'Albula. Le général Demont fut fait prisonnier dans cette affaire et la plupart des officiers supérieurs des trois demi-brigades (1) qui composaient la division du général Lecourbe et d'autres reçurent des blessures fort graves ou périrent.

La retraite du général Lecourbe par Bergion et Filishür sur Ilanz découvrait le flanc droit de Ménard, ouvrait aussi la route de Davos sur Coire aux Autrichiens et rendait la position de l'aile droite encore plus critique. En conséquence, le général Massena fit passer quelques renforts à ces deux généraux et donna l'ordre au premier de se maintenir aussi longtems que possible dans sa nouvelle position et de ne céder le terrain que pas à pas, dirigeant sa retraite par Ilanz, Thusis et le Splügen afin de se tenir en communication avec Loison.

Il ordonna également au général Ménard d'occuper en force la route de Davos et de marcher contre les

---

(1) 36ᵉ, 38ᵉ et 44ᵉ demi-brigades.

rebelles qui s'étaient approchés de Coire et il dirigea en même tems le général Soult contre un parti d'insurgés du canton de Schwyz dont le mouvement était concerté avec ceux des Grisons.

Les succès les plus heureux prouvèrent la sagesse de ces dispositions, car le général Ménard reprit le poste de Davos où il envoya sept compagnies et battit complètement, le 3, les insurgés établis à Reichenau où ils se défendirent avec acharnement ; mais le pont ayant été emporté à la baïonnette, ces malheureux furent mis dans une déroute complète et nos soldats entrèrent en grand nombre et poursuivirent le reste jusqu'à la nuit. Le lendemain nous entrâmes à Ilanz et le même jour nous arrivâmes jusqu'à Trons chassant toujours les insurgés devant nous. Parvenus à Dissentis le 5 mai, les Français eurent la douleur de voir qu'une compagnie entière de la 103e, à l'exception de neuf hommes, avait été successivement assassinée par les insurgés des villages voisins auxquels on livrait à mesure qu'ils arrivaient à Dissentis quelques-uns de nos soldats sur lesquels ils assouvissaient leur rage (1). Un employé militaire avait été torturé pendant trois jours, sous les yeux de sa femme qui venait d'accoucher, et ces scélérats avaient mis tout ce tems à le faire mourir.

Comme les moines du couvent de Dissentis avaient été reconnus pour être les artisans de ces scènes d'horreur, on s'est précipité dans le couvent pour tirer vengeance de ces monstres, mais ils étaient tous évadés et l'une des premières salles où l'on pénétra offrit les dépouilles sanglantes de nos malheureux soldats dont les habits lacérés de mille coups attestaient l'atrocité de

---

(1) Le massacre avait commencé le 1er mai, après midi, au signal du tocsin sonné à l'église du couvent.

leurs assassins. Il n'est pas étonnant qu'une telle barbarie ait exalté la fureur des soldats qui crurent se venger de tant de cruauté en détruisant par la flamme le couvent et le village de Dissentis. Plus de 2,000 insurgés périrent en combattant (1). La perfidie des habitants égala, dans cette circonstance, leur barbarie, car ce fut par les bons traitements dont ils entourèrent nos soldats qu'ils parvinrent à leur inspirer cette fatale sécurité dont ils profitèrent ensuite pour les massacrer impitoyablement.

L'expédition du général Soult eut le même succès, mais ne fut heureusement pas accompagnée d'événements aussi désastreux. Ce général s'était fait précéder par une proclamation pacifique qui, sans réussir à faire rentrer les habitants dans l'ordre, prépara toutefois les esprits à la soumission, car quelques instants après avoir été sommé de déposer les armes, le corps d'insurgés qu'il trouva en bataille sur une hauteur en avant de Rothenthurm accepta les conditions qui lui étaient offertes et se dispersa (2). Soult se replia immédiatement sur Schwyz (3) et se prépara à marcher sur un autre rassemblement dans le canton d'Altorf; mais le mauvais tems s'opposa pendant plusieurs jours à l'embarquement des troupes sur le lac de Lucerne qu'il fallait traverser pour se rendre à cette ville. Elles abordèrent enfin le 8 mai à trois heures du matin à Flüelen et Seedorf où les rebelles, au nombre de plus de 3,000 hommes bien armés et ayant avec eux quatre pièces d'artillerie,

____

(1) Ce chiffre est exagéré. Le chef de la 103e écrivit à Massena qu'il avait pris et détruit 300 paysans.

(2) C'était le 2 mai ; les insurgés étaient au nombre de 900.

(3) Il marcha sur Schwyz. Le matin il avait quitté Einsiedeln.

firent de vains efforts pour s'opposer à leur débarquement (1). Dès qu'elles l'ont effectué, elles chargent les Suisses à la baïonnette, les culbutent de leur position, s'emparent de leur artillerie et continuent ensuite leur marche sur Attinghausen en suivant les deux rives de la Reuss et sur Bürglen dans la vallée du Schächen. Les débris de ce corps d'insurgés se retirèrent par Am-Steg sur Wasen et furent poursuivis et entièrement dispersés avant qu'ils aient pu atteindre la vallée d'Urseren où ils avaient l'intention de se retirer pour s'emparer ensuite du passage du Saint-Gothard.

De son côté le général Lecourbe s'était maintenu à Bergion et sur l'Albula et avait établi son quartier général à Thusis d'où il se tenait en communication avec le général Loison que le défaut de vivres avait forcé à abandonner Chiavenna et à se retirer jusqu'au Splügen.

Pendant ces mouvements sur notre droite, le prince Charles faisait faire des démonstrations à Feldkirch et portait beaucoup de troupes vers Schaffouse, menaçant de pénétrer en Suisse par ces deux points et voulant aussi attirer l'attention du général Massena de ce côté afin de faciliter les opérations de Bellegarde en empêchant le premier d'envoyer des renforts à Lecourbe. Mais on a vu que l'archiduc ne réussit pas à tromper le général français. Celui-ci ne parvint pas non plus à donner de l'inquiétude au prince par les fortes reconnaissances et les attaques simulées qu'il fit faire au-delà du Rhin par 4,000 hommes qui s'avancèrent vers la Forêt-Noire, manœuvrant de manière à faire croire qu'ils voulaient envahir le Brisgaw.

L'armée du Danube n'avait encore perdu que fort peu de terrain. Elle luttait en quelque sorte avec avantage

---

(1) Ces troupes obéissaient à l'historien Schmidt.

contre des forces infiniment supérieures; elle avait combattu et réduit les nombreuses insurrections qui avaient eu lieu dans les Grisons et dans plusieurs cantons de la Suisse; il est donc permis de croire qu'elle aurait efficacement protégé le territoire de la Suisse si la retraite de l'armée d'Italie n'eut pas laissé sa droite totalement découverte et si, déjà affaibli par ce seul fait, le général Massena n'eut pas été obligé de distraire plusieurs demi-brigades de son armée pour les envoyer au secours de Moreau (1).

Le développement trop considérable de la ligne occupée par l'armée du Danube (2) avait déterminé le général Massena à proposer au Directoire d'abandonner le pays des Grisons et de reprendre les mêmes positions que nous avions eues en Suisse avant l'invasion de ce pays. Il lui paraissait dangereux de laisser plus long-tems ses divisions étendues sur un terrain qu'elles n'auraient pu couvrir, qu'en partie, d'un mince cordon de troupes et éloignées entre elles par des obstacles tels qu'elles ne pouvaient se soutenir mutuellement. Cette dispersion de nos forces, qui eut pu nous être préjudiciable en face d'un ennemi égal en nombre, était alors extrêmement périlleuse puisque les Autrichiens avaient partout une très grande supériorité numérique sur nous. Afin d'y remédier autant que possible en attendant les ordres du gouvernement, le général Lecourbe, dont la droite se trouvait entièrement débordée par l'arrivée de plusieurs corps ennemis, qui, après s'être emparés du fort de Fuentès sur le lac de Lecco, avaient pénétré jusqu'à

------

(1) Dans la direction de Turin, où elles n'arrivèrent pas, les Austro-Russes ayant occupé le débouché de la vallée d'Aoste.

(2) De Bellinzona sur le Tessin à Dusseldorf sur le Rhin.

Isola, dans le val Saint-Giacomo et s'approchaient du Splügen, eut l'ordre d'envoyer le général Loison à Bellinzona, et de se porter avec la 109e sur Andeer et Splügen après avoir retiré ses postes depuis l'Albula jusqu'à Ilanz, et laissant le général Chabran, qui venait de remplacer le général Ménard dans le commandement de la 1re division, deux demi-brigades et un bataillon, pour garder le pays qu'il abandonnait entre Ilanz, Davos et Thusis.

Tandis que ce mouvement s'exécutait, et pendant que le général Massena faisait passer à ses généraux les instructions et les ordres relatifs aux mouvements que chacun d'eux devait faire dans l'hypothèse de l'évacuation des Grisons, les généraux Bellegarde et Hotze concertaient une attaque générale sur tous les points de notre ligne, depuis Feldkirch au mont Albula. Ils en fixèrent l'époque au 14 mai ; mais des circonstances que nous ignorons (1) empêchèrent heureusement le général Bellegarde d'effectuer son attaque avant le 15, de sorte que l'avantage important que Hotze obtint du côté de Lucisteig, n'eut pas des suites aussi désastreuses pour nous que celles auxquelles nous devions nécessairement nous attendre dans le cas où Bellegarde eut agi simultanément.

On se rappelle que les obstacles naturels que présente le terrain au col de Sainte-Lucie, avaient été augmentés par de nombreux travaux et que cette position soigneusement retranchée et bien armée était gardée par des forces suffisantes, que le général Massena n'avait cru pouvoir remettre en de meilleures mains qu'en celles du général Humbert, l'un des officiers généraux les plus distingués de l'armée par son courage ferme et

---

(1) Une grande chute de neige dans les montagnes.

intrépide ; et en un mot l'importance reconnue de cette position n'avait rien laissé négliger de ce qui pouvait laisser contribuer à nous en assurer la possession. Mais l'ennemi déploya de telles forces et usa de moyens si nouveaux et si inattendus dans ses attaques furieuses, que les dispositions les plus habiles et les plus grands efforts de courage demeurèrent sans succès.

Depuis plusieurs jours le général Humbert s'attendait à être attaqué. Les troupes étaient sous les armes et toutes les avenues du col de Sainte-Lucie soigneusement observées. Cependant, cette vigilance extrême ne l'empêcha point d'être surpris. Aidé des habitants qui guidèrent ses troupes par des sentiers que l'on considérait comme impraticables ou dont on ignorait l'existence, les colonnes du général Hotze étaient parvenues chacunes au point qui leur avait été indiqué sans être aucunement aperçues.

Ce général avait également choisi pour quelques-uns de ses points d'attaque, des endroits jugés inaccessibles et où les Français n'avaient élevé, par cette raison, aucune défense, ni placé aucun soldat. Que l'on juge de leur surprise et de leur embarras, lorsqu'ils virent paraître l'ennemi sur ces différents points. La colonne du général Jellachich, chargée d'attaquer par les derrières de la position, parut la première. Humbert faisait ses dispositions pour la repousser vigoureusement lorsqu'il se vit tout à coup obligé de diviser ses forces et son attention, pour faire face à la colonne commandée par Hotze en personne, qui attaquait par le défilé en même tems que deux autres colonnes parvenues sur les sommités environnantes, assaillaient par un feu violent d'artillerie et de mousqueterie nos troupes jusque dans l'intérieur de leurs retranchements. Pressé à la fois sur tant de points, Humbert se portait partout où le feu était le plus vif, et partout les Français opposaient la plus opiniâtre résistance. Enfin un bataillon ennemi faisant partie de la colonne qui occupait déjà Mayenfeld et Malens, s'avance par le revers du col, enlève nos premières lignes après un feu terrible et pénètre ensuite dans l'intérieur du fort, dont il ouvre l'entrée à la colonne de Hotze qui s'y précipite. Dès ce moment, le combat devient terrible et la 14e demi-brigade se fit tailler en pièces. Soixante canonniers y reçurent la mort sur leurs pièces ; un seul, mais encore blessé se sauva avec le petit nombre de braves qui parvinrent à opérer leur retraite sur Ragatz par le pont de Flasch et échappèrent ainsi à cette épouvantable boucherie. Notre perte déjà très considérable sur ce point, puisqu'elle s'éleva à 1,500 hommes tués, blessés ou faits prisonniers s'accrut encore de celle de plusieurs détachements qui furent enfermés dans les gorges de la Landquart ou surpris et forcés par les colonnes ennemies, qui marchèrent immédiatement et dans plusieurs directions sur Zizers et Coire que les Français durent évacuer en toute hâte, abandonnant leurs magasins, leurs bagages et quelques munitions.

Mais s'il est juste d'attribuer, en grande partie, cet important succès à l'habileté des dispositions du général ennemi, au secret qu'il sut mettre dans la marche de ses troupes, à la vigueur avec laquelle il conduisit ses différentes attaques et surtout à l'ensemble qu'il sut conserver dans les mouvements de ses colonnes, il convient de faire remarquer qu'il en fut aussi essentiellement redevable à la coopération active des habitants et à la grande supériorité de ses forces augmentées encore par quelques bataillons envoyés par Bellegarde. Les forces de Hotze dans cette expédition étaient de dix-neuf bataillons, neuf escadrons, trois brigades et demie du corps de Bellegarde qui se joignirent à une de ses colonnes dans la vallée de la Landquart ; plus un assez grand nombre d'insurgés bien armés, assez régulièrement organisés en plusieurs corps et très animés contre les Français.

Vers le soir de cette funeste journée, le général Chabran avec 8 à 900 hommes qui lui restaient était en position en avant de Ragatz, s'efforçant de contenir les Autrichiens qui l'y avaient suivi de près, attendu que leur cavalerie était arrivée assez à tems au pont de Flasch pour l'empêcher de brûler.

Le col de Sainte-Lucie une fois au pouvoir de l'ennemi il était désormais impossible à une seule division de se maintenir dans les Grisons ; en conséquence les généraux Chabran et Suchet eurent ordre d'effectuer leur retraite le premier sur Wallenstadt par Mels et Sargans, le deuxième par Reicheneau et Wettis pour se réunir ensuite au général Chabran. Mais lorsque le général Suchet, qui avait combattu pendant toute la journée du 15 contre Bellegarde, dont les forces très supérieures l'avaient obligé d'abandonner successivement Davos, Ilanz, Coire et Fürstenau, puis enfin de se retirer sur Reichenau, voulut passer au mont Gungel, il y trouva les Autrichiens venus de Zizers établis et en force.

Obligé de rétrograder sur Flims et de faire sa retraite par Ilanz sur Dissentis, ce général qui avait à peine 400 hommes à opposer au corps entier de Bellegarde, ne fut cependant pas entamé pendant sa marche et se replia en bon ordre sans éprouver d'autre pertes que celles de plusieurs compagnies suprises et enlevées à Coire et d'une partie de son artillerie que les difficultés des chemins l'obligea à jeter dans le Rhin.

A peu près dans le même tems, le général Lecourbe occupait Bellinzona, réduisait les insurgés des vallées de Misoc et de Livine, et le général Loison en réponse à la sommation que le prince de Rohan (1) lui avait faite de se rendre avec toute sa troupe, lui prenait 300 hommes, s'emparait de Lugano et était au moment d'obtenir sur lui des avantages plus importants encore, si deux bataillons russes ne fussent accourus au secours du prince et n'eussent rétabli le combat (2).

Les progrès que l'ennemi faisait du côté de Sargans et de Wallenstadt et sur tous les points de notre droite et les forces imposantes que l'archiduc Charles tenait rassemblées entre Stein et Waldshut, déterminèrent le général Massena à concentrer son armée afin de pouvoir s'opposer aux entreprises que le prince se disposait à faire contre lui, d'ailleurs en persistant à occuper la partie supérieure du cours du Rhin depuis ses sources jusqu'à la hauteur de Schaffouse, il était dans l'obligation de disséminer singulièrement les troupes de son aile droite et du centre et s'exposait par là à ce que l'ennemi fît une trouée sur quelques-uns des points de grand développement, se jetât au milieu de ces corps détachés dont quelques-uns auraient pu se trouver dans l'impossibilité d'exécuter leur retraite.

Le pays que le général Massena abandonnait, n'offrait en outre aucune ligne militaire où l'ennemi put s'établir de manière à nous empêcher de nous reporter sur le Rhin et par la position que le général vint prendre en avant de Zurich, ayant son avant-garde à Winterthur et occupant les portes de Weil et d'Andelfingen, il conservait la facilité de reprendre l'offensive dès qu'il le jugerait à propos.

Ensuite de cette détermination, le général Lecourbe

---

(1) Détaché de l'armée de Souvarow.
(2) Combat livré le 18 mai.

eut ordre de se replier sur le Saint-Gothard, appuyant sa droite au mont Furca, débouché du Haut-Valais et se liant par sa gauche à une division placée à Rapperschwil pour établir les communications avec le camp de Zurich.

La marche que chaque corps dut faire pour exécuter ce mouvement général de concentration fut tenue assez secrète ainsi que toutes les dispositions qui y étaient relatives, pour que la connaissance n'en parvînt à l'ennemi que lorsqu'il n'était plus en mesure de la troubler. Elle s'effectua en conséquence sur tous les points dans le meilleur ordre; et le général Humbert, dont l'ennemi voulait inquiéter et presser la retraite sur Lichtensteig lui résista avec avantage et lui fit 150 prisonniers.

Le général Lecourbe ne fut que faiblement suivi par les trois brigades que Souvarow avait destiné à s'emparer de toutes les vallées qui viennent aboutir à l'extrémité septentrionale du lac Majeur vers Locarno. Mais la difficulté des chemins et surtout cette grande pénurie de vivres qu'il ne cessa de souffrir pendant sa marche rendirent sa retraite fort pénible.

Le 22 mai les troupes de la division Lecourbe étaient ainsi réparties : le général Loison avec sa brigade à Urseren gardant les débouchés des Grisons et du Valais et ayant un bataillon à Airolo et un autre à Wasen. Deux bataillons d'expédition occupaient Steg, la 38e demi-brigade Altorf et la 12e légère Schwyz, Rothenthurm et la vallée de la Mutten. Une portion des troupes de la brigade de Suchet faisant partie de la division Chabran avait filé sur Zurich. Le reste se trouvait alors dans les environs de Schwyz et d'Einsielden et fut porté peu de jours après à Rapperschwil où ce général vint s'établir.

Nous avons laissé le général Suchet remontant péniblement la vallée du Rhin vers Dissentis afin de se réunir aux troupes du général Lecourbe ou à celles du général Soult qui devaient occuper le Saint-Gothard ou les sources du Tessin et de la Reuss. Harcelé par les Autrichiens et les paysans armés, manquant de vivres et forcés de suivre des chemins que l'on pouvait regarder comme impraticables, ce général atteignit cependant le 19 mai le village d'Urseren avec toute sa brigade, n'ayant perdu que 3 ou 400 hommes que la fatigue et la faim avaient fait tomber entre les mains de l'ennemi. A peine arrivé à Urseren il dirigea successivement la 37ᵉ demi-brigade et la 76ᵉ par la vallée de la Reuss sur Altorf ainsi qu'un escadron du 12ᵉ régiment de chasseurs, laissant deux bataillons à Urseren pour garder ce point ainsi que les débouchés du Valais et des Grisons.

CHAPITRE VII

OPÉRATIONS DEVANT ZURICH. — L'ARCHIDUC CHARLES
FAIT LES PLUS GRANDS EFFORTS POUR CHASSER LES
FRANÇAIS DE LA SUISSE. — MASSENA SE RETIRE
DERRIÈRE LA LIMAT.

Les Autrichiens, malgré leurs moyens immenses,
malgré la coopération d'une partie des habitants qui
s'armaient en leur faveur dans le Valais au nombre de
près de 6,000 et sur plusieurs autres points de la Suisse,
ne s'avançaient qu'avec une extrême circonspection.
Leurs masses étaient encore sur la rive droite du Rhin
le 22 au matin et notre mouvement rétrograde n'avait
été suivi que par des avant-gardes plus ou moins
fortes qui s'étaient en quelque sorte bornées à occuper
le pays à mesure que nous l'abandonnions. La ligne de
leurs postes établie parallèlement aux nôtres suivait à
peu près le cours de la Thür, passait à Wesen, Glaris,
s'étendait ensuite le long de la frontière des Grisons
puis traçait une ligne qui aurait passé par Piota au-dessus d'Airolo et près du Simplon.

Cependant, l'archiduc, dont le plan pour pénétrer en
Suisse était définitivement arrêté, avait ordonné les
mouvements nécessaires à son exécution et les troupes
de ses différents corps se disposaient à franchir le Rhin
sur un certain nombre de ponts ou bacs établis à cet

effet à Balzers, Feldkirch, Hoëscht, Constance, Stein, Schaffouse, Eglisau, etc. D'après ce plan, la route de Schaffouse à Zurich par Andelfingen se trouvait sa ligne principale d'opération. C'est pourquoi en même tems que des forces considérables tendaient à venir de tous côtés se concentrer sur ce point et pendant que le général Nauendorf(1) passait le Rhin à la tête de vingt-un bataillons et trente-un escadrons, l'archiduc cherchait à attirer l'attention du général Massena par des démonstrations de passage vers Zurzach, Kaisersthal et Coblentz (2).

En effet, dans la nuit du 23, l'ennemi au moyen de barques et de radeaux avait traversé le Rhin de ce côté et s'avançait en force dans la direction de Baden et de Brück. Mais le général Massena pénétra le but du prince et n'attacha pas plus d'importance à ce faux mouvement qu'il ne le fallait. Il laissa les Autrichiens pénétrer assez avant et lorsqu'il les vit suffisamment engagés, il les fit attaquer de front par le général Tharreau en même tems qu'il se portait en personne sur leur flanc vers Kaisersthal. Cette manœuvre eut tout le succès qu'on devait en attendre, et l'ennemi malgré tous ses efforts fut obligé de songer à se retirer ; mais pressé de toute part et craignant d'être prévenu sur le Rhin où il n'avait pas eu le tems d'établir de pont, il ne put faire son mouvement de retraite qu'avec une certaine précipitation et un peu de désordre. Les uhlans chargés de protéger la marche de l'infanterie furent très maltraités par notre cavalerie qui leur enleva plus de 300 chevaux et fit 500 prisonniers.

----

(1) Chef de l'avant-garde autrichienne entrée à Schaffouse le 13 avril.

(2) Il s'agissait d'une véritable action ayant pour but de déborder la gauche de Massena et non d'une démonstration.

Outre cela beaucoup d'hommes se noyèrent dans le Rhin en essayant de passer ce fleuve à la nage.

La veille, tous nos postes, depuis Andelfingen jusqu'à Weil, avaient été attaqués dans l'intention, sans doute, de couvrir et de favoriser l'opération que nous venons de voir échouer et dont le succès pouvait avoir de graves conséquences.

L'affluence des troupes ennemies sur les rives de la Thür principalement entre Weil (1) et l'embouchure de cette rivière dans le Rhin annonçait assez de la part de l'archiduc le dessein de nous attaquer incessamment ; il n'attendait probablement pour le faire que l'arrivée du corps entier de Hotze à la hauteur de Weil où les têtes de ses colonnes étaient parvenues le 24. Petrasch avec cinq bataillons et six escadrons était déjà à Pfyn et Nauendorf avait dépassé Andelfingen et Frauenfeld d'où nous nous étions successivement retirés et occupaient Berg et Henkart (2) et même Andelfingen que nos troupes lui avaient âprement disputé (3). Dans de telles conjectures il importait évidemment de prévenir l'ennemi par une attaque brusque et vigoureuse afin de rompre ses desseins avant qu'il fut en mesure de les exécuter, et surtout avant que par la réunion de tous ses moyens il n'eût acquis sur ce point une supériorité dont il pouvait aisément nous accabler. Convaincu de cette nécessité, le général Massena résolut d'essayer de jeter l'ennemi derrière la Thür. Il se rendit en conséquence à Winterthur, d'où il ordonna les dispositions suivantes :

Le général Oudinot, commandant l'avant-garde,

---

(1) C'est Wyl.
(2) Henggart.
(3) Le 24 mai les Français avaient résisté, à Andelfingen, aux forces de Nauendorf.

devait marcher sur Frauenfeld pendant que le général Ney se dirigerait vers Adlikon. Le général Soult, avec sa division, était chargé de se tenir en mesure de soutenir ces attaques. Le 25, à la pointe du jour, les corps se mettent en mouvement ; bientôt les avant-postes autrichiens sont enlevés (1) et l'affaire engagée sur tous les points. Les progrès du général Paillard du côté d'Andelfingen sont d'abord aussi rapides que ceux du général Ney attaquant et culbutant l'ennemi sur la route d'Adlikon. Mais les Autrichiens se défendent ensuite vigoureusement sur des hauteurs en avant d'Andelfingen ; obligés enfin de céder à la valeur de nos troupes, leurs colonnes traversaient cette ville en grande hâte et cherchaient à gagner le pont établi sur la Thür, lorsque des corps ennemis vivement poussés par le général Ney arrivent par un autre côté dans cette même ville où les Français entrent pêle-mêle avec eux. Le combat qui s'en suit alors dans les rues est d'autant plus meurtrier qu'il se prolonge davantage à cause de l'encombrement occasionné sur le pont par cette quantité de troupes qui se présentaient en même tems, toutes pour le traverser. Cependant, la cavalerie autrichienne perdait aussi beaucoup d'hommes en essayant de traverser la Thür à un mauvais gué ou plutôt à la nage. Enfin après avoir essuyé une perte considérable en tués et blessés les Autrichiens parviennent à repasser la Thür dont ils incendient le pont aussitôt afin d'arrêter la poursuite des Français qui firent dans cette occasion environ 1,200 prisonniers et un étendard à l'ennemi (2).

---

(1) Six gros postes appartenant aux corps de Pétrasch et de Nauendorf furent enlevés.

(2) Dans la vallée d'Andelfingen 1,237 hommes restèrent prisonniers. Aucun rapport officiel n'a mentionné la prise d'un drapeau.

L'attaque du général Ney avait été conduite avec tant de vivacité que l'ennemi, pour mettre plus de célérité dans sa retraite, l'avait faite dans plusieurs directions. Une de ses colonnes ne dut son salut qu'à un bac établi près le chemin d'Adlikon ; une autre fut poursuivie jusqu'à Pfyn dont nous fûmes maîtres pendant plusieurs heures, mais qui nous fut enlevé vers le soir par de nouvelles troupes que le général Nauendorf envoya en toute diligence au secours de celles que nous avions battues.

Les succès que les généraux Oudinot et Soult obtinrent à Frauenfeld coûtèrent plus cher aux Français. Après avoir fait replier l'ennemi devant elles, leurs colonnes atteignaient à peine les environs de cette ville, que l'avant-garde du général Petrasch, dont la division se trouvait précisément en marche le même jour sur Frauenfeld, y était déjà en position. Secourues aussi à propos, les troupes que nous avions chassées devant nous se joignent à celles de Petrasch et se disposent à bien se défendre ; en même tems le général arrive avec le gros de son corps qu'il range aussitôt en bataille sur les hauteurs qui bordent la rive droite de la Murg. La disposition du terrain lui était fort avantageuse, car les bords de la Murg sont très escarpés et son lit forme un défilé qui couvre Frauenfeld du côté où les Français se présentaient pour l'attaquer. Les coteaux en arrière de la ville étaient en outre couverts de bois, plantés de vignes et offraient en s'élevant graduellement des positions d'où les Autrichiens pouvaient toujours combattre avantageusement les Français lorsqu'ils tenteraient de déboucher de la ville après s'en être rendus maîtres.

Malgré tant d'avantages, dont le général Petrasch avait habilement profité, Frauenfeld fut bientôt au pouvoir du général Oudinot dont l'artillerie obligea même l'ennemi à évacuer les jardins et les vignes qui touchent à la ville ; mais lorsque ce général voulut déboucher, il éprouva la plus forte résistance et fut repoussé plusieurs fois jusqu'à l'entrée de Frauenfeld. Cependant, les Autrichiens étaient épuisés par ces efforts et les réserves de Petrasch se trouvaient déjà engagées, lorsque le général Soult à la tête de la 23e demi-brigade et de deux escadrons du 13e dragons arrive et prend part au combat (1). Dès ce moment la victoire n'est plus incertaine et l'ennemi ne songe plus qu'à opérer sa retraite dans le meilleur ordre possible. Il l'effectue sur Metzingen (2), combattant et faisant face chaque fois que le terrain le lui permet. Néanmoins cette action où il s'était défendu quelque tems avec une sorte d'avantage lui occasionna des pertes assez considérables, puisque le nombre des prisonniers qui se rendirent aux généraux Oudinot et Soult s'éleva à 1,800 hommes (3). (Le prince de Hohenloe, le colonel de hussards de Barco étaient de ce nombre. Le général Praczeck fut tué). Deux pièces de canon restèrent aussi en notre possession.

Afin d'occuper l'ennemi sur un autre point, le général Chabran, commandant la 2e division du centre, l'attaquait le même jour dans la direction de Bilten sur la route de Glaris et vers Lichtensteig. Il obtint sur ces deux points quelques légers avantages et fit des prisonniers. Cependant comme les Autrichiens renforçaient et que d'ailleurs le but du général français était atteint, puisqu'il ne s'agissait que de faire diversion en faveur

---

(1) Action livrée devant Massena, à 6 heures du soir.
(2) Dans la direction de Wyl.
(3) Ces prisonniers appartenaient aux régiments Kaunitz et Gemmengen.

des attaques dont on vient de lire les détails, il évita de
s'engager sérieusement et rentra vers le soir dans ses
positions. La légion helvétique et quelques bataillon,
suisses soutinrent ce jour là la réputation de bravoure
dont ils jouissaient. Le colonnel Weber (1), officier très
estimé, qui y était à la tête de ses troupes, fut tué.

Le but que le général Massena s'était proposé d'atteindre se trouva ainsi rempli et l'ennemi fut partout
rejeté sur la rive droite de la Thür. Mais ce succès
important, qui en préparait de plus grands encore, a
été presque immédiatement suivi de la retraite de l'armée derrière la Glatt ; c'est que la supériorité des
Autrichiens accrue de nouveau par l'arrivée de l'archiduc à Schaffouse, à la tête de plus de 12,000 hommes,
nécessitait la concentration de nos forces trop disséminées alors sur tout le développement du cours de la
Thür.

Dans le rapport que le général Massena adressa au
Directoire sur cette glorieuse journée, il fit les plus
grands éloges de la bravoure et de l'intrépidité des soldats, des talents et de la valeur de leurs chefs. Notre
perte, ajoute-t-il, dans ces divers combats si meurtriers
pour l'ennemi peut s'élever en tout à 600 hommes tandis
que celles des Autrichiens fut au moins de 2,000 tués ou
blessés et de 3,000 prisonniers (2).

Les ressources de l'archiduc étaient tellement grandes
que l'échec qu'il venait d'essuyer ne changea rien à ses
projets et Hotze atteignait Steg le 26 tandis que les

---

(1) Il était porté au tableau des officiers comme adjudant-
général.

(2) Réellement, les Français eurent 228 tués et 549 blessés. Les Autrichiens perdirent 742 hommes tués ou noyés
1,421 blessés et 2,989 prisonniers.

Français se retiraient sur tous les points dont ils étaient partis la veille laissant encore une réserve à Winterthur pour soutenir leur avant-garde commandée par Ney et placée comme précédemment vers Adlikon à cheval sur la route de Winterthur à Frauenfeld.

Le 27 après avoir réparé leurs ponts, les Autrichiens portent toutes leurs forces en avant, l'archiduc joint Nauendorf aux environs d'Andelfingen, envoie un renfort de cavalerie à Hotze dont les troupes étaient réunies en deux camps près de Frauenfeld et de Weil, occupant Esslingen et Steg et ordonne à ce général de marcher sur Winterthur. A peine celui-ci commence-t-il son mouvement qu'il rencontre une reconnaissance que le général Ney avait envoyée dans la direction d'Oberwyl, la poursuit jusqu'à Wiesendangen où il éprouve une vive résistance, dont il s'empare ainsi que de quelques villages environnants. Profitant alors de sa supériorité, Hotze se jette impétueusement sur notre faible avant-garde qui reçoit d'abord ce choc avec beaucoup de sang-froid et de fermeté. Au nombre de 4,000 au plus, les Français résistent courageusement aux efforts de l'ennemi et se maintiennent quelque tems dans leurs positions, près d'Oberwinterthur. Mais tournés par leur droite, ils effectuent successivement leur retraite en bon ordre sur Winterthur, puis derrière le cours de la Toss où le général Ney, quoique blessé d'un coup de feu au genou, fait ses dispositions pour défendre le passage de la rivière. Ici, un combat des plus acharnés s'engage de nouveau. Les Français placés sur les collines qui dominent la rive gauche de la Toss, écrasent l'ennemi de leur feu et conservent Toss ainsi que le front placé en arrière de ce village. Mais enfin l'opiniâtreté et le nombre des assaillants l'emporte sur le courage héroïque de nos braves et plusieurs colonnes ennemies ayant passé la Toss sur divers points, ceux-ci sont forcés de se retirer sur les hauteurs en avant de Basserdorf et de Lindau. Ce succès fut chèrement acheté par l'ennemi, attendu l'avantage des positions que nous avions occupées et vu la durée du combat qui se prolongea jusqu'à dix heures du soir.

Le général Ney ayant été blessé de nouveau en défendant la Toss remit au général Gazan le commandement provisoire de l'avant-garde; il avait eu deux chevaux tués sous lui pendant l'action (1).

L'adjudant-général Lorcey fut également blessé. Notre perte en général s'éleva à plus de 500 hommes et à quelques pièces d'artillerie qu'il fallut abandonner parce qu'elles étaient démontées.

Pendant les progrès de Hotze, l'archiduc, à la tête du corps de Nauendorf augmenté des renforts qu'il avait amenés, marchait sur Winterthur. Il y arriva vers une heure après midi. Mais tandis qu'il se porte immédiatement sur le point où Hotze combattait et augmente par sa présence l'ardeur qui animait ses troupes, il dirige Nauendorf sur Neffenback avec ordre de s'en emparer. L'infériorité des Français sur ce point ne les empêche néanmoins d'opposer la plus forte résistance; et ce n'est qu'à la nuit qu'ils abandonnent Neffenback ainsi que Pfungen dont l'ennemi parvint à se rendre maître.

Ceux qui ne sont pas à même de connaître les causes des événements ou qui s'en tiennent aux faits pour louer comme pour blâmer la conduite des hommes que l'éminence de leurs fonctions rend en quelque sorte responsables des fautes de leurs subordonnés, pourront prétendre que le général Massena s'est laissé surprendre

---

(1) Ney gagnait le titre de *Brave des braves* que la postérité lui a conservé à travers les révisions de l'histoire.

pendant son mouvement rétrograde derrière la Glatt, ou du moins que son avant-garde était trop avancée ou n'a pas été convenablement soutenue puisqu'on la voit aux prises avec l'ennemi pendant tout le jour sans être aucunement secourue. Mais lorsqu'ils remarqueront que, jeune et plein d'ardeur, cet illustre et malheureux guerrier dont le bouillant courage a tant de fois décidé du succès de nos armes, mais l'a aussi entraîné à des actions où la prudence et son devoir n'étaient pas tout à fait observés, commandait alors l'avant-garde, ils se figureront déjà que les intentions du général en chef pourraient bien n'avoir pas été exactement remplies, et s'ils apprennent ensuite que la plus fâcheuse mésintelligence régnait en ce moment entre les généraux dont les troupes auraient pu se trouver à portée de protéger les ailes et le centre de l'avant-garde (1), ils accorderont vraisemblablement que telles circonstances ont dû influer désavantageusement sur les mouvements ordonnés ce jour là par le général en chef dont les dispositions différaient de celles qu'ils ont peut-être raison de condamner.

Pendant la journée du 28, l'armée française achève de se porter derrière la Glatt. Elle est suivie de près par l'ennemi et le 29 au matin, l'armée entière de l'archiduc, en grande partie réunie entre Zurzach et Glaris, se trouvait principalement concentrée depuis Rorbas jusqu'à la hauteur du lac de Greiffen et en avant de Vaugen, proche de la Limat (2), poussant des avant-postes jusqu'à Kloten au delà de Basserdorf où Hotze est en position.

Massena n'avait pas attendu au dernier moment pour

---

(1) En effet, Soult qui aurait pu aider Ney ne songea point à lui porter secours à Steig.

(2) Waugen est à 10 kilomètres de la Limat.

activer les travaux du camp retranché de Zurich et ils étaient suffisamment avancés à cette époque pour être bien défendus. En conséquence, la division du général Soult y fut placée. La brigade du général Laval qui se trouvait en position entre les lacs de Zurich et de Greiffen eut l'ordre de venir occuper la droite du camp. Une des brigades de la division Oudinot (celle de droite) traversa Zurich et vint prendre position derrière la Limat, l'autre (celle de gauche) fut chargée de la défense de cette rivière, sa droite appuyée au camp retranché, sa gauche en communication avec la droite de la division Tharreau dont une brigade, commandée par le général Paillard, occupait les hauteurs en avant de Baden et se prolongeait derrière la Glatt jusqu'à Kaisertshal, tandis que l'autre (la brigade Heudelet) était placée en arrière, sur la rive gauche de l'Aar, entre le confluent de la Limat et le Rhin. Cette dernière brigade communiquait avec la précédente au moyen de bacs établis à cet effet ; elle avait aussi des postes qui correspondaient avec ceux de la division du général Lorge dont les troupes gardaient tout le cours du Rhin entre l'Aar et Basle où le général Ferino commandait une division.

Ces dispositions étaient complétées à notre droite par la position que le général Chabran devait venir prendre sur la gauche du lac de Zurich vers Einsielden appuyant sa gauche au lac, sa droite à la division Lecourbe occupée alors à défendre la partie supérieure de la vallée de la Reuss depuis Urseren jusqu'à Schwyz.

Tel était l'emplacement des divisions de l'armée depuis Basle jusqu'aux sources de la Reuss. Mais avant d'entamer le récit des événements postérieurs à l'époque où nous sommes arrivés, il convient de donner quelques détails relatifs à divers engagements qui avaient lieu presque simultanément du côté d'Airolo, vers Schwyz et à Zurzach.

On se rappelle qu'un bataillon de la 76e gardait Airolo. Le 27 (1), Hadick à la tête de dix bataillons et de deux escadrons (2) voulait emporter ce point ; mais les dispositions des Français étaient si bien faites et ils se défendirent avec tant de courage, que l'ennemi, après quelques légers progrès, fut obligé de se retirer vers le soir, laissant les approches de notre position jonchées de morts et ayant perdu 200 prisonniers.

L'importance de ce point était grande et Hadick voulait à tout prix s'emparer du passage du Saint-Gothard ; c'est pourquoi il renouvela son attaqua sur Airolo le lendemain matin. Quoique fatiguées du combat qu'elles avaient soutenu pendant tout le jour précédent, nos troupes opposèrent la plus vigoureuse résistance et firent payer chèrement à l'ennemi le peu de terrain qu'il gagna sur elles pendant plusieurs heures. Mais Hadick avait profité de sa supériorité pour envoyer de nombreux détachements sur les flancs et sur le derrière de la position.

Quelques-uns parvinrent enfin sur des sommités qui dominaient nos retranchements que dès lors il fallut songer à abandonner ; ce qui s'exécuta avec beaucoup d'ordre, prenant successivement position sur les pentes par lesquelles se ferait la retraite et arrêtant l'ennemi à chaque pas. A l'approche de la nuit, le bataillon de la 76e et un autre bataillon que le général Loison avait envoyé en soutien du 1er bivouaquèrent sur le revers septentrional du Saint-Gothard en avant du village de l'Hôpital (3).

---

(1) Le 27 mai.
(2) 5,900 hommes furent engagés contre 800 Français.
(3) Hospenthal.

Pendant que le général Hadick s'emparait du Saint-Gothard, le colonel Saint-Julien, à la tête de six bataillons auxquels s'étaient joints un grand nombre de paysans armés, remontait la vallée de Dissentis et arrivait à Tavestchs. Parvenu sur ce point il forme deux colonnes de ses troupes et s'avance avec la plus forte par le val Maderan, tandis qu'il dirige la plus faible avec les paysans sur Urseren (1).

Celle-ci descendait déjà des montagnes lorsque les Français qui avaient défendu le Saint-Gothard se repliaient sur Urseren, en combattant courageusement les troupes d'Hadick par lesquelles ils étaient vivement poussés. Mais lorsqu'ils apprirent que la 109e placée par le général Loison en avant d'Urseren, pour garder les débouchés des Grisons, avait abandonné ce poste et que les Autrichiens arrivaient sur leurs flancs et menaçaient leurs derrières, ils accélérèrent tellement leurs mouvements de retraite qu'ils ne se donnèrent pas le tems de rompre le pont du Diable, sur lequel l'ennemi passa immédiatement à leur suite. Dès cet instant et attendu que Loison était informé que le colonel Saint-Julien s'approchait de Am-Steg (2), ce général dut précipiter sa retraite sur Altorf afin de ne pas courir le risque de voir sa brigade entièrement enveloppée par l'ennemi.

Quelques jours avant, la 12e légère, qui gardait la vallée de la Mutten (3), avait été rejetée jusqu'à l'entrée de cette vallée. Le général Lecourbe en est à peine instruit qu'il s'embarque sur le lac de Lucerne, accourt sur

---

(1) Par le col de l'Oberalp. Urseren, c'est Andermatt.

(2) Au débouché du Maderanerthal, dans la vallée de la Reuss.

(3) Ou plutôt du Muotathal.

ce point avec quelques renforts, bat et repousse les Autrichiens auxquels il enlève deux pièces de canon et fait plus de 200 prisonniers. Sur ces entrefaites, la retraite du général Loison lui parvint. Aussitôt il retourne à Altorf, rassemble le plus de troupes qu'il peut, se met à leur tête et chasse l'ennemi au delà d'Am-Steg, dont celui-ci coupe le pont (1) pour se mettre à l'abri de la poursuite des Français. Le lendemain, 30 mai, il ordonne au général Loison de remonter le val Maderan en même tems qu'il exécute le même mouvement dans le val Scheächen. Tranquille de ce côté, il se porte le 31 à Wasen où il avait appris que l'ennemi s'était retiré ; mais le mauvais tems l'empêche de poursuivre les avantages qu'il obtient d'abord sur les hauteurs et lorsqu'il se dispose le lendemain à la pointe du jour à renouveler son attaque, il trouve le pont de Wasen rompu et les Autrichiens occupant une bonne position sur la rive opposée.

L'archiduc cherchait comme on voit à donner de l'inquiétude au général Massena sur beaucoup de points à la fois, car c'est encore à la même époque qu'il le faisait vivement attaquer du côté de Rorbas. Il avait choisi le moment où le général Tharreau exécutait son mouvement pour se porter derrière la Glatt ; mais celui-ci se trouva bientôt en mesure d'arrêter l'ennemi qu'il parvint même à contenir aussi longtems qu'il le voulut au-delà de la Toss. Ce combat avait duré presque tout le jour ; il avait été soutenu avec beaucoup de fermeté et de courage par les troupes de la brigade du général Paillard. Les difficultés des abords de notre position porta la perte des Autrichiens au double de la nôtre qui s'éleva ce

----

(1) Pont établi sur le Kerstelenbach qui descend du Maderanerthal et non sur la Reuss.

jour-là à une centaine d'hommes environ. Nous leur fîmes, en outre, 200 prisonniers.

L'avantage que le général Xaintrailles chargé de conduire les troupes tirées de l'armée du Danube et destinées pour l'Italie (1) venait de remporter sur les insurgés du Valais était plus important. Dans l'après-midi du 27, ceux-ci au nombre de près de 8,000 y compris quelques détachements de cavalerie et d'infanterie autrichienne, avaient attaqué sans succès les avant-postes du général Xaintrailles ; mais le lendemain au point du jour, ce général, ayant fait ses dispositions pendant la nuit, fit attaquer les rebelles à son tour. Leur résistance fut d'abord très opiniâtre ; toutefois elle dut céder à la bravoure de nos troupes ; alors rompus sur tous les points, les insurgés sont culbutés et poursuivis sur tous les points jusqu'à Ersch sur la rive droite du Rhône et jusqu'au torrent de Nesp sur la gauche. Canons, munitions, ambulances, tout reste en notre pouvoir et les débris épars de cette bande considérable de révoltés se réfugient dans les montagnes où le général Xaintrailles les fait suivre afin de les anéantir.

Maintenant que nous avons rendu compte des opérations particulières de l'aile droite, ainsi que des tentatives faites jusqu'à ce jour par l'ennemi vers la basse Glatt, nous allons nous reporter à Zurich, point capital vers lequel on a pu voir que Massena et l'archiduc avaient rassemblé de grandes forces ; des événements majeurs se préparaient.

Aussitôt le départ du général Chabran de Rapperschwil, l'archiduc ordonne à Jellachich d'occuper ce

______

(1) Ces troupes destinées à renforcer l'armée de Moreau n'avaient pu s'engager dans la vallée d'Aoste gardée par les Austro-Russes. Elles devaient purger le Valais des insurgés.

défilé important et de pousser plus avant, s'il y a lieu. De son côté, Massena envoie une forte reconnaissance sur ce point : elle rencontre l'ennemi vers Stoffa et engage avec lui un combat assez vif à un quart de lieue de Rapperschwil, lui fait 150 prisonniers, puis elle se retire devant les forces supérieures de Jellachich qui avance peu à peu et se met en communication avec les corps autrichiens en position autour de Zurich. Dès ce moment l'archiduc a rassemblé toutes les forces qu'il destinait à porter un coup décisif à l'armée française et une bataille sous les murs de Zurich est inévitable (1).

Tandis que le prince en ordonne les dispositions, Massena redouble d'activité pour être en mesure de soutenir le choc terrible de 62,000 Autrichiens qui s'apprêtent à fondre sur lui. Il fait armer les ouvrages qu'il sait bien être les premiers ou les plus vigoureusement attaqués et dispose ses troupes de la manière la plus avantageuse à la défense extrême qu'il veut opposer à l'ennemi. Mais les lieux qui ont été le théâtre d'événements aussi mémorables nécessitent une description particulière, et nous ferons en sorte que celle que nous allons offrir soit suffisamment détaillée et assez complète pour que l'on puisse avoir une idée exacte de la position des Français, suivre les Autrichiens dans toutes leurs attaques et juger des efforts inouïs qui eurent lieu de part et d'autre pendant cette suite de combats sanglants que se livrèrent les deux armées pendant près de trois jours.

Zurich est situé à l'extrémité septentrionale du lac auquel elle donne son nom et sur les deux rives de la Limat, au point où cette rivière sort du lac ; plusieurs

---

(1) L'archiduc Charles disposait, en effet, de 62,450 combattants, dont 18,000 cavaliers.

ponts lient les deux parties de la ville (1). Elle est entourée d'un rempart, d'un bon fossé et de quelques ouvrages extérieurs qui, sans la rendre susceptible d'une longue défense à cause des hauteurs dont elle est environnée, la mettent cependant à l'abri d'un coup de main.

De légères collines bordent la rive gauche du lac jusqu'au pied de la ville et la séparent de la Sill, petite rivière qui couvre Zurich du côté de l'ouest et se jette dans la Limat à 400 toises environ au nord des remparts. Sur la rive droite de la Limat, les hauteurs s'élèvent successivement et se rattachent par des montées rapides aux sommités qui séparent le bassin du lac de Zurich de celui du lac de Greiffen et dont les versants opposés fournissent des eaux à la Limat et à la Glatt. Les montagnes qui couvrent Zurich du côté de Schwamendingen sont d'autant plus escarpées vers ce village que la Glatt en resserre la base en faisant une sinuosité assez saillante vis-à-vis d'Orlikon. Ces montagnes étant généralement coupées par de nombreux torrents, leur surface est couverte d'épaisses forêts et l'accès est conséquemment difficile.

A l'ouest, les versants s'abaissent peu à peu vers la Limat. Leurs extrémités sont plantées de vignes et des pentes toujours plus douces ornées de jardins et de pavillons s'étendent du côté d'Hottingen et de Hirlanden vers la ville supérieure. A l'est, ils descendent rapidement jusqu'au terrain marécageux que traverse la Glatt qu'il est impossible de passer ailleurs qu'à Schwarzenbach, Dübendorf, Vallisellen, Glattbrück et Rümlang. La crête principale de ces montagnes longe le cours de la Limat dont elle s'éloigne fort peu jusqu'à la hauteur

---

(1) En 1799, il y avait deux ponts et une passerelle.

de Hongg. Elle devient plus accessible à mesure qu'elle s'écarte de la rivière et que sa base s'élargit. Tout le pays compris entre la Limat et la Glatt est couvert de collines boisées entremêlées de vallons marécageux.

La position des Français sur les montagnes en avant de Zurich présentait une ligne courbe dont les différentes sinuosités étaient motivées par la conformation du terrain. Elle s'étendait depuis le lac, un peu en avant de Riedsbach par Hottingen, le Zurichberg jusqu'au Geisberg, suivait exactement la crête des montagnes qui se rapprochent sensiblement de la Limat (1) à Kaltenbrun en formant un arc rentrant entre le Geisberg et le Wichengerberg. De ce dernier point, elle se dirigeait vers quelques maisons qu'on appelait Schieshaus et Vyde, où elle se terminait sur un petit plateau qui domine le village de Hongg et le versant des montagnes jusqu'au lit de la Limat qui n'est éloigné de ce plateau que d'environ 300 toises (2). Cette ligne était garnie de retranchements parfaitement adaptés aux localités, et construits de manière à battre les points les plus accessibles qui pouvaient exister sur tout son développement. Il n'y avait cependant aucun point fortifié entre Hirlanden et le Zurichberg, parce que cet espace se trouvait suffisamment défendu par les obstacles naturels qui se rencontrent et par un large abatis qui s'étendait depuis la ferme d'Attisberg jusqu'à celle du Zurichberg. Des batteries établies en avant de Riedsbach et sur les hauteurs nommées Büchberg défendaient les avenues de Rapperschwil et le chemin de la côte. Celle placée un

-----

(1) C'est la Linth. Beaucoup d'officiers indiquaient sous le nom de Limmat les deux rivières qui coulent en avant et en amont de Zurich.

(2) La toise de France a 1 m, 68 centimètres.

peu en avant d'Hirlanden battait l'embranchement du côté de Grüningen et leur passage à travers le ravin.

On a vu précédemment qu'un abatis liait ce dernier point au Zurichberg et barrait le ravin de Stepach qui renfermait un sentier bien práticable, défendu en outre par une flèche et des retranchements élevés à gauche et à droite de ce sentier.

Dix grandes redoutes et flèches fermées pour la plupart à la gorge battaient de leurs feux les chaussées venant de Basserdorf par Schwamindingen, de Kloten par Glattbrück et de Regensdorf par Afholtern, ainsi que toutes les avenues qui pouvaient exister entre le Geisberg et le Wipechingerberg, c'est-à-dire dans tout l'espace compris entre ces deux sommités qui communiquent entre elles par un crète arrondie, rompue par plusieurs inflexions et dont la direction circulaire présente sa concavité du côté de l'assaillant.

Le contrefort qui se détache du Wichengerberg et se dirige vers Schieshaus et Hyde, d'où il descend ensuite jusqu'au bord de la Limat, était muni de retranchements et de trois flèches qui protégeaient le bas du talus du côté de Hongg et couvrait aussi les approches de Zurich, vers le nord.

Tous ces ouvrages, à l'exception de ceux de gauche, étaient armés.

Autant qu'un général habile peut, au moyen de ce qu'il aperçoit, suppléer à ce qu'il lui est impossible de découvrir relativement aux moyens défensifs de son adversaire, l'archiduc l'avait fait par des reconnaissances nombreuses et par les renseignements qu'il s'était procuré par toutes sortes de voies. Toutefois, toute forte qu'il jugea la position des Français, il se détermina à tenter de la leur enlever. La confiance que lui inspirait la supériorité numérique qu'il avait sur son adversaire le portait d'ailleurs à espérer le succès de son entreprise dont il ne se dissimulait pas pour cela les grandes difficultés ; et la fermeté de caractère, la valeur de l'habileté du général français lui parurent devoir succomber à ses combinaisons et aux forces considérables qu'il allait employer à leur exécution. Son armée, forte de 62,000 hommes était disposée de la manière suivante :

L'aile gauche commandée par Hotze (vingt bataillons et vingt-deux escadrons) et le centre sous les ordres du général Wallis (dix-huit bataillons, trente-six escadrons) formant ensemble 32,000 hommes d'infanterie et 15,000 cavaliers étaient principalement concentrés sur les bords de la Glatt, depuis le lac de Greiffen jusqu'à Rümlang.

L'aile droite forte de 12,000 fantassins et 3,000 chevaux occupait la basse Glatt qu'elle était chargée de défendre.

En opposition à ces forces et sur la même étendue, nous rappellerons que le général Massena avait dans le camp retranché de Zurich.... (1).

A la droite du camp, depuis les environs de Dübendorf jusqu'à la Limat et à Regensdorf..... (2) ; entre Kaisersthal et Baden derrière la Glatt et sur la rive gauche de l'Aar..... (3). Total..... (4)

D'après un examen approfondi du terrain, l'archiduc avait jugé que la montagne de Zurich, malgré les obstacles naturels qu'elle offrait et les travaux qui les avaient encore augmentés, était le point le plus accessible de la ligne ennemie ; en conséquence il avait résolu

---

(1) 14,000 hommes, dont 12,000 fantassins.
(2) 4,000 hommes jusqu'à la Linth.
(3) La division Tharreau forte de 5,215 soldats d'infanterie et de 385 cavaliers.
(4) Ce qui faisait, au total, 23,600 combattants.

d'y diriger sa principale attaque . En même tems quatre colonnes devaient s'avancer sur Hirlanden, Schwamendingen, Fallanden et Seebach. Ces dispositions définitives furent précédées d'une attaque assez vive qui eut lieu le 2 (1) vers le soir sur la droite des Français ; mais qui n'était elle-même que le prélude d'une tentative beaucoup plus sérieuse qui fut renouvelée le lendemain sur le même point.

En effet, dès la pointe du jour, Jellachich attaque avec la plus grande impétuosité les villages de Witikon, de Zollikon et de Riesbach, dont il parvient à rester le maître après en avoir été chassé plusieurs fois ; il s'avance ensuite sur les murs de Zurich où le général Soult lui oppose une résistance supérieure à l'opiniâtreté de ses attaques. Cependant, il s'était emparé de quelques positions et le combat continuait avec un acharnement presque sans exemple. Il était déjà cinq heures ; alors le général Massena ordonne un mouvement général en avant sur tout le front d'attaque. Mais l'ennemi n'en est pas ébranlé et ce n'est que vers le soir qu'il se retire vers Zollikon, abandonnant des positions qui sont occupées de nouveau par nos troupes.

D'après la durée de cette action pendant laquelle les troupes de Jellachich restèrent constamment exposées à toute la violence de notre feu, on doit présumer qu'elles essuyèrent une perte considérable. La nôtre fut de 500 hommes, tout compris ; le nombre des prisonniers fait ce jour à l'ennemi s'éleva à 500. En rendant compte au gouvernement, le général Massena donne les plus grands éloges au général Soult dont les habiles dispositions rendirent tous les efforts de l'ennemi superflus et dont la valeur et le calme remplissaient nos soldats

____

(1) Le 2 juin.

de confiance et de courage. Il fait aussi l'éloge du zèle
et du dévouement dont les officiers supérieurs et de tout
grade des deux Etats-Majors ont fait preuve, en se portant sur les points où nos rangs allaient être rompus,
pour rallier les soldats et les conduire de nouveau à
l'ennemi. Le général de division Chérin, chef de l'état-
major général fut blessé mortellement (1) et l'adjudant-
général Debilly qui était rendu de la veille à l'armée
reçut une blessure assez grave pour l'obliger à se retirer
sur les derrières.

Le nombre de troupes que l'ennemi avait mis en action
dans cette attaque, l'acharnement avec lequel il avait
combattu pendant plus de dix heures, pouvaient faire
croire que c'était par notre droite qu'il voulait forcer
nos retranchements et pénétrer dans Zurich. Mais on a
vu que l'archiduc avait résolu de porter ses plus grands
efforts sur un autre point et l'on pourra bientôt reconnaître à la résistance invincible qu'il rencontrera de ce
côté que Massena avait deviné ses desseins; et que ce
général, dont les grands périls développaient les talents
et l'incroyable activité, était en mesure de le recevoir
sur tous les points.

Pendant la journée du 3, le prince s'était approché
de Kloten et avait porté son aile droite, le centre et une
partie de son aile gauche sur les bords de la Glatt; quelques démonstrations avaient eu lieu en même tems sur
divers points de la ligne et notamment à Glattenfeld et
du côté de Sthadel où le général Paillard avait essuyé
une attaque très vive à laquelle il avait résisté.

Leur objet était de favoriser l'entreprise de Jellachich
et de couvrir le mouvement général que faisait l'armée.

---

(1) Atteint d'une balle au flanc, Chérin mourut à Aarau
le 9 juin.

Vers le soir, tous les corps sont rendus aux points qui leur étaient assignés; et ceux destinés à former les colonnes d'attaque se trouvaient rassemblés à proximité des endroits où ils devaient traverser la Glatt.

En un mot, tous les préparatifs de l'archiduc étaient achevés et les ordres donnés pour que les troupes puissent se mettre en mouvement à l'aube du jour.

En conséquence, le 4 juin, de très grand matin, les Français se virent attaqués sur presque tout le développement de leur ligne depuis Rümlang jusqu'à la hauteur de Riedsbach. La première colonne ennemie s'élança de nouveau sur les positions qu'elle n'avait pu enlever la veille et parvint par des efforts inouïs à pénétrer jusqu'au faubourg de Zurich, mais arrivée à ce point, les Français lui opposent une résistance insurmontable et la repoussent jusqu'au pied des hauteurs de Riedsbach où elle se maintient avec beaucoup de peine.

La 2e, forte de quatre bataillons et de trois escadrons, emporte d'abord Hirlanden que bientôt elle est forcée d'évacuer pour se replier à la hauteur de la première colonne. La 3e (quatre bataillons, trois escadrons), qui avait débouché par le pont de Dübendorf et dont le but était de s'avancer par Fallanden et Pfaffenhausen, n'obtint aucun succès. La 4e. conduite par Hotze, était composée de sept bataillons et de douze escadrons. Elle devait passer la Glatt à Schwamendingen. Mais en ayant trouvé le pont brûlé, elle fut obligée d'aller passer cette rivière à Dübendorf d'où elle se dirigea par Steppach, afin d'atteindre ensuite Schwamendingen. Les Français qui occupaient ces deux points ne s'y trouvaient pas en force; ils résistent cependant assez de tems aux efforts de l'ennemi auquel ils font chèrement acheter ce léger avantage.

La 5e colonne était sous les ordres du général Reuss

et se composait de dix bataillons et de vingt escadrons. Elle s'avance par Glattbrück sur Seebach, s'empare de ce village ainsi que d'Orlikon et s'étendit ensuite sur sa droite jusqu'à Rümlang, se liant par sa gauche aux troupes de Hotze.

Il y avait peu de tems que les Autrichiens étaient en possession de Seebach lorsque le général Oudinot essaya de les en chasser. Son attaque, quoique vive et parfaitement bien combinée, demeura pourtant infructueuse, car l'ennemi, déjà beaucoup plus fort que lui, ayant encore reçu dans ce moment deux bataillons de son aile droite, se maintint dans sa position.

Jusque-là, l'archiduc avait fait peu de progrès. Enfin vers les deux heures, ayant fait jeter deux ponts sur la Glatt près de Wallisellen, il ordonne au général Wallis d'emporter de vive force le Zurichberg avec cinq bataillons de la réserve (1).

(La réserve était composée de huit bataillons et seize escadrons placés derrière la Glatt à Apfingen ou Oblikon). Ces troupes, protégées par une artillerie formidable, s'avancent avec beaucoup de fermeté sous le feu meurtrier de nos batteries jusqu'au pied des abatis; mais leur marche audacieuse n'intimide pas nos soldats qui sortent de leur ligne pour chasser l'ennemi des abatis où ils commençaient à pénétrer; deux compagnies qui s'y étaient déjà formées sont bientôt obligées de rétrograder; soutenues ensuite par plusieurs autres, elles y rentrent de nouveau, enlèvent même la 1re batterie. Alors le général Massena fait avancer quelques compagnies de la réserve au secours des troupes qui combattaient si courageusement sur ce point; elles fondent ensemble

____

(1) La réserve était formée de troupes d'élite ; le général Nauendorf la commandait.

sur l'ennemi qui prend aussitôt la fuite, éprouvant une perte considérable en tués et en blessés. Au nombre de ces derniers se trouvaient les généraux Wallis et Hiller.

Simultanément à cette furieuse attaque, Hotze faisait des efforts vigoureux pour percer notre ligne du côté de la ferme d'Attisberg ; mais là comme ailleurs, les Français défendent opiniâtrement leurs positions, et les Autrichiens ne peuvent faire aucun progrès. Hotze est blessé. Convaincu qu'il était impossible de forcer Massena dans son camp, l'archiduc, à l'approche de la nuit, fit peu à peu retirer ses troupes et les établit le plus près qu'il put de nos postes avancés.

Pendant la durée de cette action si sanglante, qui avait commencé avec le jour et que la nuit fit enfin cesser, Massena n'avait pas quitté un seul instant le champ de bataille, se portant tour à tour sur les points où l'ennemi faisait le plus d'efforts, soutenant la confiance des soldats par celle qu'il témoignait avoir en leur bravoure et excitant leur dévouement et. leur courage par son exemple. Rarement on a vu combattre de part et d'autre avec plus d'acharnement. Généraux, officiers, soldats, tous donnèrent ce jour là des preuves de la plus grande valeur et d'une intrépidité peu commune.

Quoique protégés par leurs retranchements, les Français eurent plus de 500 hommes tués ou blessés dans cette affaire où les généraux Oudinot et Humbert furent blessés (1). On conçoit que la perte des Autrichiens dut être infiniment plus considérable, puisqu'obligés de gravir des pentes rapides pour atteindre nos retranchements, ils étaient exposés à un feu des plus meurtriers pendant tout le tems qu'ils s'en approchaient et lorsqu'ils étaient

---

(1) D'après les états classés au ministère de la guerre, les Français perdirent 502 tués, 729 blessés et 298 prisonniers.

repoussés. On ne croit donc pas tomber dans aucune exagération en l'évaluant à 1,500 ou 1,800 hommes, non compris 1,200 prisonniers qui se trouvèrent réunis le soir à Zurich où ils avaient été dirigés de tous les points de la ligne (1).

Ainsi l'armée autrichienne avait versé beaucoup de sang inutilement devant Zurich ; mais l'importance de ce point paraissait tel à l'archiduc qu'il persista dans la résolution de s'en emparer. Toutefois, les troupes avaient tant souffert et étaient si découragées et si accablées de fatigue par les combats des jours précédents qu'il n'osa rien entreprendre pendant la journée entière du 5 (2) ; il l'employa à attirer à lui la plus grande partie du corps de son aile droite et fit de nouveau ses dispositions pour se rendre maître de Zurich et rejeter les Français derrière la Limat.

De son côté le général Massena ne crut pas devoir courir les risques d'une troisième attaque où l'ennemi allait mettre en jeu de plus grandes forces encore ; car si la valeur peut jusqu'à un certain point suppléer au nombre, celui des assaillants devenait tel qu'il y avait grand danger d'en être accablé.

Ce n'est pas qu'il n'eut pu compter entièrement sur le dévouement des soldats, dont l'ardeur de combattre n'était pas ralentie par l'excès de leur fatigue ; mais ces braves pouvaient succomber. Les ouvrages qu'ils défendaient n'étaient que légèrement tracés et fort incomplets ; plusieurs points essentiels s'en trouvèrent même totalement dépourvus. Cependant, toute retraite tant soit peu

-----

(1) L'archiduc perdit 725 morts, 1,466 blessés et 1,239 prisonniers.

(2) Massena a écrit que c'était le mauvais temps qui immobilisait les corps autrichiens le 5 juin.

hâtée compromettait une partie du matériel de l'armée. D'ailleurs enhardis par le succès plus apparent que réel de l'archiduc et surtout encouragés par ses proclamations et l'assurance qu'il leur donnait de les délivrer bientôt des Français, les Suisses s'insurgeaient de tous côtés et ceux qui servaient dans notre armée désertaient nos drapeaux pour aller se joindre aux mécontents. Il importait donc dans de pareilles circonstances, non seulement de conserver l'armée intacte, mais il fallait encore éviter l'apparence d'un échec ; c'est pourquoi après avoir conservé pendant toute la journée du 5 une attitude imposante et telle que l'ennemi n'eut pas la hardiesse de l'attaquer et n'osa rien tenter contre lui, le général Massena fit passer le soir même à tous ses généraux les ordres relatifs à l'évacuation de Zurich et de toute la rive droite de la Limat et ses instructions concernant les nouvelles positions que chacun d'eux devait aller prendre en arrière de cette rivière sur le mont Albis et derrière la Sill.

L'artillerie et les gros bagages sortirent de Zurich pendant la nuit et le lendemain la retraite successive de tous les corps s'exécuta paisiblement sur toute la ligne, à la vue de l'ennemi. A quatre heures du soir nos derniers postes quittèrent cette ville que les Autrichiens occupèrent aussitôt. L'archiduc vint y établir son quartier général le soir même.

Vers le même tems l'armée du Danube résistait glorieusement aux efforts prodigieux que l'ennemi faisait vers son centre.

D'après les ordres du général en chef, le général Lecourbe, commandant l'aile droite, chassait les Autrichiens de la vallée de la Reuss et remportait sur eux des avantages importants. Le 2 juin, vers la pointe du jour, il les fit attaquer dans leur position de Vasen et les refoula jusqu'auprès de Gœschénen ; parvenus à ce point, ceux-ci, avec l'aide de renforts qui venaient de les joindre, s'arrêtent et repoussent à leur tour d'autant plus aisément nos troupes au delà de Wasen qu'elles avaient épuisé leurs cartouches. Mais peu après des munitions et quelques réserves leur étant arrivées, Lecourbe attaque de nouveau l'ennemi, le culbute, le pousse l'épée dans les reins jusqu'au delà de Gœschenen, lui tue ou blesse près de 800 hommes et fait 2,000 prisonniers (1). La fatigue extrême de ses troupes qui n'avaient cessé de marcher et de combattre depuis cinq ou six jours consécutifs, jointe au défaut de munitions empêchèrent Lecourbe d'aller plus loin. Il savait, d'ailleurs, que l'ennemi déjà en force à Urseren pouvait être soutenu à tems par les corps qui se trouvaient aux environs du Saint-Gothard et du côté de Dissentis ; et il ne jugea pas convenable de tenter avec des forces trop inférieures une entreprise où il y avait peu d'apparence de succès. En conséquence, après avoir laissé des forces suffisantes pour occuper Gœschenen et Wasen, il retourna à Altorf attendre les ordres du général en chef sur les opérations ultérieures.

La 109e demi-brigade et trois bataillons d'expédition (2) sont mentionnés très honorablement en cette occasion et trois compagnies des 76e, 38e et 109e s'y trouvent citées comme ayant décidé le succès du combat par l'énergie et l'intrépidité avec laquelle elles se sont élancées sur l'ennemi.

Le général Loison et le chef de brigade Boulon furent au nombre des blessés.

-----

(1) En réalité, 1,800, qui formaient trois bataillons de Dewins, de Kinsky et Neugebauer.

(2) Bataillons d'auxiliaires suisses.

Si dans l'exposé que nous venons de faire des événements militaires qui ont eu lieu en Suisse du 1er avril au 6 juin nous avions intercalé à leur date ceux qui se passaient sur tout le développement de la ligne occupée par l'armée du Danube, nous nous serions trouvés entraînés à chaque instant dans des digressions qui auraient détourné l'attention du principal théâtre des opérations pour la porter sur des points qui y sont étrangers en quelque sorte, vu la distance à laquelle ils s'en trouvent ; car s'il est de principe et de fait que les mouvements des ailes d'une armée sont étroitement liés avec ceux qui s'exécutent vers son centre et exercent sur ces derniers l'influence plus ou moins immédiate qu'ils en reçoivent à leur tour, il faut pour cela qu'il y eut une certaine proportion entre la force, l'étendue et les dimensions des ailes et du centre et que ces trois parties ne soient pas trop éloignées entre elles ou dans des situations tout à fait différentes. Or, c'est ce qui avait lieu relativement à l'aile gauche de l'armée du Danube puisqu'elle s'étendait derrière le Rhin, depuis les environs de Basle jusqu'à Dusseldorf et ne se composait en quelque sorte que d'un cordon de troupes placées le long du Rhin pour en observer le cours et que des garnisons chargées de la défense des places construites sur ce fleuve. Les faibles corps rassemblés aux environs de Strasbourg, de Manheim et sur quelques autres points, et les forces que l'ennemi avait en opposition du même côté n'étaient points capables d'opérer des diversions bien importantes sur les opérations qui avaient lieu alors en Suisse. Aussi nous approuvera-t-on peut-être d'avoir placé dans un autre chapitre les détails qui vont suivre et dont l'intercalation aurait pu nuire, selon nous, à l'intelligence d'une partie intéressante des opérations de la campagne.

CHAPITRE VIII

NOUVELLES POSITIONS OCCUPÉES PAR LES TROUPES FRANÇAISES. — FORCES DES DIVISIONS RECONSTITUÉES

Dans le but de mettre un certain ordre dans notre récit et pour aligner, si on peut le dire, à une même époque les opérations exécutées sur toute l'étendue du front de l'armée du Danube, nous avons dû rendre compte des combats livrés ou soutenus par les corps composant l'extrême gauche de l'armée pendant la période que nous venons de parcourir. Cette espèce de digression nous a éloigné malgré nous du véritable théâtre de la guerre en nous forçant de suspendre momentanément l'exposé des événements qui se passaient en Suisse. Cependant, avant de nous reporter vers Zurich où nous avons laissé l'armée française en mouvement pour venir prendre position derrière la Limat et la Sill, sur le mont Albis et sur la chaîne des montagnes qui s'étend du mont Furca au lac de Lucerne, nous remarquerons encore que l'extension considérable de l'aile gauche, qui paraît démesurée au premier coup d'œil, n'avait aucun inconvénient réel dans les circonstances actuelles où toutes les armées alliées agissaient entre les sources du Danube et le cours du Pô et dont le premier but était d'abord la conquête de l'Italie. Obligé de porter aussi la majeure partie de ses forces sur les mêmes points, le gouvernement français n'avait plus assez de tems pour agir offensivement sur le bas Rhin et devait en conséquence se borner à s'y tenir sur la défensive. Convenait-il alors de donner le nom d'armée et de désigner un général en chef pour commander à des corps peu nombreux, étendus sur un espace considérable (1) et simplement destinés à défendre les places (2), à couvrir le fleuve et à faire de légères diversions ? Et n'était-il pas préférable de les considérer comme formant l'extrême gauche de l'armée du général Massena ?

Ainsi, cette disposition qui honore le général Massena, parce qu'elle donne la mesure de la haute réputation de capacité dont il jouissait et de la confiance illimitée que le gouvernement avait en lui, d'après l'éclat de sa renommée, n'avait donc rien de blâmable en elle-même. Un instant de réflexion suffira pour reconnaître que la critique qu'on en a faite porte uniquement sur le terme d'aile gauche qu'on a improprement employé pour désigner, sous une dénomination inexacte et qui blesse les idées reçues, des corps placés à une telle distance du centre d'action.

La barrière imposante que présente d'ailleurs le cours du Rhin entre Basle et Dusseldorf, le degré de force défensive et même offensive auquel cette portion des frontières de la République se trouvait alors porté par la possession de toutes les places de l'une et de l'autre rive du fleuve, et la certitude où l'on était que l'ennemi ne voulait rien entreprendre de ce côté où il n'avait que quelques corps d'observation, motivent suffisamment

---

(1) De Bâle à la frontière hollandaise.

(2) Les places de Huningue, Vieux-Brisach, Kehl, Mannheim, Mayence, Ehrenbreistein et Dusseldorf.

la sécurité du gouvernement français au sujet de cette frontière et démontrent que puisque la faiblesse des armées de la République était alors telle que nous ne pouvions pas atteindre à un certain équilibre entre nos forces et celles des alliés en Italie, en Suisse et sur le Haut-Rhin, c'était là précisément où un petit nombre de troupes suffisait pour faire respecter une grande étendue de frontières, qu'il convenait de rester sur la défensive (1). L'expérience, au surplus, a pleinement justifié cette disposition ; car nous avons vu que le général Massena, malgré ses innombrables travaux en Helvétie, trouvait encore le tems de s'occuper de la défense du Rhin, d'ordonner toutes les dispositions et les fortifications passagères qui, non seulement augmentaient la force réelle de cette frontière, mais favorisaient encore les opérations de l'armée en Suisse (2). Ainsi le but qu'on s'était proposé, a été entièrement atteint puisque l'ennemi a été contenu sur la rive droite du Rhin et que nos troupes n'ont pas cessé d'y occuper en avant de plusieurs places les mêmes positions qu'elles avaient prises aussitôt après la retraite du général Jourdan et lorsque le commandement des armées du Danube et d'Helvétie réunies fut confié au général Massena.

L'armée française avait achevé son mouvement de retraite et elle était depuis deux jours dans sa nouvelle position lorsque l'archiduc essaya, par une attaque assez brusque, de nous rejeter de l'autre côté de la Reuss.

---

(1) D'ailleurs, le général Bernadotte avait essayé, en vain, de remonter le Mein, le Neckar et de prendre Philipsbourg, pendant que Jourdan se battait à Ostrach et à Stockach les 21 et 25 mars 1799.

(2) Voir à ce sujet notre ouvrage : *Jourdan en Allemagne,* chapitre IX.

Déjà ses troupes s'étaient emparées du village d'Albis-rieden et gagnaient les hauteurs en arrière, mais le général Soult ayant ordonné au 3e bataillon de la 106e, formé de conscrits, de marcher à l'ennemi, aussitôt nos jeunes soldats se précipitent sur lui au pas de charge, enfoncent ses rangs, le culbutent sur tous les points, reprennent les positions que nous venions de perdre, tuent ou blessent plus de 400 Autrichiens et font 150 prisonniers (1). De ce jour, soit que l'archiduc jugeât qu'il lui coûterait trop de monde pour chasser les Français de leurs positions, soit qu'il voulût attendre l'arrivée des nouveaux renforts qui lui étaient annoncés avant de rien entreprendre contre Massena, il se borna à conserver l'attitude offensive que lui donnait la possession de Zurich et à repousser ou à faire quelques attaques insignifiantes sur divers points de la ligne. Une telle inaction, après une espèce de victoire et lorsque ce général avait encore, malgré le départ de Bellegarde (2), une certaine supériorité de forces sur son adversaire, ne peut guère s'expliquer d'une manière satisfaisante pour lui. Cependant, comme il est possible qu'elle soit le résultat de raisons particulières du cabinet de Vienne (3), et en conséquence indépendante de la volonté du prince, nous nous bornerons simplement à le faire remarquer, sans prétendre pour cela le lui attribuer.

La tranquillité qui régnait sur toute la ligne pouvait

---

(1) Ce combat fut livré le 8 juin. Les 570 soldats français luttèrent contre 4,000 Autrichiens.

(2) Le général Bellegarde avait, par Souvarow, été appelé à grossir de ses régiments l'armée austro-russe opérant contre Moreau dans le Piémont.

(3) En effet, l'archiduc obéissait aux instructions du Conseil aulique en ne dépassant point Zurich.

bien faire présumer au général Massena que le prince méditait quelque projet d'attaque contre lui, et rassemblait à cet effet des troupes sur les points où il avait dessein de l'effectuer ; elle pouvait aussi être motivée par l'affaiblissement de l'armée ennemie dont quelques corps marchaient vers l'Italie ou étaient dirigés sur le Rhin. Afin de fixer son opinion sur les véritables desseins comme sur les forces de l'archiduc, Massena ordonna le 16 juin quelques démonstrations sur la Limat et sur la Sill en même tems qu'il fit faire une attaque assez vive vers Zurich (1). Le général Soult en était chargé ; il la conduisit avec une telle vigueur, qu'il la réussit complètement et que l'ennemi fut repoussé avec une perte de plus de 400 prisonniers et un pareil nombre de tués ou blessés jusque sous les murs de la ville où il fit bonne contenance et où s'arrêtèrent enfin nos progrès (2). Par le résultat de cette tentative et par le nombre de troupes que l'ennemi avait montré sur tous les points où il l'avait fait menacer, le général Massena, ayant acquis la certitude que ses forces n'étaient point diminuées sur toute la ligne et que l'archiduc paraissait s'établir d'une manière assez fixe sur la rive droite de la Limat et à Zurich, il se détermina, de son côté, à donner à sa nouvelle position toute la force dont elle était susceptible et il porta son quartier général à Lenzbourg où il s'occupa sans relâche de pourvoir aux besoins infinis de son armée en attendant les renforts qui lui étaient annoncés.

Les corps ennemis qui étaient opposés aux divisions Chabran et Lecourbe n'avaient point inquiété ces généraux pendant leur mouvement pour venir prendre les

---

(1) Le 18 juin.
(2) Les Autrichiens furent chassés d'Alstetten par les troupes de la 3e division.

positions que venait d'assigner le général en chef. Vers le 15 juin environ, l'armée française occupait entre Basle et le mont Grimsel une ligne qui, partant de la base de cette haute montagne, se dirigeait sur Buchs, traversait le lac de Lucerne, passait à Artzoug, suivait le cours de la Sill, puis enfin celui de la Limat, de l'Aar et du Rhin jusqu'à Basle. La disposition des corps et la force de chacun étaient telles qu'on va l'indiquer ci-après.

Division Lecourbe, 9,400 hommes d'infanterie et 112 chevaux, artillerie non comprise, la droite à Engel-berg dans la vallée de l'Aar, la gauche à Saint-Jost en avant d'Egg (1). Cette division occupait Rothenthurm Morgarten, Sattel et Lowez au delà du lac de Lucerne et s'étendait sur toute la rive gauche de ce lac depuis Seelisberg jusqu'à Stung remontant de là par Wolfens-chiessen, Grafenort jusqu'à Engelberg. Lecourbe était de sa personne à Lucerne avec environ deux bataillons et sa cavalerie. Goldau, Küssnach, Sarnen et Kaisers-thül formaient la seconde ligne de nos retranchements. Plusieurs bateaux armés croisaient sur le lac (2).

Division Chabran, 7,919 hommes d'infanterie et 300 chevaux ; la droite à Uentergyn ; la gauche à l'Albis. Le pont sur la Sill à Schindellegi était gardé par les troupes de cette division, réparties en plusieurs camps vers Zug, Chaam, Barr, Unchwanden sur le Rossberg et près de l'Albis.

Division Soult, 6,241 hommes d'infanterie, 688 che-

---

(1) Il y a là une erreur. Saint-Jost est sur le Biberbach, au pied du Hohekone ; Egg est sur la Sihl, dans le massif de l'Etzel. C'était bien le point que, par sa gauche, tenait Lecourbe.

(2) Le lac des Quatre-Cantons.

paux; la droite à Utikon, la gauche à Urdorf. Elle occu-vait Albisrieden et Altstetten. Le quartier général était établi à Birmansdorff.

Division Walter ou Oudinot, 6,853 hommes d'infante-rie et 827 chevaux. La droite à Dietikon, la gauche à Killevangen, quartier général à Bremgarten.

Division Souham : 6,732 hommes d'infanterie et 1,864 chevaux, la droite à Rheinfelden, la gauche à Huningue; elle occupait cette dernière place et le camp retranché de Basle; avait des corps à Lorach, Greuzach et Weilen sur la rive droite du Rhin ainsi qu'aux villages de Pra-telen, Arendorf et Benken par la rive gauche.

Le Frickthal, c'est-à-dire tout le pays compris entre Rheinfelden et l'embouchure de l'Aar, se trouvait gardé par cinq bataillons et onze escadrons ayant un effectif de 7,000 hommes sous les ordres du général Ney.

La réserve, commandée par le général Humbert, était placée en avant de Bremgarten. Elle se composait de 2,075 hommes d'infanterie et 631 cavaliers.

Trois bataillons helvétiques, forts de 3,693 hommes, formaient avec cinq escadrons de cavalerie française la division de l'intérieur de l'Helvétie commandée par le général Ruby. Les troupes de cette division se trouvaient extrêmement disséminées, puisqu'elles occupaient : Lausanne, Fribourg, Berne, Arbourg, Soleure, Lu-cerne, etc., etc.

L'occupation du Piémont par Souvarow ayant fermé le passage aux corps que le général Xaintrailles con-duisait en Italie, le général Massena avait arrêté ces troupes dans le Valais où les Autrichiens étaient parve-nus à pénétrer par plusieurs points et où un grand nombre d'insurgés combattaient avec eux. Elles for-maient une division forte de 3,587 hommes d'infanterie et 1,237 chevaux répartis sur les deux rives du Rhône à..... (1). Le quartier général à... (2).

Tel était l'emplacement de chacune des divisions que l'on peut considérer comme composant les forces actives de l'armée du Danube, qui était forte alors de..... (3) combattants. Mais afin d'offrir une situation complète des corps qui étaient encore à cette époque sous le commandement du général Massena et qui, compris sous la dénomination d'aile gauche de son armée, observaient le cours du Rhin et formaient les garnisons des places qui s'y trouvent depuis Strasbourg jusqu'à Düsseldorf, nous en joindrons ici le tableau.

Division Legrand..... (4).

Division Colaud..... (5).

A la même époque, l'armée autrichienne commandée par l'archiduc était disposée de la manière suivante :

Strauch avec huit bataillons et huit escadrons tenait depuis Airolo jusqu'à Moris et le mont Grimsel. Il était de sa personne à Munster dans le Valais. Sept bataillons et un escadron occupaient sous le commandement du général Bey la vallée de la Reuss depuis le Pont-du-Diable jusqu'à Altorf.

Jellachich était campé avec le gros de son corps, composé en totalité de douze bataillons et de cinq escadrons, sur le mont Aetzel, ayant des détachements à Schwyz, Oberegger, et aux environs de Schindellegi.

---

(1) De Martigny à Brieg.

(2) A Brieg.

(3) 59,000 hommes.

(4) 3,499 fantassins et 2,687 cavaliers, quartier général à Korch.

(5) 4,643 fantassins et 457 cavaliers, quartier général à Mannheim.

Le général Hotze avec huit bataillons et vingt-deux escadrons gardait Zurich et les environs. Plusieurs bateaux armés croisaient sur le lac (1).

Douze bataillons et dix-neuf escadrons formaient un cordon sur les bords de la Limat et de l'Aar.

Vingt-quatre bataillons et vingt-trois escadrons étaient cantonnés depuis Regensdorf à Wettingen, à portée de secourir en toute hâte les points menacés.

Deux bataillons et demi et huit escadrons occupaient la rive droite du Rhin au-dessous et depuis Waldshut et avaient un soutien de quatre bataillons à Sthülingen.

Les postes autrichiens, dans les montagnes, étaient renforcés par les habitants armés et enfin trois faibles régiments suisses levés à la solde de l'Angleterre (2) faisaient encore partie de l'armée ennemie dont les forces totales s'élevaient à (3) fantassins et (4) cavaliers.

---

(1) Cette flottille était commandée par le colonel anglais Williams.

(2) Régiments Rovera, Salis et Bachmann.

(3) 54,000 fantassins et sapeurs.

(4) 18,000 cavaliers.

CHAPITRE IX

SITUATION AFFLIGEANTE DE L'ARMÉE FRANÇAISE. —
SÉRIE DE PETITS COMBATS ENGAGÉS AVEC LES
TROUPES AUTRICHIENNES.

Les deux armées s'affermissaient chaque jour dans
leurs positions respectives, élevant des retranchements
et des batteries sur tous les points de leurs lignes où
cela convenait à leur défense et aux opérations ultérieures que le général Massena et l'archiduc se propo-
saient. Mais les soins et les détails innombrables dont
s'occupait le premier de ces généraux, afin d'établir et
de disposer son armée dans une forte position d'où elle
put résister longtems aux efforts de l'ennemi, et l'empêcher de pénétrer plus avant dans la Suisse, n'étaient
pas ce qu'il y avait de plus pénible dans les travaux
infinis auxquels un dévouement généreux à la patrie, le
désir d'en préserver le sol de toute invasion et celui de
conserver et d'accroître la gloire de nos armes, l'engageaient à se livrer avec un zèle, une ardeur et une
persévérance que les difficultés inouïes qu'il rencontrait
pour faire vivre, habiller, équiper et solder son armée,
ne rebutaient point et semblaient au contraire plutôt
accroître.

En se reportant aux circonstances difficiles où le
général Massena se trouvait alors placé, on a peine à se

figurer comment il a pu réussir à poster et à maintenir son armée sur un pied aussi respectable, lorsque tant de causes conspiraient à la désorganisation et à la ruine. Comment a-t-il pu faire observer une discipline aussi exacte à des soldats qui enduraient tant de privations et que les malveillants s'efforçaient d'égarer ? (1). Comment au milieu d'un pays qui n'offre en tous tems que peu de ressources en subsistances et qui, de plus, se trouvait épuisé par le séjour des armées, il est cependant parvenu à empêcher que la misère ne devînt telle, qu'elle produisît un découragement total parmi les troupes et une espèce de dissolution dans l'armée ? Comment il a pu suppléer au moyen de son crédit personnel aux fonds qui lui étaient promis longtems avant de les recevoir, et qui, d'ailleurs, se trouvaient toujours insuffisants pour faire marcher convenablement les différents services qui étaient indistinctement dans un état de dénuement désespérant ? Cependant, il n'était que faiblement secondé, dans toutes les mesures qui avaient pour objet de porter remède à tant de maux, par le Directoire helvétique et par les autorités locales qui inclinaient visiblement vers l'Autriche, partageaient, aussi bien qu'une assez grande partie de la Suisse, les sentiments du Directoire helvétique et semblaient attendre impatiemment leur délivrance des Autrichiens. Ils en accéleraient autant qu'il était en leur pouvoir le moment en cédant aux insinuations de l'archiduc qui les appelait aux armes par des proclamations où il provoquait la haine des Suisses contre le gouvernement français et dans lesquelles il ne s'épargnait pas en pro-

---

(1) La désertion était alors assez importante dans l'armée. Le prince de Condé proposait aux déserteurs une prime très élevée.

messes séduisantes de protection désintéressée et d'indépendance, que les chefs des nations ou des armées font toujours dans les mêmes circonstances aux états faibles, sans avoir l'intention de les tenir ni même la pensée de se croire par là aucunement engagés (1).

Ce qui se passait en France à cette même époque (2) augmentait encore les difficultés de la situation du général Massena, parce que l'instabilité dans les premières fonctions de l'État en apporte nécessairement dans les plans du gouvernement, trouble la marche de l'administration, et contrarie, retarde ou fait révoquer des dispositions d'où dépendent la nécessité des opérations militaires et administratives entreprises d'après un système qui n'est plus celui que les nouveaux gouvernants veulent suivre. De là cette lenteur excessive avec laquelle on voyait arriver les renforts destinés pour l'armée du Danube ; de là cette exiguïté de moyens mis à la disposition du général en chef, et la prolongation de cette pénurie générale dont souffrait cruellement l'armée et que des mesures sagement combinées et qui n'auraient pas été entravées dans leur exécution auraient pu faire cesser entièrement en peu de tems.

Malgré tant d'obstacles l'armée du Danube avait pris une attitude qui en imposait à l'ennemi et aux partisans de l'Autriche, de sorte que ni ces derniers ni le prince n'osèrent rien tenter pendant quelque tems contre elle.

---

(1) L'archiduc avait promis, dès son entrée à Zurich : « Sous peu de jours, braves Suisses, vous serez délivrés. Le bonheur vous sera rendu et le mien sera parfait puisque le ciel m'a destiné à rompre vos chaînes et à vous voir heureux ».

(2) Le coup d'État du 30 prairial où Gohier, Moulin et Roger Ducos remplaçaient les directeurs Treilhard, Merlin et Larévellière.

Mais à la fin de juin, l'archiduc ayant été informé que le général Massena allait recevoir des renforts, il voulut profiter de ce qu'ils n'étaient pas encore arrivés pour le faire attaquer du côté de Strasbourg et de Vieux-Brisach où il avait aussi le dessein d'attirer l'attention du général français.

Les généraux autrichiens Merfeld et Georges (1) furent chargés de cette expédition et se présentèrent en force le 26 juin par la vallée de la Kintzig et par Durlac vers Oberkich, Offenbourg et Ettenheim.

Le combat fut très long et très opiniâtre (2). Cependant le général Legrand, que le général Massena avait autorisé à resserrer sa position, jugea à propos de ne pas prolonger davantage une résistance que l'ennemi, plein de confiance dans la supériorité de ses armes, semblait décidé à vaincre. Et en conséquence il se replia sur Wilstett où il prit une bonne position, dont la droite s'appuyait à l'isle des bois et d'où ce général avait toute facilité pour se porter de nouveau en avant aussitôt qu'il aurait reçu les renforts qu'il attendait. Le mouvement du général Guitry, du côté du Vieux-Brisach n'eût pour résultat que de faire replier les postes français assez près de la ville.

Quelques jours après, et lorsque les troupes que le général Massena avait dirigées vers Strasbourg pour renforcer son aile gauche y furent arrivées, il ordonna au général Legrand d'attaquer à son tour les Autrichiens et de reprendre ses anciennes positions. En conséquence, le 4 juillet, ce général s'avança contre le général Georges posté à Renchen et Appenveier et le poursuivit vivement jusqu'à Oberkirch. Le 6 il attaqua aussi le

---

(1) C'est Görger, sans doute.
(2) Combat livré le 26 juin.

général Merfeld à Offenbourg d'où il l'obligea de se retirer avec perte (1). L'ayant suivi jusqu'à Ortenberg, ce village fut pris et repris plusieurs fois et devint ainsi le théâtre d'un combat très vif qui coûta bien du sang aux deux partis (2). Cependant le général Staray, ayant fait soutenir le corps de Merfeld, celui-ci revint à la charge deux jours après à la tête de près de 10,000 hommes et parvint à s'emparer à nouveau d'Offenbourg et à rétablir les postes à l'entrée de la vallée de la Kintzig (3). Le combat qui eut lieu à cette occasion fut soutenu par les troupes de la division Legrand avec une opiniâtreté et un courage remarquables. Il avait commencé à six heures du matin et durait encore à dix heures du soir (4). L'élan des Français, l'ardeur et la tenacité des Autrichiens avaient été tels que leurs rangs avaient été confondus et que les soldats avaient combattu corps à corps. Bon nombre de nos canonniers furent sabrés dans quelques-unes de nos batteries où l'ennemi avait pénétré, mais d'où il fut bientôt chassé avec une perte considérable causée par les décharges à mitraille et une fusillade soutenue qu'il essuya à bout portant ainsi que par des charges de cavalerie exécutées impétueusement sur lui pendant le mouvement rétrograde qu'il exécutait en désordre. A la suite de cette sanglante affaire le général Legrand, ne se trouvant pas assez fort pour conserver une position aussi étendue que celle qu'il occupait alors, resserra de nouveau ses troupes aux

---

(1) Non, ce fut Merveldt qui, le 6 juillet, attaqua la division Legrand.

(2) Les Français perdirent 1,100 hommes, les Autrichiens 997.

(3) Aucun rapport de Massena ne mentionne cet engagement.

(4) Heure à laquelle se termina le combat du 6 juillet.

environs de Wilstett et rentra dans le même camp d'où il était parti peu de jours auparavant.

Le général Tharreau commandant dans le Valais, repoussa les attaques que les Autrichiens et les insurgés réunis dirigèrent contre lui le 16 et le 17 juillet, conserva ses positions et fit 200 prisonniers (1).

A cette époque le Directoire, cédant aux instances réitérées de Massena, faisait achever l'organisation d'une armée du Rhin qui s'étendait de Basle à Dusseldorf (2).

L'ennemi ne fut pas plus heureux dans une tentative qu'il fit le 29 juillet sur notre aile droite, pendant que le général Hadick, secondé par un rassemblement de paysans armés, attaquait le général Tharreau mais encore sans succès.

Il convient, avant d'aller plus loin, de donner l'état de situation de l'armée (3) et les détails des emplacements de chaque division vers le 14 juillet. Il y a un rapport du général Suchet, chef d'état-major, qui pourra être consulté pour cela (4). Cette intercalation nécessite quelques changements dans ce qui suit.

Hotze commandant l'aile gauche de l'armée autrichienne, envoya le 29, le général Bey à la tête de 5,000 hommes par Seedorf avec ordre d'occuper l'Isen-

---

(1) Le général Turreau de Linières remplaçait Xaintrailles mis en jugement pour levée extraordinaire de contributions.

(2) Le général Muller en fut nommé commandant.

(3) Il n'a pas été fourni par Marès.

(4) Suchet, chef d'état-major de l'armée du Danube, écrivait le 14 juillet au ministre de la guerre : « Voici quel est l'emplacement des troupes : 1re division, Lecourbe, la droite à Sarnen, la gauche à Goldau ; 2e division, Chabran, la droite à la gauche de la 1re près le lac de Zug et de Baar,

thal et de remonter le long du lac vers Seelisberg. Nos avant-postes furent vivement poussés jusqu'à Bauen où ils commencèrent néanmoins à pouvoir ralentir leur mouvement de retraite. Cependant la supériorité de l'ennemi les obligea de le continuer jusque et au-delà de Seelisberg, qui fut même quelques instants au pouvoir des Autrichiens; mais les détachements que nous avions sur ce point ayant été soutenus à tems par quelques compagnies de la 109e et par le feu des chaloupes canonnières stationnées dans les environs, le général Bey fut bientôt chassé de Seelisberg avec perte de 300 prisonniers. Malgré cet échec, il fit reprendre haleine à ses troupes et revint une seconde fois à la charge avec plus de forces, mais sans plus de succès. Désespérant alors d'atteindre son but, Bey se détermina brusquement à la retraite, nous abandonnant encore 300 prisonniers et laissant un grand nombre de morts et de blessés sur le champ de bataille. La pluie tombait en si grande abondance, ce jour-là, que le combat eut lieu presque entièrement à la baïonnette, et que le général Lecourbe ne put faire pousser bien loin l'ennemi dont la perte qui s'élevait déjà à 600 prisonniers eût été alors plus consi-

---

la gauche à la droite de la 3e au-dessous d'Adlischwyl; 3e division, Soult, sa droite à Adlischwyl, sa gauche à Alstetten; 4e division, Oudinot, sa droite à Alstetten, sa gauche à la hauteur de Wettingen; 5e division, Turreau, sa droite à Kilwang, sa gauche à Bernau, au confluent de l'Aar; 6e division, Lorge, sa droite à Bernau et sa gauche à Rheinfelden; 7e division, Souham, la droite à Rheinfelden, sa gauche au camp retranché de Basle. Division du Valais, Tharreau, depuis le pont de Brieg jusqu'à celui de la Massa et jusqu'à Saint-Maurice. La réserve de Humbert à Mellingen. Division de l'Intérieur, Montchoisi, quartier général à Soleure. Division de réserve, Hardy, à Fribourg. Division de cavalerie Klein, dans les cantons du Léman et de Berne. »

dérable. Le général comte Bey commandant cette expédition se trouva au nombre des prisonniers.

Le général Ferino fit faire le 24 et le 25 juillet, par
ordre du général en chef, une reconnaissance générale
sur tous les fronts et rentra ensuite dans ses positions,
après s'être avancé de plusieurs lieues dans les directions de Fribourg, de Schaphein et de Rheinfelden, et
ayant ramassé une cinquantaine de prisonniers faits
dans la vallée de Schaphein, le seul point où il eut rencontré l'ennemi.

CHAPITRE X

ŒUVRES DES GÉNÉRAUX LECOURBE ET CHABRAN. — MASSENA EXPOSE AU DIRECTOIRE FRANÇAIS LA SITUATION DE L'ARMÉE DU DANUBE ET IL DEMANDE A RÉSIGNER SES FONCTIONS.

Pendant ces tentatives mutuelles sur leurs ailes et les avantages balancés que l'archiduc et Massena y avaient tour à tour obtenus, ce dernier avait ordonné au général Lecourbe de détruire une batterie de six pièces que l'ennemi avait établi vers Brunen et qui gênait beaucoup nos communications et nos mouvements par le lac de Lucerne. Cette expédition avait également pour objet de tâter l'aile gauche de l'archiduc affaiblie par le départ des corps de Bellegarde et de Hadick pour l'Italie. Le général Lecourbe avait pressenti cette expédition et s'y était en conséquence préparé. Sachant que les hautes montagnes qui bordent le lac de Lucerne n'offraient que des sentiers difficiles et qu'il était impossible de conduire par là une opération quelque peu importante (1), il avait reconnu la nécessité du transport des

---

(1) La route de Lucerne à Schwitz était pourtant facilement praticable à toutes les armes. D'ailleurs, Lecourbe la faisait suivre par trois compagnies de la 76e qui devaient

troupes par eau et avait ordonné de rassembler les bateaux des villages dont il était maître, ce qui lui formait alors une petite flotille à laquelle la ville de Lucerne, afin de prouver son attachement au parti républicain, avait joint une grande barque portant du canon et montée par des habitants de bonne volonté.

Aidé de ces moyens, Lecourbe se mit en devoir d'exécuter les ordres qu'il avait reçus. Mais pour masquer son véritable dessein à l'ennemi, il le fit attaquer à la fois à Seeven, vers Steinen et à Schwyz, tandis qu'à la tête des troupes qu'il avait dirigées par Gersau sur Brunen, il faisait replier les différents postes qui couvraient Brunen de ce côté, en même tems que 500 grenadiers commandés par le colonel Porson débarquaient non loin de là sous la protection d'une chaloupe canonnière.

Le colonel Porson est cité très honorablement à cette occasion où il fit preuve de bravoure, d'intelligence et de sang-froid. Un sergent qui était entré le premier dans la batterie y fit à lui seul sept prisonniers.

A peine ces braves sont-ils à terre, qu'ils marchent intrépidement à la batterie et s'en emparent au pas de charge, culbutant ou faisant prisonnier tout ce qui veut résister ou ne peut fuir assez vite. Mais le major autrichien Etwas accourt aussitôt avec un fort détachement de troupes fraîches, attaque les grenadiers français et les oblige à abandonner Brunen et à rejoindre leurs bateaux.

Toutefois, le but du général Lecourbe avait été atteint (la batterie de Brunen était détruite et les barques que l'ennemi avait en construction étaient brûlées) et comme ce général n'avait pas le dessein de conserver

---

aider, devant Brünnen, les 84e et 109e embarqués sur quarante-deux bateaux, le 14 août.

les divers postes dont il s'était emparé, il les abandonna et vint reprendre la position qu'il occupait précédemment (1).

Le général Chabran, chargé de faire simultanément une fausse attaque sur le corps autrichien placé entre Schwyz et Einsielden, tua et blessa quelques hommes à l'ennemi et lui enleva une vingtaine de prisonniers.

Le reste du mois de juillet et la première quinzaine d'août se passèrent en démonstrations qui n'avaient probablement d'autre but, de la part des deux généraux en chef, que celui de donner le tems à leurs renforts de les joindre, de pénétrer réciproquement leurs projets et de rassembler l'un et l'autre tous les moyens possibles afin de pousser la guerre avec plus de vigueur. Nous ne pensons pas que l'on ait oublié quelles étaient les difficultés innombrables que le général Massena rencontrait et surmontait journellement pour nourrir, habiller et armer ses soldats, ni la cause principale que nous avons indiquée à l'abandon et au désordre dans lequel se trouvait alors tous les services de l'armée du Danube. Mais si ce général parvenait à remédier en partie aux maux de toute espèce qui étaient la conséquence de cet état de choses, il était cependant bien loin, malgré la peine incroyable qu'il se donnait, de porter au complet ses approvisionnements et tous ses autres moyens de guerre au point où il était indispensable qu'ils le fussent pour entreprendre quelque chose de sérieux et qui aurait exigé, dans un pays totalement ruiné, plusieurs jours de marche et de manœuvres..

---

(1) Ici, Marès indique que Lecourbe retourne à Lucerne. C'est une erreur, il garde Brünnen, pousse très loin les Autrichiens dans le Muotathal et dirige, dans l'après-midi du 14 août, son expédition vers le canton d'Uri.

L'inaction dans laquelle on lui reproche d'être demeuré alors se trouve donc pleinement justifiée par ces considérations. Car quel succès espérer, en menant au combat des troupes découragées par les privations de toute espèce qu'elles éprouvent? Dans de pareilles circonstances, un général qui contient l'ennemi et réussit par sa fermeté à maintenir ses soldats dans le devoir, en attendant un meilleur avenir, montre cette prudence consommée qu'on est heureux de trouver toujours chez les hommes qui remplissent de hautes fonctions, afin qu'ils ne compromissent pas par des entreprises hazardeuses et inopportunes les grands intérêts qui leur sont confiés.

En effet, il est plus que probable qu'en attaquant l'archiduc, dont l'armée complètement pourvue de tous ses attirails était supérieure à celle des Français, malgré les détachements que ce prince avait fait en Italie, et avait de plus l'immense avantage d'être abondamment approvisionnée, Massena eut éprouvé de sa part une résistance qu'il n'aurait pu vaincre. Montrant dès lors sa faiblesse à son adversaire par des tentatives sans vigueur, celui-ci ne se serait pas sans doute borné à repousser les attaques infructueuses dirigées contre lui, et aurait, au contraire, profité de ces mouvements inopportuns pour percer notre ligne sur quelques points et peut-être pour nous rejeter bien loin.

D'après ce raisonnement, dont la simplicité et peut-être la justesse nous paraissent devoir réfuter d'avance toute objection solide et faite de bonne foi, la nécessité où était le général français de suspendre ses opérations offensives, se trouve de nouveau prouvée. Mais combien cette assertion est-elle fortifiée par la situation personnelle de ce général auquel d'intrigants calomniateurs s'efforçaient de ravir la confiance du gouvernement et l'amour de ses soldats, et qui ne réussissaient malheureusement que trop à diminuer par là dans l'armée cette force morale que l'on sait suppléer tellement à la force matérielle, parce qu'elle produit dans celui qui commande, comme dans ceux qui obéissent, ce mutuel sentiment de confiance qui doublent l'énergie et le zèle de chacun, semble multiplier les soldats et fournir d'inépuisables ressources au général (1). Les dénonciations dont le général Massena était l'objet et la critique amère qu'on faisait de sa conduite, lui attiraient de la part du gouvernement des lettres où tout en se refusant à croire ces calomnies, le Directoire ne paraissait cependant pas admettre entièrement les motifs que ce général alléguait

---

(1) Bernadotte était l'ennemi de Massena. Nommé ministre de la guerre le 3 juillet, ce général voulut amener le Directoire à tout changer dans le commandement des armées. Le 6 juillet, Championnet est nommé général en chef de l'armée des Alpes, mais subordonné à Joubert, qui, le 5 juillet, avait été nommé général en chef de l'armée d'Italie. Le même jour, Moreau est nommé général en chef de l'armée du Rhin. Le 17 juillet, le Directoire rapporta l'arrêté du 5 juillet qui donnait à Moreau le commandement en chef de l'armée du Rhin et lui conféra celui de l'armée du Danube. Par cet arrêté, Massena est rappelé à Paris, sous prétexte de conférer avec le Directoire sur le système de guerre à adopter. Massena ne reçoit pas communication de cet arrêté, dont il n'a connaissance que par voie indirecte. Le 20 juillet seulement, le partage d'arrondissements a lieu entre les armées du Rhin et du Danube. Le 1er août, un nouvel arrêté du Directoire ajoute à l'arrondissement de l'armée du Rhin les 2e, 3e et 4e divisions militaires, Chalons, Metz et Nancy, en sorte que l'armée du Rhin s'étend de Clèves à Neufbrisach. Le 16 août, le Directoire rapporte l'arrêté du 17 juillet, conserve à Massena le commandement de l'armée du Danube et nomme derechef Moreau général en chef de l'armée du Rhin.

pour ne pas agir encore offensivement. Pensant qu'il y avait quelque exagération dans le tableau du dénuement général où Massena représentait l'armée, les directeurs ne lui accordaient qu'une petite partie des secours qu'il demandait, et ne cessaient en même tems de le presser de prendre l'offensive. Mais persuadé qu'il compromettrait l'armée en cédant aux désirs et aux instances du Directoire, plutôt que de s'y rendre, le général en chef, aima mieux s'y opposer constamment et supporter les dégoûts que lui attira sa résistance. Et quand l'ordre d'attaquer l'ennemi lui fut donné d'une manière précise, il en représenta le danger avec cette énergie et la franchise que lui inspirait l'amour aussi ardent qu'éclairé dont il était animé pour la gloire et l'intérêt de son pays; et il préféra offrir sa démission du commandement plutôt que d'obéir à des ordres dont l'exécution pouvait être, selon son opinion, si préjudiciable à l'armée et dès lors à la République.

Cependant, le gouvernement français qui avait une haute opinion des talents du général Massena, dont il connaissait d'ailleurs par tant de si brillants exploits l'attachement et le dévouement sans bornes à la patrie, ne lui accorda sa demande qu'après de longues instances, et le conjura bientôt après, dès qu'il fut instruit du véritable état des choses, de conserver le commandement d'une armée qui avait si glorieusement combattu sous ses ordres.

C'est ainsi que par sa fermeté et par le courage civil, peut-être plus rare que celui des combats, avec lequel il supporta les dégoûts dont il fut abreuvé pendant un mois entier qu'il soutint cette lutte contre le gouvernement, Massena parvint enfin à éclairer le Directoire et à déjouer les projets des malveillants qui ne désiraient rien tant que de voir nos armées engagées dans des entreprises téméraires dont les résultats eussent été funestes et pour elles et pour la France.

Le découragement qui semblait devoir être la conséquence inévitable d'une pareille situation, et qui sans doute se serait emparé de tout homme privé de cette force et de cette élévation d'âme qui distinguent les héros, n'atteignit pas même le général Massena que son ardente sollicitude envers ses soldats contribua toujours à satisfaire à leurs besoins les plus pressants ; son génie fécond en ressources et en moyens de toute espèce sut encore remédier à cette fâcheuse pénurie à laquelle l'armée fut longtems exposée par l'insuffisance des fonds envoyés pour faire face à tous les services.

La lettre suivante, que le général Massena écrivait à la fin de juillet au Directoire, relativement aux faits que nous venons d'avancer, ne laissera aucun doute sur notre véracité. C'est pourquoi nous nous sommes déterminé à la transcrire en partie :

« Citoyens directeurs,

« Instruit que la malveillance cherche à jeter de la défaveur sur mes opérations militaires, et qu'elle s'appuie surtout sur ce qu'on appelle mon inaction, c'est à vous à qui je demande, à grands cris, du secours en tous genres depuis deux mois, à vous que je n'ai cessé d'instruire de l'affreux dénuement dans lequel cette armée se trouve, qu'il appartient de détruire une inculpation tellement injuste. Vous savez que le crédit et la confiance sont éteints en Helvétie par le non paiement des marchés passés avec le gouvernement et les particuliers, et vous n'ignorez pas l'insuffisance de la mesure prise d'approvisionner l'armée par la voie de réquisition dans les départements voisins.

« Cette mesure, que j'avais proposée pour former un

approvisionnement extraordinaire de 100,000 quintaux, est faussement appliquée maintenant aux fournitures journalières qui se trouvent par là exposées à la plus fâcheuse irrégularité.

« Par suite de celle que les départements apportent dans leurs versements, est-il donc possible que je me jette en avant, lorsque j'ai la conviction que le lendemain d'un tel mouvement, l'armée manquerait de pain? Depuis plus d'un mois, quelques divisions n'ont-elles pas été réduite, au 1/3 et même au 1/4 de ration ? (1)

« D'un autre côté les caisses sont entièrement vides et nos espérances pour l'avenir reposent sur une somme de 900,000 francs qui nous est promise. Je n'ai rien négligé, citoyens directeurs, pour vous donner une idée exacte de ma position, et c'est dans de pareilles circonstances qu'on voudrait rejeter sur moi une inaction commandée par elle ? Encore, si j'avais devant moi de fertiles contrées, aurait-on au moins un prétexte spécieux ? Mais plus je m'avancerai, plus je m'éloignerai des approvisionnements éventuels qui me seront fournis par les départements.

« Depuis longtemps, je voulais chasser l'ennemi de la Suisse, mais je devrai me borner provisoirement à faire attaquer et tâcher de m'emparer du Saint-Gothard. Cependant, pour conserver ensuite ce point important, il sera indispensable d'étendre la gauche de la division Lecourbe jusqu'à Schwitz et la droite de cette même division dans la vallée d'Urseren et du Tessin, afin de couvrir tous les débouchés de l'Italie et des Grisons ; 8,000 hommes sont au moins nécessaires pour atteindre ce but. Mais comment les faire vivre dans un pays tota-

---

(1) La division Lecourbe était restée trois jours sans pain.

lement ruiné et que, dans l'hypothèse même qu'il exis-
terait des magasins à Lucerne, les moyens de transports,
sur les points de consommation, manquent totalement,
car le ministre de la guerre, à qui j'ai fait la demande de
600 mulets de bâts, sait que je n'en ai pas un seul à ma
disposition (1).

« L'armée que j'ai l'honneur de commander est forte
de 60,000 hommes, mais elle est obligée de garder une
grande étendue de pays, puisqu'elle a sa droite à Vevey (2)
et sa gauche à Huningue; nullement appuyée du côté
de l'Italie ni de celui de l'Allemagne, tout son mouvement offensif vers son centre peut lui devenir très dangereux si même qu'il ne réussît pas entièrement. Il ne
saurait donc être trop mûri et je ne puis me déterminer
à l'entreprendre qu'avec des moyens qui m'en garantis-
sent en quelque sorte le succès.

« Je désire que ceux qui critiquent mes opérations
n'aient d'autre but que celui de me nuire personnelle-
ment; mais je crains qu'ils soient encore plus les ennemis
de ma patrie que les miens (3). Désespérés que l'armée
du Danube ait résisté aux armées coalisées, ces hommes
voudraient me voir entreprendre inconsidérément
quelque opération qui compromît l'armée que je commande.

« Si quelque expérience et quelques succès dans le
métier des armes me font présumer trop avantageusement de l'opinion où je suis : que l'armée du Danube ne

---

(1) Il eut fallu charrier, de Fluëlen, les approvisionnements jusqu'à Andermatt, car de Lucerne à la pointe est du
lac, on aurait utilisé des bateaux, qui ne manquaient pas.

(2) Sur le Léman.

(3) Allusion faite aux personnes qui entouraient et con-
seillaient Bernadotte.

peut encore prendre l'offensive, et si j'ai la conviction intime que le mouvement que vous m'ordonnez de faire est prématuré et pourrait avoir des conséquences funestes pour nos armes, vous ne pouvez qu'approuver, citoyens directeurs, mes nouvelles instances relativement au successeur que je vous ai prié de désigner pour me remplacer dans le commandement de l'armée... »

Soit que le gouvernement crût qu'il n'était pas de sa dignité de recevoir la loi d'un général qu'il avait placé à la tête de l'une de ses armées, soit que l'influence de quelques rivaux ou que les intrigues des malveillants fussent parvenues à faire prendre momentanément au Directoire une idée désavantageuse des opérations et de la conduite du général Massena, il parut accepter sa démission et eut l'air de lui désigner un successeur. Cet état de choses subsista pendant une semaine et ne contribua pas pour peu à augmenter, par toutes les incertitudes qui en résultèrent, les embarras de la position du général Massena. Car quels que soient la vénération et l'attachement des soldats pour leur général, ces sentiments s'affaiblissent assez ordinairement lorsque celui-ci paraît tomber en défaveur ; et l'on sait aussi que toute autorité qui est prête à cesser perd sa force.

Quoiqu'il en soit, Massena sut maintenir la discipline, échauffer le courage des soldats, et chaque jour à la veille de quitter le commandement de l'armée, il ne cessa cependant de travailler avec la même ardeur à accroître non seulement sa force défensive, mais encore à la mettre le plutôt possible en mesure de reprendre l'offensive avec succès. Cette conduite pleine de grandeur d'âme et éminemment patriotique fut plus tard appréciée par le Directoire, que des rapports plus fidèles sur la situation actuelle de l'armée convainquirent de la nécessité de différer encore de reprendre l'offensive et empêchèrent de consommer un acte d'injustice et en même tems de commettre la faute grave d'ôter le commandement de l'armée à un général aussi digne de le conserver et qui était également redouté de l'ennemi et chéri des soldats. Le commandement fut en effet conservé au général Massena par arrêté du Directoire du 16 août 1799 (1).

Vers les premiers jours d'août environ, l'armée française en Suisse se composait de..... (2) divisions, y compris celle du général Montchoisy, placée dans l'intérieur de l'Helvétie. L'emplacement de ces divisions diffère fort peu de celui qu'elles occupaient à la fin de juin ; mais leurs positions avaient été rectifiées et la force de celles-ci singulièrement augmentée par les batteries et les retranchements que le général ·en chef avait fait élever sur une multitude de points.

Si l'incertitude de se trouver encore le lendemain à la tête de l'armée qu'il commandait la veille ne laissait rien négliger au général Massena de ce qui pouvait en améliorer le sort et augmenter la force, il en résultait cependant que ce général ne pouvait entreprendre aucune opération de quelque importance puisqu'il n'était point assuré de conserver le commandement pendant le tems nécessaire à leur exécution. D'un autre côté, les secours en tous genres promis par le gouvernement n'arrivaient qu'en partie et fort lentement. Les subsistances en général étaient toujours en grande souffrance et les caisses de l'armée restaient vides. Telle était encore, le 8 août, la pénurie sous le rapport des vivres, que le général Massena écrivait au Directoire qu'il

---

(1) Malgré les intrigues de Bernadotte.

(2) Neuf divisions commandées par Tarreau, Lecourbe, Soult, Mortier, Lorge, Ménard, Klein, Montchoisy et Humbert.

n'avait pu effectuer son attaque du Saint-Gothard dont les dispositions étaient entièrement achevées depuis plusieurs jours, parce qu'il n'avait point de pain. Cette raison pourrait ailleurs paraître insuffisante pour motiver un pareil retard ; mais elle était supérieure dans un pays tel que celui où il s'agissait de pénétrer (1). Il est assurément difficile d'imaginer une situation plus délicate et plus pénible à la fois que celle où se trouve placé le général Massena durant tout le tems qu'il fut incertain de conserver le commandement en chef de l'armée. Quoi de plus capable, en effet, d'éteindre toute espèce de zèle et de produire l'insouciance. Cependant c'était alors qu'il méditait de chasser l'ennemi du Saint-Gothard et qu'il en préparait tous les moyens ; et ce fut en attendant un successeur, qu'il exécuta ce mouvement habile par lequel il se rendit maître de ce point important ainsi que de la vallée de la Reuss et dont le but consistait essentiellement à préparer de nouveaux succès à l'armée (2).

Ayant renforcé dans ce dessein son aile droite, il cherchait à détourner l'attention de l'ennemi par quelques mouvements vers Basle et vers Zurich en faisant attaquer vivement le camp autrichien en avant de cette dernière ville et en ordonnant quelques démonstrations au delà du camp retranché de Basle. Mais afin de produire l'effet qu'il en attendait il fallait que l'un ou l'autre de ces deux mouvements fut assez sérieux pour donner une véritable inquiétude à l'ennemi. C'est pourquoi le 17 (3),

---

(1) Dans la vallée de la Reuss, tellement étroite que les habitants ne peuvent même vivre au moyen des récoltes faites sur leurs terres.

(2) C'est-à-dire la reprise de Zurich, avant que les Russes ne vinssent grossir les corps de l'armée autrichienne.

(3) Non le 14 août.

à la pointe du jour et à la faveur d'un brouillard fort épais, le général Massena fit attaquer vivement les Autrichiens campés en avant de Zurich. Nos troupes ayant surpris les grandes gardes ennemies, pénétrèrent dans le camp de la cavalerie et taillèrent en pièces un régiment de dragons et quelques escadrons de hussards. Les Français s'approchèrent de Zurich et l'alarme y était déjà, lorsque l'archiduc accourut de Kloten avec des troupes fraîches et ayant fait placer plusieurs pièces en batterie, de manière qu'elles prenaient nos colonnes d'écharpe, il parvint à suspendre nos progrès. Un combat très sanglant alors s'engagea entre les deux partis, et les Suisses qui servaient dans les deux armées ayant eu la fatalité de se rencontrer dans la mêlée, on les vit combattre avec toute la fureur que semble inspirer la guerre civile. Les Autrichiens eurent la plus grande peine à résister à la violence de notre choc. Déjà nous étions maîtres du pont de la Sill et de Lunback et ce ne fut qu'à l'aide de leurs réserves qu'ils réussirent à rétablir à peu près le combat. Le général Massena, ayant atteint le but qu'il s'était proposé, repassa le soir sur la rive gauche de la Sill ; et les troupes vinrent reprendre les mêmes positions d'où elles étaient parties le matin (1).

Le même jour différentes attaques avaient eu lieu dans les environs de Baden ; et les Autrichiens avaient été également tenus en haleine de ce côté (2).

---

(1) Derrière Albisrieden et Schlieren.

(2) A mentionner aussi la marche d'une brigade française qui, de Bâle, s'avança sur la route de Schaffouse.

CHAPITRE XI

LES AUTRICHIENS SONT FORCÉS D'ABANDONNER LE SAINT-GOTHARD ET LE VALAIS.

Pendant que Massena contenait ainsi le centre et la droite de l'armée autrichienne, le général Lecourbe exécutait le mouvement que le général en chef lui avait ordonné et qui était combiné de la manière suivante :

La colonne de droite, aux ordres du général Gudin, fut chargée de remonter la vallée de l'Aar, de gravir les sommités du Grimsel et le mont Furca et de redescendre dans la vallée d'Urseren pour gagner la tête des défilés du trou d'Uri et du Pont-du-Diable et marcher ensuite à la rencontre des corps qui remontaient la vallée de la Reuss. Deux autres colonnes commandées par le général Loison furent dirigées par le Gadmenthal et le Meyenthal de manière à déboucher dans la vallée de la Reuss, sur la rive gauche de cette rivière à Wasen. Une quatrième colonne, conduite par le chef de brigade Daumas, partit d'Engelberg pour franchir le mont Surenen et déboucher dans la vallée de la Reuss vers Attinghausen, cherchant à faire de là sa jonction avec la colonne de Loison venue par Wasen en même tems qu'elle menaçait Altorf et Seedorf et qu'elle essayait de pénétrer dans le Schächental. Deux bataillons, ayant à leur tête l'adjudant-général Poirson se portaient sur Altorf par Bavon, l'Isithal et Seedorf. Un détachement de ce corps avait ordre de chasser les postes autrichiens qui occupaient la montagne de Rosthock avant de redescendre sur Seedorf.

Le général Lecourbe s'était réservé l'attaque de front qui devait s'effectuer par le lac de Lucerne. A cet effet, il devait s'y embarquer avec les grenadiers composant sa réserve (1).

Son projet était de s'emparer en passant de Brunen et des débouchés du Muttenthal et de venir ensuite, sous la protection des chaloupes canonnières, débarquer à l'embouchure de la Reuss pour remonter cette rivière et se réunir successivement aux différentes colonnes qu'il avait dirigées par les vallées transversales qui viennent aboutir à la Reuss. Un petit détachement partant de Gersau par terre devait longer le lac pour venir seconder l'attaque de Brunen et du pont de la Muota (2) et pour couper la retraite à l'ennemi par le Muttenthal.

La brigade de gauche, aux ordres du général Boivin reçut ordre de se porter sur Schwyz par Steinen et Seeven et de pousser l'ennemi dans le Muttenthal. Cette attaque, qui avait pour objet de rejeter l'aile gauche de l'armée autrichienne au delà des monts qui séparent le bassin de la Reuss de celui de la Linth et de s'emparer du Saint-Gothard ainsi que des vallées supérieures où le Rhin, la Reuss, le Rhône ont leurs sources, devait être secondée par un mouvement du général Tharreau dans le haut Valais et par une attaque du général Chabran sur la Sill.

---

(1) Troupes qui avaient déjà marché sur Brünnen.
(2) Qui se trouvait entre Schwitz et Brünnen.

En conséquence de ces dispositions, l'ennemi fut attaqué le 14 août, au point du jour, sur toute l'étendue de sa ligne depuis le haut Valais jusqu'à Zurich. La flotille qui portait les troupes du général Lecourbe étant arrivée à la hauteur de Brunen, ce général fit débarquer cinq compagnies pour seconder le détachement parti de Gersau et qui, ayant déjà pénétré à deux reprises jusque sur la Muota, avait été obligé de se replier. A l'aide de ce renfort, il fit attaquer une troisième fois le pont de la Muota et s'en empara ainsi que de Brunen après avoir mis en déroute les Autrichiens et les paysans armés qui le défendaient et après leur avoir enlevé trois pièces de canon (1).

Quelques troupes furent chargées de suivre l'ennemi dans la direction de Schwyz afin de se mettre en communication avec le général Boivin. Immédiatement après, le général Lecourbe, ayant laissé un détachement à Brunen pour le garder, remonta le lac jusqu'à la hauteur de Fluëlen qu'il ne put atteindre avant six heures du soir et où il débarqua avec ses grenadiers sous la protection de sa flotille. En se portant ainsi sur la rive droite de la Reuss, son dessein était de seconder l'attaque que le colonel Poirson devait faire sur Altorf. En effet, la colonne que conduisait cet officier, après avoir chassé les Autrichiens de Seedorf à la suite d'un combat assez vif, s'était avancée vers Altorf que les ennemis lui disputaient encore, lorsqu'ils virent paraître les grenadiers du général Lecourbe sur leurs flancs. Craignant dès lors pour sa retraite, s'il la différait davantage, le général Simbschen (2) l'ordonna sur-le-champ; mais

---

(1) Marès rectifie son premier récit de l'attaque de Brünnen ; cette fois, il en fait parfaitement l'historique.

(2) Brigadier de Jellachich.

la précipitation avec laquelle il dut s'exécuter, vu l'effroi qui s'empara de ses soldats à l'apparition de nos grena-diers, lui occasionnèrent une perte sensible. Lecourbe le fit poursuivre jusqu'au delà de Bürglen (1).

La colonne aux ordres du colonel Daumas et dirigée par le val Surenen vers Attinghausen rejeta les Autri-chiens sur la rive droite de la Reuss ; mais elle ne put poursuivre l'ennemi au delà de la rivière parce qu'il avait eu la précaution d'en couper le pont (2). Le général Loison trouva des chemins affreux qui ralentirent sin-gulièrement sa marche dans le Meyenthal et il n'arriva que vers le soir devant un fort qui barrait la vallée, près de Meyen. Ce fort consistait en un hexagone en maçon-nerie en bon état et armé de deux pièces de canon, appuyé d'un côté aux bords escarpés du torrent, de l'autre à des rochers à pic.

Ce fortin fermait absolument le passage ; 400 hommes en formaient la garnison. L'extrême fatigue des troupes et l'approche de la nuit obligèrent le général Loison à en remettre l'attaque au lendemain.

Quoique ce fort présentât de très grandes difficultés aux assaillants, attendu qu'il n'était abordable que par un sentier étroit, nos soldats demandèrent l'assaut et l'emportèrent vaillamment, mais non sans qu'il en coûtât la vie à un grand nombre d'entre eux. 300 hommes et les deux pièces de canon tombèrent en notre pouvoir et le général Loison pénétra ensuite dans la vallée de la Reuss par Wasen d'où il envoya immédiatement un bataillon de la 109e sur Am-Steig pour tenter de faire sa jonction avec le général Lecourbe. En effet, ce der-

---

(1) A l'entrée du Schächenthal. De là, Simbschen se portait à Erstfeld, après avoir perdu 400 hommes.
(2) Le pont d'Attinghausen.

nier qui était arrivé dès la veille à la hauteur d'Ertsfeld s'était mis en marche le lendemain en remontant la Reuss par la rive droite et après avoir battu l'ennemi qu'il avait rencontré (1) à Am-Steig, s'avançait déjà sur Wasen, lorsqu'il fut rejoint par le bataillon que Loison avait envoyé à sa rencontre.

Cette jonction opérée, le général Lecourbe remonta la vallée de la Reuss afin de se réunir aux troupes commandées par Gudin, dont il n'avait encore aucune nouvelle. Il rencontra les Autrichiens à Goschenen, les fit attaquer et les poursuivit vivement jusqu'au Pont-du-Diable où il espérait passer pêle-mêle avec eux. Mais ceux-ci l'avaient rompu et la colonne de grenadiers qui s'avançait au pas de charge pour le traverser, se vit obligée de rétrograder sous un feu violent de mousqueterie dirigé des retranchements établis sur la rive opposée (2).

Cependant, le général Gudin, après avoir surmonté mille obstacles, était parvenu le 14 août aux sources de l'Aar, où il trouva les Autrichiens au nombre d'environ 2,000 hommes établis dans d'excellentes positions pour lui disputer les passages dans le Valais et dans le val d'Urseren. Les mesures sont aussitôt prises pour les attaquer et malgré leur résistance opiniâtre, il parvint à les rejeter sur le revers opposé du Grimsel et les obligea de se réfugier dans leur camp près de Gestelen (3), après avoir perdu plus de la moitié de leur monde en tués, blessés ou prisonniers.

---

(1) Il faut lire atteint, puisque Simbschen battait en retraite.

(2) C'étaient des chevaux de frise, car on ne pouvait creuser des abris dans le roc qui pave le cirque du Pont-du-Diable.

(3) Obergestelen, sur la rive droite du Rhône.

Deux bataillons qui occupaient le village de l'Hospital (1), firent mine de vouloir disputer à Gudin l'entrée de la vallée d'Urseren, mais ces troupes se retirèrent pendant la nuit (2) en même tems que celles qui avaient résisté la veille au Pont-du-Diable ; et lorsque le général Lecourbe, après avoir fait réparer le pont, se disposait à marcher en avant, il aperçut les troupes du général Gudin qui venaient au-devant de lui par la rive droite de la Reuss.

Sans perdre un instant Lecourbe marche à l'ennemi qui s'était retiré sur le mont Crispalt, derrière le lac de l'Oberalp, l'attaque de front tandis qu'il envoie un détachement par le Saint-Gothard pour occuper Airolo. Les Autrichiens soutiennent le combat avec une grande opiniâtreté jusqu'à cinq heures du soir ; obligés enfin de céder aux efforts vigoureux que nos troupes renouvellent sur leurs fronts, au moment qu'un détachement envoyé à travers les montagnes sur Budenz allait tomber sur leurs flancs (3), ils se retirent en désordre sur Tavetsch et Dissentis où le général Simbschen parvint à rallier ses soldats et d'où il continua sa retraite sur Coire.

Trois bataillons du régiment de Kerpen furent presque entièrement détruits dans cette affaire à la suite de laquelle nous nous trouvâmes en possession de tous les passages qui communiquent de la Suisse en Italie, dans le Valais et chez les Grisons.

Pendant ce succès sur la droite, le général Boivin

---

(1) Hospenthal, au débouché des routes de Bellinzona et de Brieg.

(2) Le 16 août.

(3) Dans son rapport, Lecourbe ne mentionne pas l'attaque de flanc.

commandant la brigade de gauche, s'était emparé de Schwyz après avoir livré un combat sanglant au corps ennemi soutenu par 1,800 (1) paysans armés qu'il avait trouvé en position en avant de cette ville ; et ce général avait pénétré assez avant dans la vallée de la Mutten, suivant de près les Autrichiens auxquels il avait enlevé plusieurs pièces de canon et une partie de leurs bagages et ambulances (2).

On n'a pas perdu de vue que le général Chabran avait reçu l'ordre de favoriser les opérations de l'aile droite en faisant attaquer l'ennemi sur la Sill. En conséquence ce général se mit en mouvement le 14 août et s'avança en trois colonnes par Morgarten, Rothenthurn et Schindellegi, surprit et chassa successivement les Autrichiens de Jotzberg, du plateau de Brunau, d'Einsielden et du mont Aetzel. Ayant alors dirigé par le val de Vengi et Saint-Joham un détachement vers Galgenen, il donna de l'inquiétude au général autrichien (3) par ses derrières et le força d'abandonner la position que ce général avait prise du côté de Schindellegi et où il avait réuni la plus grande partie de ses forces. Jellachich vint alors se placer sur le prolongement du mont Aetzel et non loin de Rapperschwil ; mais le lendemain le général Chabran ayant envoyé de nouveaux détachements dans la direction de Galgenen fit attaquer vigoureusement l'ennemi dans sa nouvelle position.

Le général autrichien s'étant aperçu, mais trop tard, à quels dangers il était exposé s'il était battu dans cette

------

(1) Non, 800 paysans seulement.

(2) Boivin devait passer du Muotathal dans le Schächenthal ; les neiges qui barraient le Ringi-pass l'arrêtèrent.

(3) Jellachich.

position, combattit tout le jour avec beaucoup de résolution et ce fut seulement vers le soir que nos troupes parvinrent à enfoncer ses bataillons qu'elles mirent alors dans le plus grand désordre. Prévenu d'ailleurs sur la route par laquelle il dut faire sa retraite, Jellachich essuya une défaite totale (1), perdit une partie de son artillerie et fut contraint de se réfugier derrière la Linth, qu'il passa en toute hâte à Grynau et dont il fit rompre le pont aussitôt. De cette manière, la rive gauche du lac de Zurich fut totalement purgée d'ennemis.

Le général Tharreau obtint des succès également importants dans le Valais. Victorieux sur tous les points où il attaqua l'ennemi, il se rendit maître de toute la vallée du Rhône ; s'empara du passage du Simplon et du mont Furca, en prenant 1,800 hommes et trois pièces de canon aux Autrichiens. La retraite de ceux-ci par les vallées Formoza et Maggia fut extrêmement pénible et ils n'arrivèrent que le 21 août à Bellinzona, où Strauch, après avoir été forcé, comme on l'a vu plus haut, par Gudin, d'abandonner le Grimsel et le Saint-Gothard, était arrivé vers le 17 et où cet officier s'occupait à rassembler et à réorganiser les débris de son corps.

Les plus heureux succès avaient couronné sur tous les points les dispositions du général en chef, et l'aile gauche de l'armée ennemie avait été dispersée et rejetée derrière la Linth avant qu'il fut possible à l'archiduc d'envoyer aucun renfort pour la soutenir ; 8,400 prisonniers et vingt et une pièces de canon composant les trophées des combats glorieux et multipliés que nos soldats avaient livrés pendant les trois jours consécutifs que dura cette brillante expédition, n'étaient cependant pas ce qu'elle

----

(1) Il perdait 1,100 hommes et trois canons. La perte des Français s'élevait à 377 hommes tués ou blessés.

offrait de plus avantageux dans son résultat, car l'effet moral qu'elle produisit sur l'armée, dont elle rehaussa les espérances et le courage, l'abattement et les craintes que des succès aussi majeurs et aussi rapides répandirent chez les partisans de l'Autriche et même dans ses propres troupes, et surtout la sécurité dont jouissait désormais le général Massena relativement à ses opérations ultérieures vers Zurich et sur la Limat par la possession du Saint-Gothard qui fermait l'entrée de la Suisse aux corps ennemis qui auraient pu venir d'Italie, par celle du haut Valais et des passages dans les Grisons et par la possession des vallées de la Sill, de la Muota, ainsi que de toutes celles qui viennent aboutir dans la Reuss entre ses sources et le lac de Lucerne, constituaient des avantages encore plus importants et qui influaient d'une manière plus décisive sur l'issue de la campagne.

Après ces événements, les corps de Jellachich et de Simbschen qui avaient été fort maltraités, occupaient depuis Schœnis près Wesen sur le lac de Wallenstadt jusqu'à Trins environ dans la vallée de Dissentis et gardaient ainsi toute la haute Linth en même tems qu'ils couvraient le chemin de Coire.

Hotze à la tête d'un corps nombreux était accouru à Uznach et communiquait par sa gauche avec Jellachich. On a vu que Strauch s'était replié jusqu'à Bellinzona. En opposition et sur ce même développement, la ligne de nos postes partait d'Airolo, suivait les sommités du Crispalt, puis cette crête de montagne qui, séparant les eaux de la Reuss de celles de la Linth, vient se terminer en s'abaissant, à peu près vis-à-vis Uznach. Les autres divisions de l'armée n'avaient pas changé de positions.

Tel était l'état des choses lorsque le général Massena, en conséquence de l'avis officiel qu'il venait de recevoir de son remplacement, écrivit au Directoire qu'il ne croyait pas devoir porter plus loin son mouvement offensif, de crainte de contrarier le nouveau plan de campagne adopté par le gouvernement et dont son successeur devait être probablement instruit. Il pria en même tems le Directoire de lui désigner le général de division auquel il pouvait confier le commandement de l'armée, en attendant le général Moreau, se réservant de le remettre au plus ancien général de division dans le cas où il ne recevrait pas de réponse à sa demande dans un délai de six jours. Il insista dans cette même lettre sur le danger d'affaiblir journellement l'armée du Danube en lui enlevant successivement de bonnes troupes et des officiers distingués pour les envoyer aux armées du Rhin et des Alpes dont la formation venait d'être résolue depuis peu. Des sollicitations très vives en faveur des officiers pour lesquels il avait fait des demandes d'avancement ou qu'il avait nommés sur le champ de bataille terminent sa lettre où règne un ton de dignité, de modération et de modestie remarquables.

CHAPITRE XII

NOUVELLES TENTATIVES DE L'ARCHIDUC POUR TOURNER
L'ARMÉE FRANÇAISE. — ACTION DU GÉNÉRAL MOLITOR
QUI VA S'ÉTABLIR A GLARIS

Si l'opération dont nous venons de rendre compte
était parfaitement combinée et fut exécutée avec cette
vigueur et le talent qui ne pouvaient guère en rendre le
succès douteux, elle fut encore favorisée par le dessein
dont s'occupait, vers le même tems, l'archiduc de
passer l'Aar du côté de Dettingen (1). Ayant dirigé, à
cet effet, un grand nombre de troupes sur ce point, le
prince ne se trouva pas en mesure de faire secourir à
tems son aile gauche, dont les revers ne lui causaient
peut-être pas autant d'inquiétudes que cela aurait eu
lieu, s'il n'avait pas espéré prendre incessamment sa
revanche et obtenir bientôt, sur son adversaire, des
succès bien plus importants que ceux que ce dernier
venait de remporter sur lui. En effet, il est assez vraisemblable que si l'archiduc eût réussi à passer l'Aar et
fût venu se placer entre le centre et l'aile gauche de
notre armée, il eut pu rendre notre situation très critique par la facilité qu'il aurait acquise de tomber à son

---

(1) Devant Klein-Dettingen, entre Baden et Waldshutt.

choix avec des forces toujours supérieures sur l'une ou l'autre partie de l'armée (1). Maître du cours de l'Aar, entre le confluent de l'Aar et le Rhin, ce prince aurait tourné, par ce seul passage, les positions que présentent la Limat, la Reuss et toutes les rivières qui, coulant parallèlement à celles-ci, viennent comme elles se jeter dans l'Aar ou dans les lacs et forment cette suite de lignes défensives dont nous avons parlé dans notre introduction. Conduite avec vigueur et avec des forces suffisantes, cette manœuvre pouvait nous être très dangereuse et annihiler tous les avantages que nous venions d'obtenir du côté de notre aile droite et même nous contraindre à abandonner une grande partie de la Suisse pour venir défendre notre propre sol dans le Jura (2).

Le secret et la diligence avec lesquels se firent les préparatifs considérables de ce passage et le grand nombre de troupes que l'archiduc y avait destiné font voir qu'il en espérait de grands résultats. Il en avait combiné l'époque avec l'arrivée des renforts que lui amenait Korzakow et voulait aussi profiter du moment où l'aile gauche de Massena se trouvait affaiblie par les détachements que ce général en avait tiré pour renforcer sa droite (3).

Le passage devant avoir lieu dans la nuit du 16 au

---

(1) L'archiduc visait surtout à occuper Berne, capitale de la Confédération.

(2) Marès ignorait que Massena avait, dès le 15 juillet, fait jalonner, derrière la Reuss, une nouvelle ligne défensive et qu'il était résolu à la défendre jusqu'à la dernière extrémité.

(3) Le général Korsakow devait arriver le 15 août à Ober-Endingen avec 20,000 Russes qui auraient secondé 23,000 Autrichiens.

17 août, toutes les troupes employées à cette opération étaient rassemblées le 16 au soir entre Degerfelden, Dettingen, Klingnau et Vürinlingen. Leur nombre s'élevait à 23,000 hommes d'infanterie et 6,000 chevaux. Peu de points paraissaient plus favorables à un passage de vive force que celui que les Autrichiens avaient choisi vis-à-vis de Dettingen. Le coude considérable que forme la rivière à cet endroit est enveloppé par des hauteurs boisées qui offrent d'excellentes positions d'artillerie et dominent si complètement le terrain de la rive opposée que celui-ci n'est pas tenable à une grande distance pour aucune troupe. Le cours de l'Aar, ralenti par le détour qu'il fait pour décrire cette grande sinuosité, présente là moins d'obstacles qu'ailleurs aux travaux que nécessite l'établissement des ponts. Toutes les circonstances étaient favorables et même des moyens qui assurent en quelque sorte le succès de pareilles entreprises ne semblaient pas avoir été oubliés. Cependant elle échoua complètement parce qu'on avait négligé de sonder avec assez de soin la rivière, dont le fond de roches, sur ce point, ôta toute possibilité d'y fixer les ancres des pontons. Quoique les Autrichiens eussent commencé leur opération dès le milieu de la nuit, et malgré qu'un brouillard fort épais les dérobât longtems après le jour à la vue des postes français, placés sur la rive gauche de l'Aar, mais auxquels le bruit que faisaient les pontonniers avaient néanmoins donné l'éveil (1). A peine un de leurs ponts était-il à moitié fait et l'autre commencé, lorsque le brouillard se dissipa vers les

---

(1) Non ; ce fut le feu des batteries autrichiennes tirant sur Klein-Dettingen qui donna l'alarme aux Français et les amena, en reconnaissance très forte, sur la rive gauche de l'Aar.

neuf heures et découvrit les travailleurs à nos soldats qu'ils assaillirent aussitôt de leur feu. Mais ces derniers furent bientôt éloignés par les décharges de l'artillerie en batterie sur le rivage opposé. L'incendie du hameau de Klein Dettingen favorisait aussi les travaux en masquant le point où ils s'exécutaient lentement. Enfin au bout de quelques heures et après que tous les moyens imaginables eussent été employés vainement pour faire tenir les ancres, l'archiduc vit bien que son entreprise était impraticable (1). D'ailleurs il était déjà plus de midi. Jugeant dès lors avec raison que les Français avaient eu le tems de se mettre en mesure de le recevoir, il prit avec beaucoup de regret le parti d'abandonner un projet sur lequel il avait fondé les plus belles espérances ; et cette opération pour laquelle il avait fait d'immenses préparatifs se termina par la proposition qu'il fit faire aux Français, et qui fut acceptée par eux, de retirer ses pontons à condition que le feu de leur artillerie cesserait aussitôt.

Lorsque le prince fit cette proposition, les généraux Ney et Heudclet qui étaient accourus au bruit de la canonnade, l'un de Niederfrick, l'autre de Brück, avaient déjà rassemblé une douzaine de mille hommes sur le plateau de Bœzstein (2), dans un bois qui dominait la plaine où se trouve le hameau d'Attingen, et beaucoup de troupes étaient en mouvement pour se porter sur le même point.

L'archiduc, ayant échoué dans sa tentative pour passer l'Aar, s'occupa immédiatement d'arrêter les progrès des Français du côté de son aile gauche ; il détacha

___

(1) Les pontonniers tombaient sous les balles des volontaires de Zurich cachés dans les roseaux.

(2) Bottstein.

à cet effet Hotze avec neuf bataillons et six escadrons par Rümlang et Grümingen vers Rapperschwil. Ce mouvement avait aussi pour objet de faciliter la marche de Souvarow qui s'avançait dans le Piémont et devait passer en Suisse par le Saint-Gothard (1).

Dans cette vue, Hotze, d'après les ordres du prince, ordonna, le 21 août, une attaque générale sur toute la ligne depuis Rapperschwil jusqu'à Dissentis. Une de ses colonnes s'avança jusqu'à Altendorf (2) mais fut arrêtée du côté de Pfaffikon par des troupes de la division Chabran qui occupait une bonne position près de ce village et sur le penchant du mont Aetzel (3). Une autre colonne chargée de remonter la Linth ne put pousser au-delà de Schwanden, et celle qui devait atteindre Tavetsch pour de là se porter sur la Reuss par le val Maderan ou pénétrer dans la vallée d'Urseren en franchissant le Crispalt se vit obligée par le mauvais succès des deux premiers de s'arrêter à Dissentis.

L'archiduc, dans le dessein de favoriser les entreprises de Hotze, avait porté des renforts sur la Limat et se proposait de déboucher par Zurich pour attaquer le centre de Massena sur l'Utliberg. Mais le général russe Korzakow, arrivé depuis peu de jours à Zurich, avec la plus grande partie de son corps, lui ayant laissé voir qu'il ne prendrait aucune part à ce mouvement, le prince n'osa pas l'exécuter et les choses en demeurèrent là.

S'il était bien dangereux au milieu de tant d'événements qui se pressaient d'enlever à l'armée du Danube

____

(1) Souvarow ne devait quitter Alexandrie que le 7 septembre, pour assurer l'exécution d'un nouveau plan établi par Pitt.

(2) Rive gauche du lac de Zurich.

(3) C'est Etzel.

un chef qui la commandait avec éclat pour la confier à un autre général peut-être aussi habile, mais qui avait toujours, par rapport au général Massena, le désavantage considérable de ne point avoir comme lui une habitude consommée de la guerre de montagnes et une connaissance approfondie du terrain sur lequel il devait combattre, ni des hommes auxquels il allait commander, il ne l'était guère moins de paralyser en quelque sorte les opérations de ce général en lui annonçant journellement un successeur qui n'arrivait point.

Cependant, le moment de reprendre une offensive bien décidée ne pouvait se différer davantage ; il était urgent de profiter du départ de l'archiduc avec une partie de ses troupes pour l'Allemagne (1) où ce prince, d'après le nouveau plan adopté par le Cabinet de Vienne (2), était appelé au commandement d'une armée autrichienne dont la formation venait d'être résolue ; et il importait surtout d'agir avant que l'arrivée de Souvarow n'eût rétabli l'équilibre entre les forces de l'armée française et de l'armée austro-russe, ou plutôt ramené cette supériorité numérique que l'ennemi avait eu sur nous depuis longtems. Des considérations d'une aussi haute importance et qui montraient que le salut de l'armée et peut-être celui de l'État dépendait de la plus ou moins grande promptitude avec laquelle l'armée du Danube attaquerait l'ennemi l'emportèrent sur les motifs qui avaient obligé le général Massena à suspendre ses opérations. Dévoué par-dessus tout à la gloire et aux intérêts de la patrie, il fit taire dans son cœur tous les sentiments pénibles dont la conduite du gouverne-

---

(1) Pour secourir Philipsbourg que les troupes de Muller assiégeaient.

(2) Et ceux de Londres et de Saint-Pétersbourg.

ment à son égard l'avait rempli, et ne voyant autre chose, n'ayant d'autre pensée, d'autre but que le triomphe de nos armes, oublia qu'il préparait des succès dont un autre recueillerait le fruit et poussa tous ses préparatifs, et fit toutes ses dispositions pour reprendre l'offensive avec la plus grande ardeur.

Ayant fait reconnaître et ayant reconnu lui-même tout le cours de la Limat avec soin, il trouva que le confluent de cette rivière avec l'Aar et le coude qu'elle forme vis-à-vis de Dietikon étaient les deux points les plus favorables à son passage; le premier offrant beaucoup plus de facilité que le second pour y faire arriver les bateaux, le général en chef s'était déterminé, vu l'urgence des circonstances et malgré les difficultés que ce point présentait sous beaucoup de rapports à y tenter un passage ; mais il arriva que divers préparatifs qu'on ne fit pas avec les précautions nécessaires pour les dérober à l'ennemi lui donnèrent connaissance du projet auquel le général Massena se vit en conséquence obligé de renoncer. Loin d'être un contre-tems, cette circonstance devint très avantageuse à l'armée, car l'archiduc, que l'on croyait en marche sur le Rhin, se trouvait encore le 30 août sur la Limat, jour où le passage devait avoir lieu. Il est ainsi fort douteux qu'ayant affaire aux forces réunies de ce prince et de Korzakow, qui venait de relever les Autrichiens sur toute la ligne, nous eussions réussi dans une entreprise dont le succès était même incertain dans l'hypothèse d'une certaine égalité de forces.

Le général Massena avait ordonné au général Soult (ce général remplaçait le général Chabran passé au commandement de Basle) et à Lecourbe de faire attaquer Hotze et Jellachich du côté d'Uznach et dans la vallée de la Linth, vers Glaris et Nœffels pendant que le passage de la Limat s'exécuterait. En conséquence, le général Molitor, commandant la brigade de gauche de l'aile droite (1), s'avança le 29 vers les sommets du mont Pragel avec environ 1,500 hommes des 2e et 84e demi-brigades qui formaient toutes les forces dont il pouvait disposer, vu l'étendue du terrain qu'il avait à garder, attaqua et emporta cette position à la baïonnette et descendit en poursuivant les Autrichiens jusqu'au débouché du Klonthal, vis-à-vis de Nethstal, où ceux-ci s'arrêtèrent derrière les retranchements qu'ils y avaient faits et qui étaient garnis d'artillerie. Avant de chercher à les déposter de ce point, Molitor se porta sur Glaris à la tête de quatre compagnies qu'il plaça devant cette ville afin d'assurer sa droite ; mais en retournant pour diriger l'attaque de Nethstal, il trouva le chemin intercepté et tomba avec plusieurs officiers et quelques ordonnances qui l'accompagnaient au milieu d'un corps de 1,500 Suisses (2). S'étant fait jour l'épée à la main, il regagna le Klonthal où les troupes, qu'il avait laissées à l'entrée de ce débouché, se trouvaient déjà engagées avec les Autrichiens. Une partie du corps suisse (3) dont nous venons de parler avait suivi de près le général Molitor et vint attaquer en queue les Français que cette manœuvre déconcerta et dont elle rompit les rangs. Mais le général Molitor s'étant mis à la tête des grenadiers qui étaient restés formés chargea les assaillants et culbuta dans le torrent (4) tout ce qui ne fut pas tué ou fait prisonnier. L'autre portion de ce même corps s'était en même tems porté sur Glaris et de concert avec un

---

(1) Il avait remplacé Boivin.
(2) Ces troupes étaient levées par les Anglais et à leur solde.
(3) Légion de Salis.
(4) Dans le Lontsch qui sort du lac Klon.

bataillon autrichien qui déboucha de la ville, il allait envelopper les quatre compagnies que nous tenions en observation sur ce point. Après un combat très sanglant, ces quatre compagnies se firent jour à la baïonnette et vinrent rejoindre le général Molitor. Ainsi 1,200 à 1,500 Français (1) seulement avaient soutenu avec avantage les attaques de cinq bataillons autrichiens (2) et de 1,500 hommes de troupes suisses. Durant tout le jour et même pendant une partie de la nuit, nos soldats n'avaient pas cessé de combattre (3). Ils avaient épuisé presque toutes leurs munitions et il n'y avait pas moyen de leur en procurer de nouvelles. Dans cette extrémité, Molitor fit rassembler sur le front de sa position, qui ressemblait à une espèce d'amphithéâtre très resserré dont il occupait le sommet, une grande quantité de pierres énormes qu'il se proposait de faire rouler sur l'ennemi lorsque les cartouches viendraient à manquer. Le lendemain (4), dès que le jour parut, les Autrichiens voulurent en effet enlever de vive force la position des Français. Malgré la résistance de ces derniers, ils commençaient à faire quelques progrès, lorsque le général Molitor ordonna à ses soldats de faire rouler les quartiers de rochers qu'ils avaient amoncelés la veille. Cette défense meurtrière épouvanta tellement l'ennemi qu'il rétrograda aussitôt dans le plus grand désordre (5). Saisissant cet instant favorable, Molitor se précipite au pas de charge et la baïonnette en avant sur ses adversaires, les culbute de

---

(1) Exactement 1360.

(2) Trois bataillons Bender et deux du régiment de l'Empereur.

(3) Devant le village de Vorauen.

(4) 30 août.

(5) Cette action n'eut lieu que le 31. Molitor avait reçu le 30 des cartouches envoyées de la Muota.

toutes parts et se rend maître de la position retranchée de Nethstal.

Ce fait d'armes éclatant valut aux Français la possession de Glaris et de toute la haute Linth ; et Molitor put faire sa jonction avec les troupes de la division Soult au delà de Nœffels ; les Autrichiens s'étant retirés le jour suivant par Enghi et Elm, les avant-postes de la brigade du général Molitor occupèrent aussitôt ces trois villages.

De son côté Soult battait aussi les Autrichiens à Nœffels et les rejetait sur la rive droite de la Linth. Cependant, l'arrivée d'une réserve qui atteignit Nœffels vers le soir leur donna les moyens d'en conserver le pont dont nous étions sur le point de nous rendre maitres. Hotze voulut profiter le lendemain de ce débouché pour attaquer les Français. Mais après avoir eu quelques avantages, ce général fut vivement repoussé et forcé d'évacuer toute la rive gauche de la Linth jusqu'à la hauteur de Wesen, ayant fait détruire préalablement les ponts de Nœffels et de Nethstal.

Aucun événement de quelque importance n'eut lieu pendant la première quinzaine de septembre (1) ; il n'y eut non plus durant ce tems aucun changement dans les positions respectives des deux armées ; ainsi comme le tableau que nous devrions peut-être présenter actuellement de l'emplacement et des forces des armées françaises et alliées, serait à peu de chose près semblable à celui que nous allons donner dans un instant, nous nous en abstiendrons maintenant.

Mieux instruit et cédant peut-être à l'opinion publi-

---

(1) Le 6 septembre, un corps de 5,000 Russes obéissant au prince de Wurtemberg s'était avancé vers Grynau. Dans la nuit du 8 au 9, la flottille de Williams canonnait des postes français établis sur la rive gauche du lac de Zurich.

que qui se prononçait tellement en faveur du général Massena dont les talents militaires, l'expérience et le dévouement éprouvé à la patrie, inspiraient la plus grande confiance à la nation et à l'armée, le Directoire avait renoncé non seulement au projet de lui substituer Moreau dans le commandement de l'armée du Danube (1) mais se refusait même à lui accorder son remplacement qu'il sollicitait instamment. Cependant, la malveillance et les mêmes intrigues qui avaient dernièrement réussi à atténuer momentanément la confiance illimitée dont ce général jouissait à de si justes titres auprès du gouvernement entretenait encore des opinions désavantageuses sur ses opérations et les contrariaient de bien des manières. Les subsistances et la solde restaient toujours en grande souffrance. Des corps assez nombreux étaient de tems en tems distraits de son armée pour être envoyés à celle des Alpes et du Rhin où le ministre de la guerre lui avait ordonné de faire passer 18,000 hommes en même tems qu'il le pressait de la manière la plus vive de prendre l'offensive.

Les difficultés infinies que l'on voit naître d'une pareille situation, montrant toute la force de caractère et l'habileté de celui qui les a surmontées, et son amour pour le bien public et le vif intérêt qu'il portait à la gloire de nos armes se trouvent aussi fort honorablement prouvés, dans cette circonstance, par le zèle constant et infatigable qu'il déploya au milieu de tant de tracasseries et de dégoûts pour augmenter les moyens de succès de l'armée.

---

(1) Moreau n'était plus disponible. Après la mort de Joubert, tué à Novi le 15 août, il avait reçu le commandement de l'armée d'Italie.

CHAPITRE XIII

EFFECTIFS ET EMPLACEMENTS DES ARMÉES ENNEMIES AVANT LA BATAILLE DE ZURICH

Vers le 15 septembre, l'armée française et celle des alliés en Suisse occupaient chacune les positions suivantes et comptaient à peu près le même nombre de combattants distribués comme on le verra ci-après (non compris le corps de Souvarow arrêté près de Bellinzona) (1).

L'archiduc s'étant mis en marche pour le Bas-Rhin, avait cependant laissé Hotze avec 25,000 hommes afin de soutenir Korzakow avant l'arrivée de Souvarow. Les troupes aux ordres de ces deux premiers généraux formaient environ 60,000 hommes dont 33,000 Russes (2) étaient campés entre l'Aar et le lac de Greiffen sur la rive droite de la Limat et aux environs de Zurich. Wurenlos, Baden, fournissant la garnison de Zurich ou plutôt occupant le camp retranché sur cette ville situé sur la rive gauche de la Limat et dont le front, cou-

---

(1) Il était campé autour de Taverne, à 7 kilomètres de Lugano et à 23 de Bellinzona.

(2) Korsakow avait 1,057 officiers et 28,406 sous-officiers, musiciens et soldats.

vert par la Sill, était appuyé d'un côté à l'embouchure de cette rivière dans la Limat et de l'autre au lac de Zurich.

L'intervalle entre Zurich et Uznach se trouvant suffisamment couvert par le lac de Zurich, Hotze n'y avait placé que quelques postes d'observation et se trouvait avec la plus grande partie de ses forces entre Uznach et Wesen (1) derrière la Linth, ayant son quartier général à Kaltenbrun.

Les généraux Jellachich et Linken qui étaient sous ses ordres occupaient Wallenstadt, Sargans, Ragaz, le val Taminas, Vattis, le mont Kankels, Flims et Ilanz. Des réserves étaient établies entre Coire et Reichenau et sous Kaltenbrun.

Souvarow, à la tête de près de 30,000 hommes (2), y compris les corps de Strauch et de Landon se trouvait assez près d'Airolo et se disposait à passer le Saint-Gothard et à s'emparer de tous les cols qui établissent les communications entre l'Italie, le Valais, la Suisse et les Grisons.

Enfin à l'extrême droite, 5,400 hommes sous les ordres du général Nauendorf campaient entre Waldshut et Basle. L'armée ennemie s'élevait donc en totalité à 94,000 hommes. Voyons maintenant qu'elles étaient les forces des Français à la même époque, lorsque tous leurs renforts furent arrivés.

Le général Tharreau occupait avec environ 8,000 hommes le haut Valais (3) ; il avait pénétré par le Simplon en Italie et porté des avant-postes jusqu'au lac Ma-

---

(1) Hotze avait, le long de la Linth, 12,600 hommes et 26 canons.

(2) Il n'avait, en quittant Taverne, le 21 septembre, que 21,384 hommes, des Russes.

(3) Tarreau disposait de 9,462 combattants.

jeur. La 2e division, forte de 15,000 hommes (1) et commandée par Lecourbe, tenait le Saint-Gothard, la vallée supérieure de la Reuss et poussait ses avant-postes jusqu'à Tavetsch dans le val Dissentis. Une brigade de cette division (celle de Molitor) occupait le Linthal et Glaris. Soult commandait la 3e division dont la force n'était que de 10,000 hommes (2), appuyant sa droite à Glaris et sa gauche à Aldsweil, sur la Sill. Cette division couvrait l'intervalle entre le lac de Wallenstadt et celui de Zurich. La 4e division aux ordres du général Mortier était en position sur l'Albis et gardait la Sill, d'Aldsweil jusque vers Altstetten ; elle masquait le débouché que l'occupation de Zurich donnait à l'ennemi sur la rive gauche de la Limat. Sa force s'élevait à 6,000 hommes (3).

12,000 hommes sous les ordres du général Lorge composaient la 5e division. Elle avait sa droite à Alstetten et sa gauche près de Baden et son front couvert par la Limat. Le général Ménard ayant 9,000 hommes (4) sous ses ordres occupait Baden, gardait la Limat jusqu'à son embouchure dans l'Aar et la partie inférieure du cours de cette dernière rivière, jusqu'au Rhin, à la hauteur de Waldshut.

La réserve commandée par Klein se composait de 8,000 hommes (5) elle était campée en très grande partie en avant de Niederfrick et gardait tout le Frickthal.

------

(1) Division Lecourbe 11,752 combattants.
(2) Division Soult, 12,670 combattants.
(3) Renforcée le 15 septembre, la division Mortier avait, le 23, 11,167 combattants. Marès lui accorde l'effectif qu'avait la division Lorge, 8,017 combattants.
(4) Division Ménard, 8,565 combattants.
(5) C'était la 7e division, forte de 3,696 combattants. Marès compte avec elle la réserve de Humbert, ayant 3,430 combattants.

Enfin le général Chabran défendait avec 5,000 hommes le camp retranché en avant de Basle.

L'armée française était ainsi de 73,000 hommes environ (1) c'est-à-dire inférieure de 21,000 hommes, à celle des alliés. Mais Souvarow se trouvant encore sur le revers méridional des Alpes, il en résultait que l'équilibre était à peu près rétabli sur presque tout le développement de la ligne, car le général Massena avait prévu qu'il pourrait arrêter les Russes avec peu de monde au passage du Saint-Gothard et aux différents défilés qu'ils avaient à traverser avant de déboucher dans la vallée de la Reuss ou vers la haute Linth pendant tout le tems qu'il lui fallait pour battre Korzakow et Hotze et pour effectuer les passages de la Limat et de la Linth.

Il n'y avait cependant pas un seul instant à perdre. Un jour, quelques heures de retard pouvaient rendre la situation de l'armée extrêmement critique. C'est pourquoi le général Massena ordonna de pousser avec la dernière activité les préparatifs pour ces passages et régla aussitôt les dispositions d'après lesquelles ils devaient s'exécuter. Ayant arrêté d'abord qu'ils auraient lieu le 26 septembre il en rapprocha l'époque d'un jour, parce qu'il eut avis que Lecourbe se trouvait déjà aux prises avec Souvarow et que les corps de Condé suivis du contingent bavarois marchaient en toute hâte pour joindre Korzakow.

En conséquence, le 25 septembre au matin, la majeure partie des troupes composant le centre et une portion de la gauche de l'armée française était en mouvement sur toute cette partie de l'étendue de notre front comprise depuis le confluent de la Limat dans l'Aar jusqu'à Bilten près le lac de Wallenstadt.

---

(1) La situation du 20 septembre porte 107,253 présents.

CHAPITRE XIV

ÉVÉNEMENTS DÉTAILLÉS DE LA BATAILLE LIVRÉE DEVANT ZURICH ET PRISE DE CETTE VILLE

Lorsque les circonstances que nous avons rapportées plus haut eurent fait manquer le passage de la Limat vers son embouchure dans l'Aar, le général Massena arrêta qu'il aurait lieu sur l'autre point reconnu, c'est-à-dire à Dietikon. Le colonel Dedon, officier d'artillerie qui s'était déjà distingué par plusieurs opérations semblables, fut chargé de tous les préparatifs qui s'y rapportaient ; il y mit tant d'activité et de zèle et fut tellement bien secondé par les officiers et soldats du corps du génie et de l'artillerie, que tout se trouva prêt même avant le terme fixé. Nous n'entrerons point ici dans le détail des difficultés infinies que cet officier surmonta pour se procurer les bateaux nécessaires à l'établissement du pont et ceux qui devaient servir à porter les premières troupes sur la rive opposée, et surtout pour les faire arriver sur les points du passage. Nous nous bornerons à dire que la nature des localités et les précautions indispensables pour éviter de donner aucun soupçon à l'ennemi, obligèrent de faire venir ces bateaux sur des haquets jusqu'à Dietikon et de les transporter à force de bras depuis ce village jusqu'au bord de la Limat, c'est-à-dire pendant près de 500 toises.

Les moyens qui furent mis en usage pour vaincre les obstacles multipliés que l'on rencontra dans les préparatifs et dans l'exécution de cette entreprise difficile, sont présentés et se lisent avec intérêt dans l'ouvrage du colonel Dedon auquel nous renvoyons pour ces détails intéressants (1), et où l'on trouvera des renseignements curieux sur le choix des points des passages en général et tout ce qui est nécessaire à la réussite d'une opération de ce genre. Le général Massena considérait le passage de la Limat comme une opération tellement importante et qui devait exercer une si grande influence sur les mouvements ultérieurs et même sur le sort futur de l'armée, que la réussite ne lui en semblait jamais pouvoir être trop bien assurée. C'est par cette raison que, malgré les instances continuelles du Directoire qui le pressait de reprendre l'offensive et de passer la Limat, il chercha toujours à différer ce mouvement tant que les circonstances ne lui parurent pas favorables ou impérieuses, et qu'il ne se crut pas suffisamment assuré de l'exécuter avec un entier succès. Embrassant pour ainsi dire toutes les chances possibles, sa prévoyance avait tout réglé pour les divers cas qui pouvaient se présenter et s'il était en mesure de pousser ses avantages avec vigueur et d'en tirer tout le parti possible, il l'était aussi de contenir partout l'ennemi, s'il venait à n'avoir qu'un demi-succès ou s'il échouait dans une entreprise dont le désir de combattre et de vaincre qui animait ses soldats, lui présageait d'ailleurs la plus heureuse issue.

Voici de quelle manière le général Massena avait combiné son passage et quelles furent en général les dispositions arrêtées et suivies lors de son exécution : 3 à 4,000 hommes formant une partie de la division du

---

(1) *Passage de la Limat,* par Dedon l'aîné.

général Ménard furent placés entre Brück et Baden et chargés d'occuper l'ennemi par des démonstrations de passage au confluent de la Limat et de l'Aar ; en conséquence on avait rassemblé vers ce point un grand nombre de bateaux et fait des préparatifs très considérables pour donner tout à fait le change aux Russes et leur faire croire que c'était effectivement là qu'on devait passer la Limat.

Les troupes de la division du général Lorges et la brigade de droite de la division Ménard formant environ, 16,000 hommes et destinées principalement au passage, étaient rassemblées aux environs de Dietikon et près du point où l'on a vu que le pont sur la Limat devait être établi.

La réserve aux ordres du général Klein était en position vers Schlieren afin de s'opposer au mouvement que l'ennemi, campé en avant de Zurich, sur la rive gauche de la Limat, aurait pu tenter pour se porter par Altstetten, sur nos derrières, tandis que nous aurions exécuté le passage.

Le général Mortier, avec 6,000 hommes, devait faire, simultanément au passage de Dietikon, une attaque vigoureuse du côté de Wolishoffen pour attirer l'attention de l'ennemi sur ce point et l'empêcher de diriger de là quelques troupes vers Dietikon.

La distance qu'il y a de Zurich à Gruningen et à Rapperschwil, où Hotze, dont les forces principales se trouvaient du côté d'Uznack et de Schœnis sur la Linth avait cependant plusieurs bataillons, n'étaient pas suffisantes pour que les derniers ne pussent venir joindre à propos les Russes à Zurich, si les Autrichiens n'avaient pas été occupés de leur côté. Le passage de la Linth devait donc être tenté en même tems que celui de la Limat et il fallait que Hotze fut assez sérieusement attaqué, pour qu'il n'osât point s'affaiblir en envoyant des renforts à Korzakow. Mais l'attaque ordonnée par le général Massena vers Bilten et Uznach n'était pas faite uniquement pour favoriser l'opération principale sur la Limat ; elle avait aussi l'objet de séparer le corps de Jellachich de celui de Hotze en forçant ce dernier dans sa position entre Uznach et Wesen, et en le rejetant, s'il était possible, dans la vallée supérieure de la Thür vers Lichtensteig. Le général Linken, qui s'avançait par la haute Linth, se trouvait également séparé de Hotze et de Jellachich ; et dans la supposition que Souvarow, descendant du Saint-Gothard par la vallée de la Reuss, eut renversé la division Lecourbe chargée de défendre avec la plus grande ténacité ces différents points, la jonction du maréchal avec le gros de l'armée alliée ne pouvait plus avoir lieu désormais sur la rive gauche du lac de Zurich entre Schwyz et Rapperschwil comme ce général se l'était proposé.

Car il est essentiel de faire observer qu'en même tems que les Français exécutaient les divers mouvements que nous venons d'indiquer, toute la gauche de l'armée alliée commençait déjà à s'ébranler du côté du Saint-Gothard, dans le Valais et dans les Grisons, et que toutes les forces ennemies étaient sur le point d'agir conformément au plan général d'opérations arrêté par le maréchal Souvarow (1). Ce plan consistait à pénétrer en Suisse par le Saint-Gothard et la vallée de la Reuss, pendant que Hotze et Korzakow attaqueraient le centre et la gauche de l'armée française sur la Limat et sur le mont Albis. A cet effet, Hotze devait se porter par Einsielden entre

____

(1) Souvarow avait demandé que Hotze envoyât 10,000 hommes à sa rencontre. De plus, Korsakow devait atta-quer les Français le 27 septembre, de grand matin.

la Limat et la Reuss et se jeter sur le flanc de la position qu'occupaient les Français sur l'Albis, tandis que Korzakow aurait débouché de Zurich et se serait rendu maître des deux rives de la Limat après avoir forcé Massena à se retirer derrière la Reuss. Jellachich et Linken devaient aussi marcher simultanément : le premier sur Glaris pénétrant de là sur la haute Sill et vers Schwyz et le second sur Peterbrück dans le Linthal se dirigeant ensuite par le val Chachen et le Muttenthal sur Altorf et Schwyz. Strauch et Landon avaient ordre d'attaquer en même tems la division Xaintrailles dans le Valais et de s'emparer des différents débouchés qui conduisent en Suisse. Par ces divers mouvements l'armée alliée se serait trouvée ainsi concentrée en grande partie entre Lucerne et Bremgarten et en mesure de forcer les Français à se retirer bientôt au delà de l'Aar. Tel était le projet du maréchal Souvarow qui en avait fixé l'exécution au 26 septembre.

Maintenant qu'à l'exposé de la force respective des deux armées françaises et alliées, nous avons ajouté le détail des projets formés par les généraux en chef, nous croyons avoir rassemblé non seulement les données nécessaires à l'intelligence.des opérations de chacun d'eux, mais encore augmenté l'intérêt que leurs récits ne peut manquer d'offrir en ayant indiqué d'avance les résultats que Massena et Souvarow espéraient tirer l'un et l'autre de leurs dispositions.

Tous les préparatifs pour passer la Limat à Dietikon avaient été faits avec tant de soins et de secret qu'ils furent entièrement dérobés à l'ennemi dont les sentinelles bordaient cependant le rivage opposé. Les bateaux étaient prêts à lancer, les pièces destinées à protéger le débarquement des premières troupes se trouvaient en batterie, et tous les corps arrivés aux points qui leur avaient été indiqués sans qu'il en eût le moindre soupçon. Le 25 septembre, à quatre heures du matin, l'embarquement commença (1) ; nos soldats se pressant à l'envie sur les bateaux les plus légers les surchargèrent un peu de sorte qu'ils s'engravèrent dans un endroit où les eaux étaient fort basses (2). Cet incident fut bientôt réparé, mais le bruit que l'on fit pour remettre les barques à flot donna l'éveil aux Russes qui prirent sur-le-champ les armes et firent feu sur tous les points de la rivière où ils croyaient apercevoir quelque mouvement. Il était déjà cinq heures et il n'y avait plus un instant à perdre ; aussi les autres barques (3) furent-elles promptement remplies de troupes et le passage s'effectua avec tant de rapidité, que quelques minutes après les coups de fusil tirés par l'ennemi, toutes les barques s'approchaient déjà de la rive droite de la Limat.

Le chef de bataillon Maranzin, à la tête d'un bataillon d'infanterie légère (4) et de trois compagnies de carabiniers, aborda le premier et il fut immédiatement suivi par les autres troupes de l'avant-garde commandée par le général Gazan. Le 1er débarquement était si efficacement protégé par le feu de nos batteries (5) (le lieutenant-général Foy, alors chef d'escadron d'artillerie légère, avait charge de disposer ces batteries) qu'il fut impossible à l'ennemi de s'y opposer ; mais lorsque le général Gazan voulut s'avancer vers lui, il essuya de la part des Russes (6)

---

(1) Il était cinq heures exactement, quand le canon tiré par Ménard retentit vers Baden.

(2) Quatre barques s'échouèrent, non sur le fond de la Limat, mais sur des têtes d'arbres submergés.

(3) Dedon disposait de 42 bateaux, dont 10 très grands.

(4) De la 10e demi-brigade.

(5) Foy disposait de 36 pièces de 4, 6 et 8 et de 6 obusiers.

(6) Du corps de Markoff.

de terribles décharges de mousqueterie qui auraient ralenti assurément sa marche, si l'ardeur et le dévouement de nos braves soldats ne les eussent pas rendus supérieurs à tous les obstacles. Dans la crainte de tirer sur nos troupes qui s'éloignaient toujours davantage du point de débarquement, on fit cesser le feu des pièces en batterie sur la rive gauche.

Le passage successif de l'infanterie dans les bateaux qui étaient déjà revenus sur la rive gauche pour opérer un second transport eut lieu dès lors avec la plus grande activité. Dès qu'il parut certain que les troupes jetées sur la rive droite pouvaient se maintenir au moyen des renforts que les pontonniers y faisaient traverser continuellement avec une célérité incroyable, le général Massena donna l'ordre au colonel Dedon de faire avancer rapidement l'équipage de pont qui avait été amené la veille de Rothensweil à Dietikon, et dès que la tête du convoi arriva on s'occupa immédiatement de la construction du pont (1), quoique le point où il fallait l'établir fut encore exposé au feu de l'artillerie russe.

Le passage des troupes sur les bateaux ne se ralentissait pas pendant ce travail, de sorte que le général Gazan, jugeant qu'il avait assez de monde pour chasser les Russes du plateau où ils s'étaient mis en bataille sur le front de leur camp (2), déboucha du petit bois qu'il n'avait pas encore dépassé. La position des Russes étant fort avantageuse et garnie en outre de sept pièces de canon, ceux-ci tinrent ferme assez longtems ; mais enfin leur résistance opiniâtre dut céder à l'impétuosité de nos attaques. Rompus et culbutés de tous côtés, ils

____

(1) Le capitaine Zabern, chef de la 11e compagnie du 1er bataillon du génie fut chargé de cette construction.

(2) Le plateau de Hard.

essuyèrent une perte considérable en se retirant et furent obligés de nous abandonner leur camp tout tendu. Une heure était à peine écoulée depuis le commencement de l'attaque, que nos troupes après avoir défait plus de 2,000 Russes étaient en position en avant d'un petit bois à peu près à la hauteur de Fahr.

Cependant, les travaux du pont avançaient très rapidement. Aidés par les soldats de la légion helvétique, les pontonniers y travaillaient avec d'autant plus d'activité qu'ils y étaient excités par les encouragements que le général Massena donnait à ces braves militaires dont il admirait et redoublait en même tems le courage et le zèle. Pendant ce tems, un détachement de sapeurs ouvrait, sur la rive droite, à travers les bois, un chemin pour l'artillerie et la cavalerie età sept heures et demie, lorsque la construction du pont fut entièrement terminée, le passage des troupes sur les bateaux s'était continué avec tant de célérité que nous avions déjà près de 8,000 hommes d'infanterie de l'autre côté de la Limat (1).

Le pont étant établi, le reste de l'infanterie, l'artillerie et la cavalerie y défilèrent promptement et avant neuf heures toutes les troupes destinées au passage de la Limat occupaient une bonne position sur cette espèce de plateau qui existe entre Fahr et un petit vallon au fond duquel coule un ruisseau qui prend naissance près de Weiningen et vient se jeter dans la Limat à la hauteur de Gerodsweil (2).

Tandis que le général Massena obtenait des résultats aussi satisfaisants, les autres divisions de l'armée exécutaient avec un égal succès les opérations dont elles

---

(1) Ces chiffres sont exagérés ; il n'y avait que la brigade Gazan et quelques troupes de la brigade Bontemps.
(2) Ce ruisseau ou bach descend des pentes de Boppetzen.

étaient chargées. Dès le point du jour (1), Ménard avait fait faire un feu très vif de toutes les batteries placées près de Baden et sur les rives de la Limat et de l'Aar au confluent de ces deux rivières afin de démonter les pièces d'artillerie que l'ennemi avait vis-à-vis (2). Ce général avait en même tems réuni tous les bateaux qui se trouvaient sur la Limat et sur l'Aar, les avait disposés en une seule file et simulé en un mot, par des préparatifs de toute espèce, l'intention de tenter un passage sur ce point. Ayant aussi ordonné diverses dispositions de troupes pour fortifier l'ennemi dans cette opinion, il parvint à lui donner totalement le change et à paralyser les troupes commandées par les généraux Durasow et Markow composant l'aile droite de Korzakow en les retenant pendant toute la journée entre Frendenau et Vürenlingen. Ménard réussit même à se rendre maître du cours de la Limat au-dessous de Vogelsang, au moyen d'un détachement de troupes légères qu'il fit passer sur la rive droite dans des barques que l'on avait été obligé de transporter à bras, et sous le feu de la mitraille, des eaux de l'Aar dans celles de la Limat en traversant cette langue de terre qui sépare ces deux rivières un peu avant leur réunion (3). Il eut ainsi la facilité de faire remonter un pont volant qui lui servit le lendemain matin à faire passer une partie de sa brigade en même tems que le surplus traversait l'eau à Klingnau (4), sur des bateaux plats que le colonel Dedon y avait fait descendre pendant la nuit. De son côté, le général Mortier avait vivement attaqué les Russes à

------

(1) Non, avant le jour.
(2) Sur le plateau de Kirchdorf.
(3) La plaine de Turgi.
(4) Devant Klingnau.

Wolishoffen et était sur le point de s'emparer de ce village, lorsque le général Korzakow, pensant que les Français dirigeaient sur ce point leur principale attaque, y porta toute son attention et y fit passer six bataillons de renfort. A l'aide de ce secours, les Russes se maintinrent longtems dans leur position et obtinrent même quelques avantages sur nous (1). Cependant le général Mortier, ayant reçu à son tour quelques troupes de la réserve de grenadiers qui avaient à leur tête l'intrépide général Humbert, fit un effort vigoureux sur Wolishoffen dont il chassa enfin les Russes qui se retirèrent précipitamment dans Zurich, abandonnant ainsi les revers de l'Albis. Vers dix heures du matin, le corps russe, campé en avant de Zurich, sur la rive gauche de la Sill, essaya de se porter sur la gauche de la division Mortier, mais contenu par le général Klein qui s'était approché d'Alstetten, il se forma en bataille en avant du premier camp et y demeura exposé au feu meurtrier de nos batteries et de toute l'artillerie du général Klein jusqu'à midi, moment où le général Korzakow, instruit des pertes énormes que ce corps essuyait sans nécessité ni avantage lui envoya l'ordre de rentrer dans Zurich.

Korzakow commençait à s'apercevoir d'ailleurs que le passage effectué à Dietikon n'était pas une simple démonstration comme il se l'était d'abord figuré et la vigueur avec laquelle les Français venaient d'enlever la position de Hongg, malgré la résistance opiniâtre des Russes et un feu terrible d'artillerie, en lui faisant connaître le danger qui le menaçait, le détermina à ras-

---

(1) Un grand avantage. Le corps de Mortier dut battre précipitamment en retraite vers Albisrieden. L'action des troupes des divisions Klein et Humbert permit de repousser les Russes.

sembler le plus de troupes possible pour arrêter nos progrès de ce côté. En effet, le général Massena, après avoir fait culbuter par son avant-garde les troupes que Markow lui avait opposé, avait d'abord pris position à la hauteur de Fahr, pendant que le reste de son infanterie, avec l'artillerie et la cavalerie, défilaient sur le pont. A peine ces troupes avaient-elles été réunies, qu'envoyant de forts détachements (1) du côté de d'Otlikon et de Regensdorf, pour éclairer sa gauche et contenir les troupes qui pourraient arriver par là sur ses derrières et sur son flanc, il avait marché en force sur Hongg et s'en était emparé. Ses colonnes débouchaient déjà de ce village lorsque Korzakow, se voyant pressé aussi vivement, réunit une grande partie des forces qu'il avait à Zurich et aux environs, et en forma une profonde colonne à la tête de laquelle il s'avança contre les Français. Cette masse redoutable composée de près de 16,000 hommes et capable d'enfoncer par son seul poids les troupes beaucoup moins nombreuses qu'elles avaient devant elles fit d'abord des progrès ; mais le général Massena ayant diminué l'étendue de son front, en faisant replier une partie de ses ailes sur son centre où se dirigeait tous les efforts des Russes, réussit à lui donner assez de forces pour soutenir ce choc violent pendant le tems que l'artillerie légère manœuvrait sur les flancs de la colonne ennemie pour l'entamer. Celle-ci demeura longtems inébranlable malgré les ravages affreux que faisait notre canon sur divers points de sa profondeur et les attaques impétueuses qu'elle avait à repousser sur son front. Cependant Massena s'étant aperçu que notre artillerie avait fait enfin quelques trouées dans cette masse ennemie, ordonna aussitôt à ses troupes d'y

---

(1) Toute la brigade Bontemps, de la division Lorge.

pénétrer à la baïonnette; alors commença un des plus affreux carnages dont les annales de la guerre aient jamais présenté et puissent offrir à l'avenir de plus horribles descriptions (1). Les Français se jetant avec fureur sur les Russes achevèrent de les rompre totalement et couvrirent en quelques instants le champ de bataille de morts, de mourants et de blessés. Profitant aussitôt du désordre dans lequel l'ennemi fuyait de toutes parts, Massena lança sur lui sa cavalerie, qui n'avait pas encore été engagée et qui brûlait de prendre part aux succès de la journée. Celle-ci acheva bientôt de jeter la terreur et la confusion au milieu de la redoutable colonne russe qu'elle dispersa entièrement et dont elle poursuivit les débris jusqu'au faubourg de Zurich où elle aurait même pénétré avec eux si l'artillerie des ouvrages avancés et des remparts de la place ne l'eût pas arrêtée.

Après avoir poussé à fond ce mouvement et complété la défaite des Russes, Massena n'accorda de repos à ses troupes victorieuses mais harassées de fatigue par les combats qu'elles avaient livrés et par les marches qu'elles avaient faites depuis vingt-quatre heures qu'elles étaient sous les armes, que lorsqu'il eut fait occuper les hauteurs qui séparent la vallée de la Limat de celle de la Glatt et poussé ses avant-postes jusqu'à Schwamendingen sur la route de Winterthur et sur le revers du Zurichberg et après avoir achevé en un mot toutes les

---

(1) Exagération de Marès. Le combat fut, sur ce point, très vif, il est vrai. L'artillerie tirait dans le flanc droit des Russes; son action les arrêta et permit aux Français, du moins à l'infanterie, de se réapprovisionner en cartouches et de fournir un feu terrible de fusils avant de marcher à la baïonnette.

dispositions propres à lui assurer de nouveaux succès.
Il fit sommer sur le champ la ville de Zurich d'ouvrir
ses portes ; mais malgré le désordre extrême que cette
foule de fuyards qui encombraient toutes les rues déjà
obstruées par les équipages occasionnait dans la ville,
malgré que ce désordre fut bientôt porté à son comble
par les cris des habitants effrayés, se réfugiant tumul-
tueusement dans les maisons ou dans les souterrains où
ils espéraient être à l'abri de quelque obus que le général
Massena faisait lancer sur Zurich pour forcer Korzakow
à lui en ouvrir les portes (1), le général Russe ne
crut pas devoir accepter les conditions qui lui étaient
offertes (2), il profita au contraire d'un renfort composé
de quatre bataillons de la légion suisse, Bachmann (3)
pour faire son dernier effort sur le Wipkengerberg,
dont il ne parvint qu'à nous faire abandonner les dernières pentes sur le chemin de Hongg et les deux armées
demeurèrent jusqu'au lendemain dans les positions où
la nuit les avait obligées de s'arrêter.

On se rappelle que l'aile droite de Korzakow, commandée par-le général Durasow, avait été retenue toute
la journée du 25 entre Wurenlingen et Baden par les
démonstrations et les passages faits par le général
Ménard au confluent de la Limat et de l'Aar. Les
6,000 hommes campés à Wurenlos et qui auraient pu
donner beaucoup d'embarras au général Massena pen-

---

(1) Massena n'a pas fait tirer, le 25, un seul coup de
canon contre Zurich, du côté de Hongg.

(2) Celles d'évacuer la ville ; et il retint même prisonnier le colonel du 9e hussards, Ducheiron, venu auprès de
lui en parlementaire.

(3) Bachmann avait pris part au combat livré dans l'après-
midi devant Hongg.

dant qu'il avait à faire à la colonne de Korzakow, n'avaient pas bougé non plus de tout le jour. Mais vers le soir toutes ces troupes auxquelles le général Korzakow avait expédié l'ordre de se rendre en toute diligence à Zurich se mirent en mouvement pour y obéir. Elles marchèrent durant toute la nuit évitant avec soin la rencontre des postes français et se réunirent de très grand matin sur les hauteurs en avant de Zurich aux débris des corps qui avaient été battus la veille.

Fort de son nombre et désirant effacer la honte de sa défaite, par une victoire, Korzakow ordonna aussitôt d'attaquer les Français (1). Ses premières troupes étaient déjà engagées avec nos avant-postes lorsque nos colonnes se mettaient en mouvement pour exécuter les dispositions que le général Massena avait ordonnées afin de chasser les Russes du Zurichberg et presser la ville simultanément par les deux rives de la Limat. L'avantage de nous avoir prévenu de quelques instants fit gagner un peu de terrain à Korzakow et nous fûmes d'abord obligés à nous replier jusqu'à la hauteur d'Affoltern et de Hongg où se trouvait le général Lorge avec le gros de sa·division qui força bientôt l'ennemi à se replier à son tour derrière le torrent de Wipkingen. L'extrême importance de cette position d'où les Russes couvraient le chemin de Winterthur, le seul par lequel ils pouvaient faire filer les équipages qu'ils évacuaient de Zurich et effectuer leur retraite, leur fit faire des efforts incroyables et des sacrifices énormes mais inuiles pour la conserver. Prise et reprise diverses fois par

---

(1) Dans un conseil tenu pendant la nuit au quartier général russe, la retraite vers Schaffouse avait été décidée. Il s'agissait, non de remporter une victoire, mais de traverser les lignes françaises.

les deux partis, elle resta enfin au pouvoir des Français par suite d'une charge que ceux-ci exécutèrent en colonne serrée (1). Dès ce moment, les Russes enfoncés sur ce point sont bientôt culbutés sur plusieurs autres. Le carnage fut épouvantable et leur déroute si complète que presque toute l'artillerie, les bagages, les munitions du corps d'armée de Korzakow restèrent en notre pouvoir. Ce succès obtenu, Massena s'occupa incontinent de l'attaque de Zurich en proie à la fois à toutes les calamités qui désolent une ville assiégée et prête à être enlevée d'assaut. Ce fut alors que Korzakow offrit de capituler (2). Ses troupes avaient blessé la veille (3) les deux trompettes qui accompagnaient notre parlementaire; le sien ne fut pas écouté et le général Oudinot (4) qui s'était déjà emparé du faubourg de Baden, eut ordre de pénétrer dans la ville par la porte du même nom, tandis que le général Klein y rentrerait par celle de Lucerne. Les ordres du général en chef ne tardèrent pas à être exécutés. Le général Oudinot ayant fait enfoncer la porte de Baden à coup de canon, eut bientôt culbuté le détachement russe qui la défendait et entra au pas de charge dans Zurich, poursuivant l'ennemi de rue en rue, en même tems que le général Klein, à la tête des grenadiers de la réserve, y pénétrait sans aucun obstacle par le quartier de la ville basse que les Russes avaient déjà abandonné (5).

La prise de Zurich acheva la ruine du corps d'armée russe en faisant tomber dans nos mains tous les maga-

---

(1) Au Maïenberg, devant Wipkingen.

(2) Voilà un fait qui n'est mentionné dans aucun rapport officiel.

(3) Non, le matin même.

(4) Chef de l'état-major.

(5) Le faubourg de la Sihl.

sins et le grand parc d'artillerie qui y étaient placés. Les Russes n'avaient prolongé leur résistance à la porte de Baden que pour avoir le tems de faire filer une colonne d'équipages qui resta engagée dans les rues, de sorte qu'ils furent obligés de nous abandonner non seulement le reste de leur artillerie et de leurs munitions mais encore tous leurs blessés, ainsi que tous les prisonniers français qu'ils avaient faits dans les dernières affaires et qu'ils n'avaient pas évacués sur leurs derrières. La caisse militaire russe resta aussi en notre pouvoir. Zurich offrait après cette sanglante journée le spectacle des résultats horribles des fureurs de la guerre portées aux derniers excès. Les rues étaient encombrées de débris, de morts et de blessés. Les habitants, longtems encore après que le combat et les dangers avaient cessé, furent retenus dans leurs maisons par la terreur et l'effroi dont cette scène de carnage les avait pénétrés. Peu d'entr'eux périrent dans cette occasion. Mais une perte bien douloureuse et qui fut vivement sentie de ses compatriotes, et par tous les amis de la vertu et des sciences, fut celle du célèbre Lavater qu'une balle renversa mort (1) au moment où il s'efforçait de modérer la fureur des vainqueurs qu'excitait la férocité et l'opiniâtreté des vaincus.

La retraite ou plutôt la fuite précipitée des Russes qui parviennent à se faire jour en combattant, en désespérés eut lieu par Kloten et Ober-Glatt jusque derrière la Thür et le Rhin et fut accompagnée de tous les désastres imaginables.

---

(1) Blessé mortellement.

14 Octobre 1799

Paris le 22 vendémiaire an huit de la République française

Le Directoire Exécutif
Au Citoyen Masséna Général en Chef de l'armée du Danube

Le Directoire Exécutif a appris, Citoyen Général, par vos dépêches rapides que le Général Korsakow étoit en fuite et son armée détruite ou en déroute. Cet évènement si glorieux, si décisif et si digne de l'armée que vous avez conduite tant de fois à la victoire, comble de joie la République entière. Le Directoire Exécutif s'estime heureux de vous adresser des témoignages de la vive satisfaction qu'il en éprouve. Il vous charge de les répandre sur tous ceux qui vous ont le plus vaillamment secondé.

Vous recevrez ci joint l'acte du 29 de ce mois par lequel le Corps Législatif voudra la reconnaissance de la Patrie envers la brave armée du Danube.

Le Président du Directoire Exécutif

Gohier

Par le Directoire Exécutif
Le Secrétaire Général

CHAPITRE XV

SOULT DÉFAIT LE CORPS AUTRICHIEN QUI LUI EST OPPOSÉ SUR LA LINTH

Maintenant que nos troupes sont occupées à la poursuite, voyons comment avait réussi le passage de la Linth qui devait avoir lieu, comme on sait, en même tems que celui de la Limat. Il y a au moins douze lieues de Zurich à Bilten sur la Linth (1).

Aussi, quoique combinées entre elles, ces deux opérations n'exerçaient pas, cependant, l'une sur l'autre, une influence assez immédiate pour que les succès et les revers dont elles pouvaient être suivies fussent dans le cas de produire sur-le-champ aucun effet favorable ou nuisible à l'une d'elle.

Sous ce point de vue, l'expédition du général Soult peut donc être considérée comme indépendante de l'attaque principale au succès de laquelle elle ne pouvait contribuer directement et autrement qu'en empêchant les Autrichiens de marcher au secours des Russes (2).

____

(1) Il y a 53 kilomètres, en suivant la route qui longe la rive gauche du lac de Zurich.

(2) Par conséquent elle favorisait l'action que Massena entreprenait devant Zurich.

Hotze occupait, entre le lac de Zurich et celui de
Wallenstadt, une excellente position dont le front était
parfaitement couvert par le cours de la Linth et par les
prairies marécageuses qui bordent presque constamment cette partie de la rivière. Des batteries avantageusement placées pour défendre le passage de la Linth et
s'opposer aux progrès ultérieurs des troupes qui seraient
parvenues à la traverser augmentaient encore la force
de cette position que les localités rendaient déjà fort
avantageuse et que plus de 12,000 hommes semblaient
devoir défendre efficacement (1). Mais l'intelligence et
l'audace avec laquelle nos troupes exécuteraient les dispositions habilement combinées par le général Soult
pour passer la Linth de vive force et séparer Hotze de
Jellachich, en perçant sur Wesen, triomphèrent de la
résistance opiniâtre d'un ennemi qui avait pour lui
l'avantage du terrain et du nombre.

Les bords marécageux de la Linth et le cours rapide
de cette rivière dont les sinuosités ne forment entre
Wesen et Uznach aucun de ces rentrants si favorables
à un passage firent hésiter quelque tems sur le choix
du point le plus propre à cette opération. Cependant
celui vis-à-vis de Bilten et de Schœnis, paraissant y
offrir plus de facilité ou plutôt y présenter le moins
d'inconvénients et de difficultés, le général Soult arrêta
que le passage de la Linth aurait lieu sur ce point. Mais
pour en faciliter le succès, il voulut occuper en même
tems l'ennemi du côté d'Uznach. A cet effet, deux
détachements forts d'environ 1,000 hommes (2) reçurent

---

(1) Soult avait 12,670 combattants à engager contre
12,600 Autrichiens.

(2) L'un de 300 hommes devait débarquer a Schmerikon ;
l'autre de 700 devait aborder près de Grynau.

l'ordre de s'embarquer à Lachen pour aborder le 1er à Schmariken, le 2e à la hauteur du pont de Grynau après avoir remonté la Linth. Leur débarquement devait se faire sous la protection de trois chaloupes canonnières et l'objet principal de ces détachements consistait à intercepter les communications entre les Autrichiens et les deux bataillons russes qui étaient à Rapperschwil et à faciliter le rétablissement du pont de Grynau, sur lequel un corps plus nombreux commandé par le général Laval était prêt à passer pour marcher sur Uznach et s'en emparer.

Le 25 septembre, à quatre heures du matin, le convoi de bateaux qui était parti la veille de Lachen, ayant atteint non sans beaucoup de difficultés le village de Bilten, le général Soult ordonna de le faire filer immédiatement vers la rivière qui est encore à 600 toises plus loin. Mais pour franchir cet intervalle occupé en grande partie par des marais, on avait été obligé de pratiquer un chemin avec des madriers. Le bruit des voitures sur cet espèce de plancher éveilla l'attention des postes ennemis qui firent feu sur le convoi sans pourtant en arrêter la marche (1). Les bateaux furent bientôt mis à terre sur le rivage et une compagnie de nageurs ayant presque aussitôt traversé la rivière et chassé les postes ennemis (2), il devint plus facile de mettre promptement les bateaux à flot, et de faire passer des troupes sur la rive droite (3). Lorsque nous eûmes environ six compagnies de ce côté de la Linth, elles se portèrent sur

---

(1) Cette indication de Marès ne se trouve pas dans le rapport officiel.

(2) Dès le 24, à 11 heures du soir, des grenadiers avaient pris pied sur la rive droite, près du bois de la Tuilerie.

(3) On utilisa un bac.

Schœnis et s'en emparèrent; mais, remis de sa première surprise, l'ennemi qui était en force sur ce point revint à la charge et les en délogea. Cependant, elles le reprirent de nouveau et le perdirent encore, jusqu'à ce qu'enfin soutenus par six autres compagnies et un bataillon de la 25e (1) que l'on avait fait passer avec la plus grande diligence sur la même rive, elles parvinrent à s'y maintenir malgré les efforts incroyables de l'ennemi pour nous en chasser. Ce fut dans une de ces terribles attaques que les Autrichiens renouvelèrent tant de fois pour rentrer en possession de Schœnis que Hotze, qui était accouru au secours des siens avec trois bataillons de renfort, reçut le coup mortel qui enleva à l'armée ennemie l'un de ses meilleurs généraux (2).

Sa mort apporta bientôt la confusion parmi ses troupes qui se mirent peu après à fuir en désordre par Dorfet, Ruffi, vers Kaltenbrun où elles essayèrent en vain de se défendre; car nos soldats qui les poursuivaient de très près les ayant attaqués dans ce village (3), sans leur laisser prendre haleine, l'emportèrent à la baïonnette et mirent dans une déroute complète tout ce qui se présenta de troupes autrichiennes sur ce point (4).

A neuf heures du soir, le passage successif de l'infanterie fut entièrement achevé, mais les pontonniers étaient tellement excédés de fatigue que l'on fut obligé

____

(1) De soldats nageurs et de la 25e légère.

(2) Hotze ne fut pas tué en chargeant les Français mais lorsqu'il se dirigeait, en reconnaissance, vers Wesen. Il tombait sous les balles des carabiniers embusqués derrière une haie, à 200 mètres de Schœnis.

(3) Rufi.

(4) Les Autrichiens, arrêtés et ralliés derrière Maseldrong, barrèrent le chemin d'Uznach aux Français.

de remettre au lendemain matin l'établissement du pont volant sur lequel devaient passer l'artillerie et la cavalerie.

Pendant ces succès sur sa droite, le général Soult obtenait des avantages non moins importants sur sa gauche; le débarquement de Schmeriken avait complètement réussi, et celui que devait effectuer le chef de brigade Lochet près Grynau s'était exécuté à Schmeriken, parce que les basses eaux avaient empêché les bateaux de rentrer dans le lit de la rivière (1). Les troupes conduites par Lochet s'étaient ainsi réunies à celles déjà débarquées et avaient ensuite remonté la Linth par terre (2), jusqu'au pont de Grynau que l'ennemi n'avait détruit qu'à moitié et que ce colonel s'empressa de faire réparer pour servir au passage du général Laval qui devait, comme on sait, s'avancer par là sur Uznach. Mais au moment où deux bataillons de la 36e, qui avaient à leur tête le colonel Lapisse, commençaient à défiler sur ce pont, celui-ci étant venu à se rompre, le passage de ces troupes demeura suspendu. Réduit par cet accident à ses seules forces, le colonel Lochet se trouva trop faible pour résister aux Autrichiens soutenus par un renfort de trois bataillons russes que leur avait amené le prince de Wurtemberg (3).

Il se replia en conséquence vers le pont de Grynau qu'il croyait pouvoir repasser. Mais il n'était point rétabli. N'ayant plus de retraite possible, Lochet sut inspirer à ses braves soldats la résolution de se défendre jusqu'à la dernière extrémité. Il les rangea en bataille

---

(1) De la Linth.

(2) Non, ces troupes avaient traversé les prairies qui séparaient alors Schmerikon de Grynau.

(3) Bataillons venus de Rapperschwil.

sous la protection de quatre pièces de canon et des feux
des deux batteries que le colonel Lapisse (1) avait
placées sur la rive opposée et attendit ainsi avec calme
les bataillons ennemis qui marchaient en bon ordre
contre lui. Il les laissa s'avancer jusqu'à demi portée de
fusil et commença alors à faire feu. Ceux-ci se trouvèrent à la fois assaillis par une triple décharge des troupes
de Lochet et des bataillons et des pièces qui étaient de
l'autre côté de la rivière. Profitant immédiatement du
désordre qu'un feu aussi meurtrier avait jeté dans les
rangs des Russes, Lochet tomba sur eux à la baïonnette
et les défit si complètement que la plus grande partie de
ceux qui parvinrent à échapper au feu de nos soldats
demeurèrent prisonniers (2).

Environ 300 hommes composant le premier détachement qui avait débarqué à Schmeriken et s'était approché à une demi-lieue d'Uznach, sur la gauche, tinrent
pendant une partie de la journée contre les Autrichiens.
Cependant, forcés de céder au nombre et craignant
d'abord pour leur retraite que quatre compagnies russes
menaçait du côté de Bollingen, ils se replièrent vers le
soir (3), partie sur Grynau, partie sur Schmeriken d'où
ils remontèrent dans leurs bateaux après avoir vainement
essayé de se maintenir dans ce dernier village dont les
Autrichiens restèrent les maîtres, mais sans pouvoir
communiquer directement avec Rapperschwil à cause
du feu de nos chaloupes canonnières qui battait les

---

(1) C'était le général Laval qui avait placé ces canons.

(2) Marès ne fait pas mention des Autrichiens dans ce
combat. Il ignorait sans doute que Lochet avait repoussé
deux attaques : la première celle du régiment Stein conduit
par Petrasch vers neuf heures du matin. L'attaque des Russes
n'eut lieu qu'à dix heures et demie.

(3) A six heures du soir,

bords du lac et le chemin de Schmeriken à cette petite ville.

Le lendemain, à quatre heures du matin, le pont volant de Bilten (1) était déjà établi et la cavalerie et l'artillerie y passaient. Cependant, l'ennemi chassé la veille de Kaltenbrun (2), ayant rassemblé les débris épars de ses bataillons, a fait un dernier effort pendant la nuit pour reprendre ce village. Il était parvenu non seulement à y entrer, mais avait encore pénétré au nombre de 1,800 hommes et de 200 chevaux jusqu'à Benken. Instruit de ce mouvement, d'ailleurs assez mal conçu, le général Soult fit marcher de Grynau et par Kaltenbrun quelques bataillons contre ces troupes, et, les ayant ainsi enveloppées, les obligea à déposer les armes; six pièces de canon et un drapeau tombèrent à cette occasion entre nos mains.

Le même jour, Wesen, occupé par 1200 hommes (3) avec huit pièces de canon, fut attaqué de front par le chef de bataillon Godinot. L'ennemi s'y défendit avec une grande opiniâtreté pendant plus de trois heures et jusqu'à ce qu'un bataillon français qui avait tourné la ville par les hauteurs d'Hamon, en paraissant à Srak, sur ses derrières, lui fit perdre tout espoir de retraite et l'obligea à capituler. 800 hommes, huit pièces de canon, vingt caissons et un drapeau demeurèrent au pouvoir des vainqueurs. Le général Soult atteignit en même tems les Autrichiens à Lichtensteig d'où il les chassait en leur enlevant des prisonniers et une pièce de canon. Il avait aussi dirigé d'Uznach un fort détachement sur Rapperschwil. Celui-ci secondé par les trois chaloupes

---

(1) De Schœnis, plutôt.
(2) A neuf heures du soir, par le général Mainoni.
(3) Du régiment Bender.

canonnières qui s'étaient avancées de leur côté, s'empara sans beaucoup d'obstacles de cette ville où nous trouvâmes des canons, des affûts, divers équipages et des magasins de vivres (1) ainsi que de la flotille du colonel Wiliams composée de sept chaloupes dont une portait treize canons (2). Ces chaloupes étaient coulées à fond et en grande partie désarmées.

Nous devînmes également maîtres de plus de cinquante bateaux que l'ennemi avait rassemblés sur différents points du lac dans l'intention d'effectuer un débarquement qui se liait à l'attaque générale dont Souvarow avait, comme on sait, arrêté le plan et fixé l'exécution au 27 septembre.

Tels furent les heureux résultats de l'expédition du général Soult. Et l'objet principal, que le général Massena avait en vue et qui consistait à séparer l'aile gauche de l'armée ennemie des corps composant son centre et sa droite, se trouva parfaitement rempli.

---

(1) Préparés pour l'armée de Souvarow.

(2) Non, mais 3 pièces de 13, 3 pièces de 6 et 1 mortier de 4 pouces.

CHAPITRE XVI

MARCHE DE SOUVAROW A TRAVERS LE SAINT-GOTHARD. L'AUDACE DES RUSSES TRIOMPHE DE LECOURBE.

Mais quelques grands que fussent les avantages remportés par l'armée du Danube, le général Massena savait bien qu'ils ne suffisaient pas pour assurer le triomphe de nos armes en Suisse et sachant les dangers pressants qui menaçaient le général Lecourbe, il se borna à faire suivre Korzakow et Petrasch par des forces suffisantes pour les rejeter au delà du Rhin. Il ne perdit pas un instant pour diriger une partie des troupes de son centre en soutien de son aile droite poussée par Souvarow.

Le général russe n'avait atteint Altorf qu'après avoir essuyé des pertes assez considérables causées par la résistance vigoureuse que lui avait opposée le général Lecourbe et par les fatigues excessives que l'extrême difficulté des chemins, l'âpreté du climat et des montagnes qu'il venait de traverser avaient fait éprouver à ses soldats. A peine était-il arrivé qu'il fut instruit de la défaite des Autrichiens et de Korzakow, et se vit obligé en conséquence de renoncer à son premier plan qui consistait, comme on peut se le rappeler, à pénétrer jusqu'à Lucerne et à opérer sa jonction avec l'aile droite et le centre de l'armée alliée entre le lac de Zurich et de la Reuss au-delà même de l'Albis. Privé désormais de l'appui que lui avait donné la position de Korzakow à Zurich, Souvarow s'était déterminé à marcher par le Muttenthal et par Schwyz et Einsielden et à traverser cette chaîne de montagnes escarpées et presque impraticables qui sépare la vallée de la Reuss de celle de la Linth pour descendre vers Glaris et Lachen et s'avancer de là dans le canton de Zurich.

Ce mouvement auquel on peut juger qu'il attachait infiniment d'importance par la lettre qu'il écrivit aux généraux Korzakow et Hotze (1) et aussi pour les en prévenir, était combiné avec la marche des généraux Jellachich et Linken qui devaient pénétrer en même tems du côté de Kerenz et de Mollis et par la haute Linth dans la vallée de Glaris, afin d'y attaquer simultanément les Français. D'après ce nouveau plan, Souvarow divisa ses troupes en deux colonnes dont la première se porta sur Brunen et Schwyz, la deuxième sur Glaris par le Klonthal.

Toute la gauche de l'ennemi était déjà en mouvement pour exécuter ces dispositions, lorsque les opérations des Français à Zurich et sur la Linth étaient à peine achevées. Mais avant de nous occuper des événements qui appartiennent à l'époque actuelle, il convient de mentionner entièrement ceux qui les ont précédés. C'est pourquoi nous allons présenter quelques détails relatifs au passage du Saint-Gothard par Souvarow, et à sa marche par la vallée de la Reuss jusqu'à Altorf. Cependant, comme cette opération hardie n'est en quelque sorte qu'une répétition de celles qui avaient été exécutées plusieurs fois pendant la campagne par le général Lecourbe et qu'elle offre en conséquence à peu près les mêmes circonstances, puisque les obstacles physiques

---

(1) Le 5 septembre.

et ceux qui peuvent ajouter une défense vigoureuse et bien dirigée sont les mêmes qu'il faut vaincre soit qu'il s'agisse de passer d'Italie en Suisse ou réciproquement, nous nous bornerons à décrire rapidement les principales dispositions du général russe, et à indiquer par quels efforts et au moyen de quels sacrifices, il parvint à forcer une barrière aussi formidable que l'est celle des hautes Alpes, défendue par des soldats intrépides et commandés par des officiers expérimentés dans la guerre de montagne.

Maître de presque toute l'Italie et du Piémont qu'il venait de conquérir avec la plus grande rapidité et après avoir refoulé Moreau dans le pays de Gênes (1) et s'être emparé de Tortone, on a vu, indiqué à la page 196, quel était le plan que Souvarow se proposait de suivre pour pénétrer en Suisse. Ayant donc laissé aux Autrichiens (2) le soin d'achever de réduire l'armée française d'Italie, il rassembla toutes les troupes de sa nation et se mit aussitôt en marche avec elles pour Bellinzona où malgré toute la diligence possible, il ne put arriver que le 16 septembre (3) et où il fut encore arrêté pendant plusieurs jours par les mauvaises dispositions qu'on avait prises, dit-on, relativement aux moyens de transports dont il se trouva presque entièrement dépourvu. Cette circonstance et plusieurs autres que nous omettrons, mais que l'on trouvera amplement détaillées dans les auteurs allemands, anglais et russes qui ont écrit les campagnes de Souvarow (4) furent

---

(1) Après la bataille de Novi, livrée le 15 août.

(2) A l'armée autrichienne commandée par M. de Mélas.

(3) Ce fut à Taverne que l'armée russe arrivait le 16. Elle ne parut à Bellinzona que le 21 septembre.

(4) Mentionnons surtout le IVe volume de *Krieg Russland mit Frankreich, 1799*, von Oberst Miliutin.

cause qu'au lieu d'atteindre Airolo le 17 comme il l'avait annoncé par une lettre écrite à Asti le 5 septembre (1), ce général ne put y arriver que le 23. Voici comment il divisa ses attaques pour franchir le Saint-Gothard :

Ayant formé trois colonnes de la totalité de ses troupes, il marcha à la tête de celles du centre composée d'environ 12,000 hommes d'infanterie et de plus de 3,000 chevaux, sur Airolo, afin d'enlever ce poste et de marcher de là sur l'Hospital et dans le val d'Urseren.

La colonne de gauche, forte de 6,000 Autrichiens commandée par Strauch, appuyait et protégeait ce mouvement en remontant le Tessin par Villa et en cherchant à s'emparer du Mont-Furca et des cols du Valais dans le val du Rhône.

5,000 hommes d'infanterie russe et 2,000 chevaux composaient la troisième colonne que le général Rosenberg était chargé de conduire par Dongis et Sainte-Marie à Dissentis où elle devait se réunir le 23 à 2,000 Autrichiens qu'Auffenberg y avait amenés afin de descendre ensemble (2) le 24, l'un par Saint-Giacomo, l'autre par le sentier qui conduit de Tavetsch au val Maderan à Urseren et Am-Steig dans la vallée de la Reuss.

L'artillerie de Souvarow consistant en vingt-cinq pièces de canon, ainsi que ses munitions et ses bagages marchaient à la suite de chacune de ses colonnes en proportion de leurs forces et surtout de la difficulté des chemins qu'elles avaient à parcourir pour atteindre leurs diverses

---

(1) « Les troupes impériales de Russie qui, jusqu'à présent, étaient à l'armée d'Italie, partiront le 8 septembre du Piémont pour se rendre en Suisse et je compte arriver avec elles le 17 dudit à Airolo... »

(2) A la même heure est plus exact.

destinations. Chaque soldat avait pour dix jours de vivres.

La division du général Lecourbe, chargée comme nous l'avons dit plus haut, de la défense du Saint-Gothard et de la haute Linth, était partagée en trois brigades. La 1re, commandée par le général Gudin, appuyait sa droite sur le Tessin et sa gauche au lac d'Ober-Alp dans le val de Dissentis (1) ; un de ses bataillons gardait Airolo, et cette brigade, dont le quartier général se trouvait à l'Hospital, était spécialement destinée de défendre le Saint-Gothard.

La 2e brigade, aux ordres du général Loison qui avait son quartier général à Am-Steig, gardait le Maderanerthal et le Schächenthal.

La 3e brigade était placée par ordre exprès du général Massena dans la vallée de Glaris, pour observer les chemins qui débouchent des Grisons et du pays compris entre le lac de Wallenstadt et le Rhin (2), dans la vallée de la Linth, par Plattenberg, le val Tamina et Elm, le val Senezmurg et Kerentz.

En conséquence des dispositions précédemment indiquées, le 23 (3), dans la matinée, 2,000 grenadiers russes attaquèrent de front et avec une impétuosité extraordinaire le bataillon français qui était placé à Airolo (4) ; celui-ci soutint courageusement leur attaque et se défendit longtems dans les retranchements élevés sur différents points aux environs d'Airolo. Mais forcés de céder aux efforts redoublés que la supériorité de l'ennemi le mettait à même de faire avec de nouvelles troupes, le

---

(1) Conduisant d'Andermatt à Dissentis.
(2) De Vallenstadt à Sargans seulement.
(3) Le 24 septembre.
(4) Le 1er bataillon de la 67e, commandé par Leblond.

bataillon se replia en bon ordre par le val Tremola, sur le Saint-Gothard, profitant de chaque sinuosité du terrain et de l'avantage de sa position dominante pour arrêter l'ennemi à chaque pas. Cette défense du terrain, pied à pied, était tellement bien combinée, elle était exécutée avec tant d'intelligence et de bravoure, que les Russes auraient peut-être été obligés de renoncer à percer sur ce point, si la tête d'une colonne de huit bataillons (1) que Souvarow avait envoyée sur sa droite pour escalader les cimes du Saint-Gothard et prendre à revers la position des Français ne se fût montrée vers la fin du jour sur les hauteurs en arrière du défilé où nos troupes arrêtaient encore l'ennemi. Dès ce moment, la retraite devint indispensable et le bataillon qui avait soutenu toute la journée (2) les efforts prodigieux des Russes et leur avait fait éprouver de très grandes pertes se replia pendant la nuit sur l'Hospital et Urseren où était le général Gudin avec le reste de sa brigade et deux bataillons de renfort que Loison lui avait envoyés.

Souvarow s'avança le lendemain contre lui pendant que Rosenberg, qui était parti la veille de Dissentis, débouchait par Saint-Giacomo sur l'Ober-Alp et manœuvrait de manière à envelopper toutes les troupes que nous avions dans ce canton. Cependant, le général Gudin, connaissant le danger pressant de sa position, fit les dispositions nécessaires pour faire croire à l'ennemi qu'il était en mesure de se défendre, tandis que, au contraire, ce général profitait d'une pluie abondante et froide que le vent soufflait violemment au visage des Russes pour évacuer la petite vallée d'Urseren et passer

---

(1) Seulement trois bataillons des chasseurs de Bagration et des grenadiers de Lomonosoff.
(2) De deux à sept heures du soir.

la Reuss à leur insu. Avant la fin du jour (1), toute son artillerie et la plus grande partie de son monde se trouvaient sur la rive gauche de la Reuss. Ayant continué son mouvement pendant la nuit, il arriva le 25 au matin après avoir gravi les hauteurs en arrière de Realp, sur l'extrême frontière du Valais où il prit une bonne position au pied du mont Grimsel et du mont Furca, menaçant de là les derrières de Souvarow et d'où il était en mesure de tenir tête à Strauch et de communiquer avec Tharreau qui défendait le Valais.

Informé des progrès de Souvarow et de la retraite de Gudin, Lecourbe accourut avec une partie de la brigade Loison et atteignit dans l'après-midi (2) le Pont-du-Diable. Il ne croyait pas que Souvarow avec toutes ses forces fut déjà descendu dans la vallée d'Urseren et son dessein était de rejeter l'avant-garde des Russes au-delà de l'Hospital et peut-être du Saint-Gothard, afin de pouvoir rappeler Gudin à lui et de réunir plus de forces pour s'opposer aux progrès ultérieurs de l'ennemi dans la vallée de la Reuss. Lecourbe s'avança en conséquence jusqu'à Urseren et envoya un détachement sur Realp et un autre du côté d'Ober-Alp ; mais vers neuf heures du soir, quelques troupes faisant partie de l'avant-garde du général Rosenberg, s'étant rencontrées inopinément avec le détachement qui éclairait la gauche de Lecourbe du côté d'Ober-Alp, ce général vit à quels périls il allait être exposé, s'il n'effectuait pas immédiatement sa retraite. Dans la nécessité d'abandonner ses canons aux Russes, il s'en débarrassa en les faisant jeter dans la

---

(1) Ces mesures ne furent exécutées que dans la matinée du 25 septembre.

(2) Du 24 septembre.

Reuss (1), et il profita de la nuit pour évacuer le village d'Urseren (2) et pour repasser le Pont-du-Diable dont il fit aussitôt après sauter l'arche (3).

Disposant alors une faible arrière-garde sur les hauteurs qui dominent ce pont du côté de Goschenen, de la manière la plus avantageuse pour arrêter les Russes au débouché du trou d'Uri, il les attendit de pied ferme dans cette position jusqu'au lendemain. Dès qu'ils parurent, ils furent accueillis par un feu si terrible de mousqueterie que le Ier bataillon russe, qui avait voulu déboucher (4), fut entièrement détruit. Cependant, les soldats qui étaient à la tête de la colonne ennemie engagée dans ce long défilé, se trouvant poussés par ceux qui suivaient, périssaient successivement par notre feu à mesure qu'ils se présentaient à l'ouverture du débouché, ou étaient culbutés par leurs camarades dans le précipice où coule la Reuss. Reconnaissant enfin l'impossibilité de pénétrer plus avant, s'il ne dépostait pas les Français des hauteurs opposées, Souvarow fit chercher un gué pour passer la Reuss au-dessus de l'Hospital afin de tourner la position de Lecourbe (5). Ce mouvement obligea bientôt les Français à se replier ; et les Russes, ayant rétabli le Pont-du-Diable, s'avancèrent le même jour jusqu'à Wasen, tandis qu'Auffenberg, qui était parti la veille de Tavetsch, arrivait par le val Maderan, à Am-Steig.

---

(1) Toutes ces actions attribuées à Lecourbe furent accomplies par les généraux Gudin et Loison.

(2) Hospenthal.

(3) C'est une erreur, le Pont du Diable ne sauta que le 25 à trois heures du soir.

(4) De la galerie de l'Urnerloch.

(5) Du chef de brigade Daumas qui défendait, avec quelques compagnies de la 76e, l'accès du cirque du Pont du Diable.

Le détachement français (1) qui défendait ce village n'avait pu résister aux forces bien supérieures d'Auffenberg, de sorte que ce général s'en était rendu maître et gênait, de là, singulièrement, notre retraite sur Altorf; mais Lecourbe, après avoir laissé assez de troupes pour tenir tête à Souvarow et ralentir ses progrès vers Am-Steig, marcha en grande diligence sur Auffenberg, l'attaqua impétueusement, le chassa d'Am-Steig et le repoussa dans le val Maderan. En possession de ce point important il y attendit Loison pour continuer avec lui sa retraite sur Erstfeld, Altorf et Seedorf.

Le 26 septembre au matin, après que nous eûmes abandonné Am-Steig, Auffenberg fit sa jonction avec la colonne du général Rosenberg, et ces deux généraux marchèrent ensemble sur Altorf. Ainsi toute l'aile gauche de l'armée austro-russe se trouva réunie le même jour sur la rive droite de la Reuss, entre l'embouchure de cette rivière dans le lac de Lucerne et Am-Steig. Le général Lecourbe prit position, de son côté, sur le penchant du mont Surenen, sa gauche appuyée au lac, à Seedorf, sa droite à Erstfeld (2) qu'il avait fait occuper fortement ainsi qu'Altinghausen par quelques bataillons commandés par Loison. Placé de la sorte, il couvrait parfaitement le défilé d'Engelberg par où l'ennemi cherchait à pénétrer sur Stanz et dans la vallée de l'Aar, et pouvait s'opposer avec avantage à toutes les tentatives que ferait Souvarow pour tourner notre droite et pénétrer vers Lucerne.

Loison avait réussi, le 26, à contenir les Russes qui avaient tenté de s'emparer du poste important d'Erstfeld. Mais le lendemain ceux-ci ayant renouvelé leurs attaques

---

(1) Deux compagnies de la 38e.
(2) En face d'Erstfeld, sur la rive gauche de la Reuss.

avec une sorte de fureur et tant d'acharnement que le feu le plus vif de nos soldats semblait plutôt accroître que rebuter, Souvarow parvint à faire rétablir le pont d'Erstfeld en jetant quelques solives dont les extrémités s'appuyaient sur les débris opposés de ce pont que nous avions rompu. Ses troupes commençaient déjà à traverser la Reuss lorsque Lecourbe résolut, afin de les arrêter dans ce mouvement décisif, de traverser lui-même cette rivière à Seedorf à la tête d'un bataillon et de quatre compagnies (1) avec deux pièces et il vint tomber sur leurs derrières après avoir tourné la petite ville d'Altorf. Effrayé par cette brusque attaque, l'ennemi prit la fuite en désordre jusqu'à son camp (2) où nous pénétrâmes au pas de charge et en répandant la terreur et la mort autour de nous.

Altorf fut aussitôt abandonné par le détachement russe qui l'occupait et Souvarow ayant tourné toute son attention du côté de cette attaque, qu'il ne soupçonna pas d'être une simple diversion, renonça à s'emparer d'Erstfeld et rappella ses troupes employées sur ce point pour combattre Lecourbe (3). Celui-ci, malgré la faiblesse de sa colonne, se soutint jusqu'à la nuit et se réunit ensuite à Loison sans avoir éprouvé de perte sensible dans une expédition aussi bien conçue qu'audacieuse et qu'heureusement exécutée. Ce fut à la suite de ces divers combats que Souvarow apprit, comme nous l'avons dit plus haut, la défaite de Korzakow et de

------

(1) Lecourbe conduisait 400 hommes de la 76e et six pièces de canon.

(2) Camp établi au carrefour de Bürglen.

(3) Souvarow était au Kinzig-Kulm, en route vers la Muota. Ce fut Rosenberg qui s'ouvrit, en abandonnant Erstfeld, le chemin du Schächenthal.

Hotze (1) et se vit obligé d'abandonner son premier dessein que la résistance opiniâtre et peut-être insurmontable de Lecourbe lui aurait rendue d'une exécution fort difficile.

Nous allons maintenant le suivre dans le Muttenthal, ou plutôt rendre compte des manœuvres suivantes que le général Massena conçut et employa pour renverser tous les projets de Souvarow et le contraindre à une retraite aussi désastreuse qu'humiliante pour ce fier guerrier qui s'était d'avance flatté de la victoire.

---

(1) Le 28, au couvent de la Muota.

CHAPITRE XVII

PASSAGE DU PRAGEL. — COMBATS LIVRÉS DANS
LE KLONTHAL ET DEVANT GLARIS

Il y a peu d'instants que nous avons dit que le général
Massena, immédiatement après ses succès sur la Limat
et sur ·la Linth, avait dirigé des renforts contre Souvarow qu'il savait s'avancer rapidement sur Altorf avec
des forces tellement supérieures à celles de son aile
droite qu'il avait de justes craintes de l'en voir accablée;
puis pour contenir Jellachich et Linken, retarder leur
jonction entre eux et avec Souvarow qui devait avoir
lieu dans le Linthal (ou vallée de Glaris). On se rappelle
que Molitor avait été placé dans cette vallée avec sa brigade. Attaqué à la fois sur ses flancs et sur ses derrières,
ce général réussit par d'habiles manœuvres, un courage
et une activité dignes des plus grands éloges, à tenir tête
durant plusieurs jours à ses nombreux adversaires.
Pendant qu'il obligeait Jellachich à se retirer avec une
perte de 600 hommes au delà des montagnes de Kerenz (1),
après l'avoir battu à Mollis, à Nœffels et à Glaris, tandis
qu'il vole à Mitlodi et parvient, avec deux bataillons, à

---

(1) Kerenzen, où Jellachich abandonnait aux Français
736 prisonniers.

empêcher Linken de déboucher du val d'Enghi dans le Linthal, les divisions Mortier et Gazan, ainsi que la réserve des grenadiers marchaient, d'après les ordres du général en chef, sur Schwyz, Wesen et Richterswil sur la rive gauche du lac de Zurich. Mais ce mouvement, qui devait bientôt dégager Molitor de la position extrêmement critique où il se trouvait, exigeait plusieurs jours durant lesquels ce général demeura exposé. Pendant qu'il était aux prises avec Linken, il apprit le 28, que le détachement qu'il avait placé au pied du mont Pragel pour garder le Klonthal venait d'être repoussé par les troupes d'Auffenberg (1). Lecourbe l'avisait en même tems que Souvarow à la tête de 20,000 Russes se dirigeait par le Klonthal sur Glaris. Cette nouvelle était accablante ; il ne s'agissait plus de se défendre contre deux colonnes d'une force médiocre, c'était à Souvarow qu'il fallait tenir tête dans un moment où Linken ne s'était pas encore éloigné (2).

Molitor connaissait toute l'importance du poste où le général en chef l'avait placé. Il savait qu'il fallait à tout prix empêcher Souvarow de déboucher dans le Linthal ou du moins retarder ses progrès dans cette vallée. C'est pourquoi au lieu de songer à se replier devant un ennemi dont l'immense supériorité numérique semblait devoir le faire renoncer à l'idée de l'arrêter un seul instant, il se détermina à tenir ferme dans sa position et tirant le meilleur parti possible du petit nombre de ses soldats, en se saisissant habilement de tous les avan-

----

(1) Que Souvarow avait, dès son arrivée à la Muota, envoyé vers Glaris, afin qu'il se réunît aux troupes de Lincken.

(2) Battu à Schwanden, il battait en retraite vers Elm et devait repasser en toute hâte le Panix.

tages que les localités pouvaient lui présenter et en inspirant à ses troupes et cette même fermeté et ce courageux dévouement dont il leur offrait l'exemple.

Dans la même lettre où Lecourbe lui donnait avis de la marche des Russes, il lui annonçait aussi des renforts.

En conséquence Molitor se borna, en les attendant, à contenir Linken toute la journée du 28 et employa la nuit à faire ses dispositions pour l'attaquer le lendemain aussitôt que les troupes qu'on lui annonçait seraient arrivées. Celles-ci venaient à peine de le joindre (1) et le jour ne faisait que commencer à poindre, lorsqu'il se jeta brusquement sur la première ligne ennemie (2) qui ne put résister à l'impétuosité de ce choc et fut bientôt enfoncée sur tous les points. Vainement Linken fit avancer de nouvelles troupes pour soutenir les premières et comme il s'aperçut qu'il allait être bientôt débordé par de forts détachements que le général Molitor faisait marcher sur ses flancs, sur le versant de la vallée, il se replia promptement et avec une perte sensible sur Enghi jusqu'où nous le poursuivîmes la baïonnette dans les reins. Mais afin de tirer tout l'avantage possible de ce succès et de s'opposer efficacement à la jonction prochaine des Autrichiens et des Russes dans la vallée de Glaris, Molitor poursuivit Linken jusqu'à Panix et ne revint sur ses pas que lorsqu'il eut la certitude que les Autrichiens se retiraient dans les Grisons (3). Ayant laissé quelques troupes à ce dernier lieu pour les observer, il vola aussitôt au secours d'un bataillon de la 84ᵉ qu'il

---

(1) Le 2ᵉ bataillon de la 44ᵉ.

(2) A Mitlodi, entre Glaris et Schwanden.

(3) Le 29, Molitor n'apprit, à Matt, qu'à deux heures du soir, que Auffenberg marchait vers le Klonthal. Il laissait deux bataillons des 25ᵉ et 84ᵉ suivre Lincken dans le Sernfsthal.

avait envoyé la veille vers le Klonthal et qui était attaqué par l'avant-garde de Souvarow (1).

D'après les dispositions que ce maréchal avait prises
précédemment, il croyait que les généraux Jellachich
et Linken avaient fait leur jonction à Glaris et ne doutant pas en conséquence un moment que Molitor ne fût
enveloppé, il le fit sommer de se rendre à discrétion.

Pour toute réponse, le général français l'instruisit des
avantages qu'il venait d'obtenir sur les généraux Jellachich et Linken et lui apprit que le général Massena,
après avoir battu complètement les alliés à Zurich,
s'avançait avec des forces considérables sur la Haute-
Sill et sur Schwyz et le somma à son tour de mettre bas
les armes (2). On préjuge facilement, d'après le caractère connu de Souvarow, comment il reçut cet avis et
il répondit à la sommation du général Molitor en le faisant attaquer immédiatement et avec une espèce de
furie. Il crut vraisemblablement renverser par ce choc
terrible le faible corps que ce général avait à lui opposer ;
mais la valeur de nos soldats et l'habileté des dispositions de leurs chefs rendaient vains tous les efforts du
général russe dont la présence exaltait encore le courage de ses troupes et qui n'épargna aucun sacrifice pour
forcer notre position. Ainsi 1,200 Français environ
eurent la gloire d'arrêter pendant tout un jour, une
masse de plus de 15,000 Russes (3) et les mêmes hommes

____

(1) Cinq compagnies de la 44ᵉ accompagnaient Molitor.

(2) Deux sommations furent faites à Molitor : la première
par Auffenberg dans la soirée du 29 septembre ; Molitor
répondit, en effet, que les alliés avaient été battus et il
attaqua les Autrichiens bientôt forcés à rétrograder. La
deuxième fut faite le 30, à quatre heures du soir, par Souvarow qui ne reçut qu'une fière réponse.

(3) 7,000 Russes et 2,500 Autrichiens.

repoussèrent pendant près de dix heures les attaques continuelles et furieuses d'un ennemi qui présentait toujours de nouveaux soldats.

Molitor persuadé cependant que les troupes qu'il commandait ne pourraient pas soutenir le lendemain avec la même vigueur les attaques que l'ennemi, qui voulait à tout prix pénétrer dans le Linthal, ne manquerait pas de renouveler, profita de l'obscurité de la nuit pour se retirer par le Klonthal (1) et venir se placer derrière la Linth afin de défendre les ponts de Mollis et de Nœffels.

Outre les éloges qui sont dus au général Molitor et à ses troupes pour le généreux dévouement dont ils donnèrent alors un si bel exemple, la fermeté, le calme et les talents distingués que ce général développa dans cette circonstance extrêmement critique où il sentit toute l'importance qu'il y avait à empêcher Souvarow de gagner la basse Linth et d'atteindre Wesen, lui en méritent de particuliers. Car si nos troupes eussent malheureusement cédé, ou si l'imminence du danger et l'impossibilité presque évidente de tenir tête à tant d'ennemis qui l'entouraient eussent fait prendre à Molitor le parti de la retraite, Souvarow descendait dans le Linthal, faisait sa jonction avec Linken et Jellachich, et pouvait ensuite, après avoir culbuté la division qui était à Wesen, pénétrer peut-être jusqu'à la Thür, et parvenir à se mettre en communication avec les débris du corps de Hotze, Petrasch et de Korzakow, pendant que le général Massena se portait en toute diligence à la tête de la division Mortier (2) et d'une partie de sa réserve sur la rive gauche du lac de Zurich vers Schwyz et Einsielden.

---

(1) Par le Lintschtal.
(2) La 3e division.

D'après cette hypothèse extrêmement vraisemblable, on est à même d'apprécier la valeur du service que le général Molitor rendit à l'armée, et combien avec aussi peu de forces, il contribua à nos succès ultérieurs en contenant Souvarow sur la rive gauche de la Linth, jusqu'à l'arrivée de nos divisions sur les derrières de l'ennemi.

Après avoir évacué Glaris où les Russes étaient entrés immédiatement après lui (1), Molitor avait pris position à Mollis et à Nœffels, et il défendait avec une extrême opiniâtreté ces deux points (2) en même tems que le général Massena atteignait Schwyz et refoulait dans le val Mutten les troupes du général Rosenberg que Lecourbe avait contenu longtems au pont de la Muota(3), mais que la grande supériorité de ceux-ci et leur acharnement incroyable l'avaient enfin obligé à leur céder après les plus violents combats. D'un autre côté Loison remontait le val Sachen (4) et harcelait l'ennemi dans cette direction. Ainsi, bien loin d'avoir pu atteindre le second but qu'il s'était proposé, c'étaient les desseins de son adversaire que Souvarow voyait réussir. A la veille d'être presque entièrement enveloppé par les Français, il se trouvait dans la nécessité de forcer le pont de Nœffels pour se rendre par Kerenz et Murg à Wallenstadt ou de songer à se retirer dans les Grisons par le Linthal et Enghi ; car l'état déplorable de son armée exténuée par les fatigues et les privations de tout genre qu'elle avait essuyées pendant la marche par des

---

(1) Dans la matinée du 1er octobre.

(2) Molitor avait défendu d'abord Nettstall, jusqu'à midi, ses 800 hommes ou corps d'arrière-garde cédant la place à 4,000 Russes commandés par Derfelden.

(3) C'était Mortier qui conduisait cette action et non Massena.

(4) Le Schächenthal.

chemins affreux (1) et dans un pays totalement dénué de ressources, et la faiblesse à laquelle elle était réduite par suite des pertes considérables éprouvées dans les combats journaliers qu'il avait dû livrer et soutenir depuis Airolo jusqu'à Altorf et Glaris, ne lui permettaient plus de penser à marcher par le val Mutten et la haute Sill à la rencontre du général Massena qui cherchait à l'attirer du côté d'Einsielden dans un pays ouvert et sur un terrain où il pouvait le combattre avec avantage.

Dans cette position difficile et dont les dangers croissaient à chaque instant, Souvarow ne pouvait cependant s'arrêter à aucun parti définitif, avant que ses troupes, en grande partie disposées sur cette multitude de sentiers ou plutôt de directions qu'elles avaient suivi pour franchir la chaîne escarpée et presqu'impraticable du mont Pragel (2), fussent entièrement réunies pendant qu'elles arrivaient successivement dans un désordre et dans un état d'épuisement vraiment désespérant. Le maréchal russe assembla un conseil de guerre (3) afin de s'aider des lumières de ses officiers généraux pour sortir du mauvais pas où il se trouvait engagé ; mais tandis que toutes les opinions se réunissent pour considérer la retraite par Glaris et le Linthal et la réunion avec Linken comme seul moyen de salut, il se refuse opiniâtrement pendant deux jours à se ren-

---

(1) L'armée russe avait passé le Saint-Gothard, le Kinzig-pass pour se rendre d'Altorf à La Muota et le Pragel, coupé de prairies humides, pour aller de la Muota au Klonthal. Trois cols en une semaine, par des sentiers déjà couverts de neige au point de partage des eaux.

(2) Le passage du Pragel ne présente pas les difficultés qu'il faut surmonter pour franchir le Kinzig-pass.

(3) A Riedern, le 2 octobre.

dre à cet avis et persiste, dit-on, à vouloir pénétrer par Kerenz et Wesen pour gagner le lac de Wallenstadt.

Dans ce dessein, il ordonne au général Rosenberg de se maintenir à tout prix dans le Muttenthal et attaque avec un acharnement sans exemple les troupes de Molitor à Mollis et au pont de Nœffels. Mais la résistance des Français est supérieure aux efforts extraordinaires des Russes et le pont de Noeffels, six fois pris et repris par les deux partis, reste enfin en possession des premiers qui venaient d'être renforcés fort à propos par un bataillon que le général Gazan avait amené lui-même de Wesen (1) et se trouvant par là en mesure de conserver ce défilé important et de fermer l'entrée du canton de Zurich à Souvarow (2). Des combats également meurtriers avaient lieu pendant ces mêmes jours dans le Muttenthal, où Rosenberg exécutant avec dévouement les ordres de son général paraissait déterminé à voir périr jusqu'au dernier de ses soldats plutôt que de reculer d'un seul pas.

---

(1) Le 1er octobre, à 6 heures du soir.

(2) Nous devons mentionner ici la conduite de la 3e demi-brigade helvétique qui osa charger, devant le pont de Näfels, 3,000 Russes et les fit reculer quoique son effectif ne fût que de 300 combattants.

CHAPITRE XVIII

ENGAGEMENTS LIVRÉS PRÈS DE SCHWYZ. — RETRAITE
DU MARÉCHAL SOUVAROW. — NOUVELLE DÉFECTION
DE KORZAKOW. — LES AUSTRO-RUSSES SONT REJETÉS
SUR LA RIVE DROITE DU RHIN.

Plusieurs tentatives faites par des détachements
d'avant-garde de la division Mortier pour s'emparer du
pont de la Muota, dont les Russes n'étaient restés les
maîtres qu'au prix de beaucoup de sang, avaient été
infructueuses. Une d'elles, d'abord assez heureuse (1),
nous avait ensuite coûté plus de 200 prisonniers, parce
que les troupes qui en avaient été chargées se trouvant
composées de détachements de différentes demi-brigades qu'on avait réunis à la hâte en bataillons provi-
soires n'offraient pas cette même consistance que présentent des bataillons d'un même corps. Notre perte
en cette occasion eût encore été plus grande si l'adjudant-général Reille, qui marchait à la tête de ces
troupes (2), ne fût parvenu à diriger la retraite d'une très
bonne partie sur le penchant de la vallée, et n'eût pas
ainsi diminué cet encombrement que les soldats, fuyant

----

(1) Le 30 septembre.
(2) Reille ne commandait que la colonne de droite, mais
le 1er octobre.

avec précipitation par la grande route qui est au fond de la vallée, occasionnaient au pont de la Muota. Par cette direction qu'il avait prise, l'adjudant-général Reille dominait avantageusement l'ennemi. S'avançant sur le grand chemin, il l'aurait infailliblement arrêté dans sa marche pour peu qu'il eût été secondé par les troupes qui se retiraient en suivant ce même chemin ; mais l'effroi s'était emparé de celles-ci et elles ne se rallièrent que derrière le pont et assez près de Schwyz où l'adjudant Reille arriva de son côté vers le soir avec sa colonne et lorsqu'on le croyait au nombre des prisonniers faits par l'ennemi.

Le général Massena se trouvait alors à Schwyz ; il venait d'y apprendre que Souvarow était descendu dans la vallée de la Linth et il forma aussitôt le projet de se porter vers la basse Linth afin de remonter cette rivière par la rive gauche, tandis que le général Gazan s'avancerait par la rive opposée (1). Mais, sentant la nécessité d'éloigner l'ennemi de Schwyz et de le rejeter définitivement au delà de la chaîne du Pragel pour lui ôter toute possibilité de revenir sur son flanc ou d'arriver sur ses derrières lorsqu'il serait en marche pour exécuter le dessein que nous venons d'indiquer, il fit ses dispositions pour attaquer Rosenberg le lendemain. Ainsi, les mêmes lieux où tant de sang avait été répandu depuis plusieurs jours allaient encore être le théâtre des plus terribles combats. En effet, les Russes soutinrent nos attaques avec un tel courage et une si grande opiniâtreté que ce ne fut qu'après des efforts inouïs que nous parvînmes enfin à les chasser de leurs positions et à rester maîtres du pont de la Muota que nous enle-

---

(1) Gazan avait remplacé Soult à la direction de la 3e division.

vâmes quatre fois et qui fut autant de fois repris par l'ennemi. Dans un moment de lutte terrible où Rosenberg crut remarquer quelque hésitation de notre part, il s'était jeté avec tant de fureur sur nos troupes qu'il les avait fait plier un instant ; mais le général Massena, s'étant avancé à la tête de la 67e demi-brigade que Lecourbe venait de lui envoyer par son ordre (1), rétablit bientôt le combat et culbuta l'ennemi au delà du pont en lui enlevant deux pièces de canon et en lui faisant éprouver une très grosse perte en tués et blessés. Épuisé par tant d'efforts et reconnaissant l'impossibilité de tenir plus longtems un poste qu'il avait si vaillament défendu, Rosenberg remonta le val Muten pendant la nuit et se mit en marche de grand matin (2) pour traverser le Mont Pragel et rejoindre Souvarow dans la vallée de Glaris, nous abandonnant ses blessés (3) et une bonne partie de ses bagages que la difficulté des chemins et l'activité de notre poursuite ne lui permirent pas de faire transporter. Tranquille sur ce point, Massena n'y laissa les troupes nécessaires que pour inquiéter la retraite de l'ennemi et se dirigea avec une extrême diligence à la tête d'une portion de sa réserve sur Bilten et Urnen en face de Wesen. La plus grande partie de la division Mortier marchait aussi dans la même direction.

Mais pendant que ce mouvement s'exécutait et que le général Massena se disposait à remonter la vallée de

---

(1) A l'heure où, dans l'après midi du 1er octobre, Mortier luttait contre les troupes russes de Rosenberg, Massena était dans Rapperschwyl, à quelques kilomètres du général Molitor engagé devant Näfels.

(2) Rosenberg ne quitta la Muota que pour obéir à un ordre de Souvarow, car il avait repoussé Mortier le 1er octobre. Il ne partit que dans l'après-midi du 2.

(3) 583 hommes.

la Linth afin d'y attaquer vigoureusement les Russes qu'il faisait menacer en même tems sur leurs flancs et sur leurs derrières par les généraux Lecourbe et Loison, s'avançant par le val Mutten et le Schächenthal, Souvarow, convaincu de l'impossibilité où il était désormais de pénétrer sur la basse Linth et reconnaissant l'imminence du danger auquel il était exposé, se rendit enfin à l'avis du conseil de guerre qu'il avait assemblé, et, la mort dans l'âme, il ordonnait la retraite par Elm et Schwanden (1) sur les Grisons.

Déjà, ses colonnes, affaiblies et presque entièrement désorganisées par les revers affreux, les fatigues et les misères extrêmes qu'elles avaient éprouvées, s'acheminaient dans le val d'Enghi (2), lorsque la brigade du général Molitor, formant l'avant-garde des divisions à la tête desquelles s'avançait Massena, s'approcha le 4 octobre, au matin, de Glaris. L'arrière-garde ennemie avait évacué cette ville la nuit précédente avec une telle précipitation qu'elle resta encombrée de blessés et d'une quantité considérable de bagages, de munitions et même d'artillerie dont nous nous emparâmes sans coup férir.

Il n'y avait plus à douter de la retraite de Souvarow et le désordre extrême avec lequel il l'effectuait prouvait au général Massena qu'il n'avait plus rien à craindre de la part de ce redoutable adversaire. En conséquence, il laissa (3) aux généraux Mortier et Loison le soin de le poursuivre, après avoir dirigé la division ayant obéi à Soult sur Rheineck et Constance. Massena accourut à

---

(1) Il faut dire par Schwanden et Elm, puisque les Russes partaient de Glaris.

(2) Sernfsthal.

(3) Il dicta, car il était dès le 4 octobre à Zurich, au moment où Souvarow commençait sa retraite vers les Grisons.

l'aile gauche de son armée que le général Korzakow, avec les débris rassemblés de son corps et les nombreux renforts qu'il avait reçus, menaçait d'accabler.

Pendant que la majeure partie de nos forces se trouvait occupée avec Souvarow, en faveur duquel Korzakow espérait aussi faire par ce moyen une puissante diversion, nous verrons dans un instant, et lorsque nous aurons indiqué où s'arrêtèrent les progrès de notre droite, ce qui arriva sur cet autre point.

Les généraux Mortier et Loison (1), chargés de suivre la retraite de Souvarow et d'observer Jellachich et Linken, harcelèrent vivement l'arrière-garde du maréchal russe. La brigade Molitor parvint au pont de Schwanden au moment que Loison, descendant le Linthal, s'approchait du même village et refoulait Rosenberg sur la rive droite de la Link (2). Prise ainsi à revers et sur ses flancs, ou plutôt cernée de toutes parts, cette arrière-garde fut obligée de se faire jour à la baïonnette et n'y réussit qu'après avoir essuyé une très grande perte en tués ou blessés outre 1,200 prisonniers, ses bagages, son artillerie et 200 chevaux qu'il nous abandonna (3). Poursuivie de nouveau le lendemain, elle continua sa marche par Enghi, Malt et Elm, éprouvant, comme le reste de l'armée qui l'avait précédée dans ces chemins affreux, toutes les misères dont un climat rigoureux et la faim peuvent accabler à la fois de malheureux vaincus dans cette âpre contrée. Parvenue

______

(1) Loison avait marché à la tête de douze compagnies, d'Altdorf vers le haut Linthal, par le Klausen.

(2) Loison, qui arrivait avec le 2e bataillon de la 38e, était refoulé par deux bataillons russes. Seul, Molitor forçait Bagration et non Rosenberg à sortir de Schwanden.

(3) Dans la poursuite que les Français poussèrent le 4 octobre jusqu'au delà de Matt, dans le Sernfsthal.

enfin le 8 octobre (1) à Panix, elle se dirigea sur Ilanz où était Souvarow et toute l'armée russe réduite à moins de..... (2) hommes et ayant perdu tout son matériel, se rallia dans la vallée du Rhin supérieur sous la protection des Autrichiens qui vinrent occuper les cols par lesquels on pénètre du Linthal dans les Grisons et qui placèrent leurs avant-postes assez près de ceux du général Loison (3). Le général Mortier, ayant poussé Jellachich sur Sarganz et Ragaz, vint se poster le 10 octobre à Melz pour observer les débris de l'armée russe dont le quartier général avait été transporté d'Ilanz à Coire (4).

Le général Loison, auquel le général en chef venait de confier le commandement de la 2e division, en remplacement du général Lecourbe appelé au commandement de l'armée du Rhin, eut ordre de s'emparer du Saint-Gothard et de porter son corps dans la vallée de Dissentis.

Lorsque nous avons rendu compte des dispositions que le général Massena avait ordonnées sur toute l'étendue de sa ligne peu de jours avant le passage de la Limat, nous avons dit que le général Tharreau chargé de la défense du Valais avait reçu l'ordre de s'emparer du Simplon et de pousser même, s'il était possible, jusqu'au lac Majeur. En donnant quelques détails sur le plan que Souvarow s'était tracé pour venir attaquer l'armée française en Suisse, nous avons aussi indiqué que l'opération principale du général russe, dirigée par le Saint-Gothard et par la vallée de la Reuss, devait être secondée sur sa gauche par une attaque du corps du

____

(1) Le 7 octobre.
(2) 10,000 hommes valides.
(3) Au village de Panix même.
(4) Le 10 octobre.

colonel Strauch, réuni à celui du général Landon contre la division Tharreau. Ces ordres différents donnés presque simultanément par les deux généraux en chef furent exécutés. Le général Tharreau, qui s'était d'abord avancé jusque sur le lac Majeur, se trouva obligé de céder à son tour du terrain. Cependant, les projets de Souvarow n'ayant pu être exécutés avec autant de facilité et d'exactitude qu'il l'espérait à cause de la résistance vigoureuse que lui opposèrent successivement les généraux Gudin, Loison, Lecourbe et Molitor, le maréchal se vit obligé d'employer toutes ses forces contre eux, et ne pouvant dès lors faire soutenir ni parvenir à lier aucunement les mouvements de Strauch et de Landon, avec ses opérations dans la vallée de la Reuss, ces corps laissés à eux-mêmes ne se trouvèrent pas assez forts ni assez bien appuyés pour entreprendre à forcer les généraux Tharreau et Gudin dans les bonnes positions qu'ils avaient prises sur différents points de la frontière du Valais. Cependant, le général Landon et Strauch, ayant été informés des désastres essuyés par l'armée alliée, jugèrent à propos de se retirer devant les Français dès que ces derniers firent mine de vouloir reprendre l'offensive, de sorte que vers les premiers jours d'octobre, Tharreau occupa de nouveau le Simplon et ses anciennes positions sur le lac Majeur. Gudin, qui de son côté était redescendu du mont Furca dans le val d'Urseren et avait chassé Strauch du Saint-Gothard, vint occuper les cimes de ces montagnes et les principaux débouchés de la vallée supérieure du Rhin.

Nous avons laissé la division Soult, il y a un moment, en marche sur Rheineck et Constance et le général Massena également en chemin pour se rendre à l'aile gauche de l'armée qu'il savait menacée d'un grand danger. En effet, Korzakow, à la tête de plus de 12,000 hommes composés de ses propres débris qu'il était enfin parvenu à rallier derrière le Rhin (1) et d'un corps bavarois arrivé depuis peu, avait déjà débouché par la tête du pont de Bussingen et s'avançait rapidement dans la direction d'Andelfingen contre les faibles divisions Ménard et Lorge, chargées d'abord de le suivre dans sa retraite, puis ensuite de couvrir le Rhin entre Eglisau et Frauenfeld.

Korzakow comptait, avec quelque raison, sur des succès, car sa supériorité numérique et l'éloignement où il croyait que se trouvait encore le général en chef avec les divisions composant le centre et la réserve de l'armée française, semblaient lui en promettre de certains ; mais la prévoyance et l'extrême activité du général Massena renversèrent de si belles espérances et le général russe, après quelques légers avantages obtenus sur le général Ménard, fut bientôt forcé de se replier de nouveau au delà du Rhin (2). Instruit du mouvement de Korzakow et ayant pénétré son dessein, Massena avait dirigé avec célérité le général Gazan à la tête d'une partie de la division Soult sur Constance. Klein avec deux régiments de cavalerie suivait ce mouvement. En même tems, la division du général Lorge avait ordre de se porter sur Stein et Diessenhofen et celle du général Ménard sur Paradies et à là tête du pont de Bussingen. La réserve des grenadiers marchant sur la route de Winterthur, ou plutôt entre celle-ci et le chemin d'An-

---

(1) Korsakow avait réuni les débris de son armée au camp de Dorflingen derrière Schaffouse. Le 5 octobre, il pouvait mettre en marche vingt bataillons et dix-huit escadrons, 15,000 hommes environ.

(2) Le combat fut livré à la lisière d'un bois, devant Andelfingen.

delfingen, devait se tenir à portée de soutenir l'une ou l'autre de ces deux divisions. Les ordres avaient été expédiés de manière à ce que, malgré les distances assez différentes qu'elles avaient chacune à parcourir, ces colonnes arrivassent le 7 octobre à la même heure sur les points qui leur étaient assignés. Cependant, le général Ménard, parti la veille de Bulach, ayant devancé un peu les autres divisions, se trouva seul en présence de Korzakow qui s'avançait à sa rencontre. Le combat s'engagea immédiatement avec une espèce de fureur. Surpris en quelque sorte dans son mouvement, et chargé impétueusement par la cavalerie ennemie, Ménard qui n'avait pas eu le tems de faire toutes ses dispositions défensives, et qui d'ailleurs se vit aussitôt débordé par les forces supérieures de l'ennemi, perdit au premier moment quelque peu de terrain. Toutefois, ses troupes soutiennent ce choc terrible avec une grande intrépidité et tous les efforts des alliés pour les entamer demeurent superflus. Enfin le général Massena arriva à la tête des grenadiers de la réserve (1). Prenant aussitôt part au combat, les choses changèrent bientôt de face et l'ennemi culbuté sur tout son front se voit obligé de fuir dans un grand désordre vers la tête de pont de Bussingen, où il se réfugie après avoir laissé le champ de bataille jonché de ses morts et perdu cinq drapeaux, une pièce de canon et près de 3,000 hommes y compris les blessés et 800 prisonniers (2).

Sur ces entrefaites, la division Lorge faisait replier les avant-postes de l'ennemi du coté de Diessenhofen, et le rejetait au delà du Rhin à la suite d'un combat où les deux partis avaient montré beaucoup d'acharne-

---

(1) Du 1er bataillon des grenadiers.
(2) Ces chiffres dépassent la perte réelle des Russes.

ment (1). Le général Gazan, secondé comme nous l'avons dit par le général Klein, attaquait aussi dans le même instant le corps russe et celui du prince de Condé qui couvraient Constance (2). Ces troupes résistèrent longtems et défendirent avec une extrême opiniâtreté le village de Kreuzlinger que nous perdîmes après l'avoir enlevé et que nous eûmes beaucoup de peine à reprendre ensuite. Maître pour la seconde fois de ce même village, le général Gazan poussa l'ennemi avec tant de vigueur et le mit dans une telle déroute que nos troupes entrèrent dans Constance (3) pêle-mêle avec les vaincus, auxquels on ne laissa pas le tems de baisser le pont-levis. Il s'ensuivit une mêlée affreuse dans les rues dont l'obscurité de la nuit (il était alors dix heures du soir) augmenta encore le désordre et l'horreur. Les Français ayant enfin pénétré jusqu'au pont du Rhin, environ 500 hommes qui restaient encore dans la ville et dans les rues latérales demeurèrent prisonniers (4). On dit que le duc d'Enghien commandait ce jour-là l'arrière-garde ennemie, et qu'il montra dans cette occasion un courage et une fermeté, dont il est malheureux de lui voir donner des preuves en combattant contre des Français. Le prince de Condé, son aïeul, n'avait précédé le duc que de quelques instants et il échappa aux plus imminents dangers.

Si l'on s'est plu jusqu'ici à rapporter avec fidélité ces actions courageuses et pleines de dévouement dont les soldats des deux partis ont donné des preuves multipliées pendant le cours de la campagne, on ne peut cependant

---

(1) Ce combat eut lieu devant Diessenhofen même.

(2) Le prince de Condé marchait sur les indications de Korsakow, vers Frauenfeld lorsque Gazan l'arrêta.

(3) Par la porte Kreuzlingen.

(4) Le rapport officiel indique 73 prisonniers.

se défendre d'un sentiment pénible en citant ce qui suit :

Une colonne ennemie composée des hussards Baur (autrichiens) et Titow (Russes) et de 2 à 300 grenadiers du régiment de Bourbon (émigrés) ou chasseurs nobles, n'avait pu atteindre Constance qu'après que les Français s'en étaient déjà emparés et en avaient fermé toutes les portes. Elle errait autour de la ville cherchant vainement une issue pour gagner le pont du Rhin (1) et paraissait n'avoir plus d'autre parti à prendre que celui de poser les armes, lorsque par un de ces élans généreux que l'on voudrait admirer, mais qu'il faut déplorer en cette occasion, les grenadiers de Bourbon, qui formaient la tête de cette colonne, se précipitent sur une des portes, la brisent de leurs mains, pénètrent dans la ville qu'ils traversent en se faisant jour à la baïonnette jusqu'au pont du Rhin et frayent ainsi le chemin de la retraite aux régiments ennemis qui les suivaient et qui, par ce moyen, purent gagner la rive gauche du Rhin, non sans éprouver pourtant beaucoup de pertes.

Après cette affaire, les alliés ne tardèrent pas à évacuer totalement la rive gauche du Rhin, car ils abandonnèrent la tête du pont de Bussingen et en replièrent le pont le 10 au matin (2).

Dès qu'ils s'aperçurent que le général Massena faisait ses dispositions pour les attaquer, leur retraite ne nous laissa d'autre soin que celui de raser immédiatement les ouvrages de cette tête de pont.

Là se termine enfin cette suite non interrompue de combats glorieux dont la bataille de Zurich signale le commencement d'une manière éclatante et dont elle est

----

(1) De Petershausen.
(2) Dans la nuit du 8 au 9.

aussi l'origine et la cause. Car c'est non seulement à cette première victoire, mais aussi aux savantes combinaisons qui l'avaient préparée et qui en avaient encore assuré tous les avantages ultérieurs, qu'il faut rattacher ces succès brillants que l'armée du Danube ne cessa d'obtenir sur tous les points où elle combattit sans relâche pendant quinze jours. Toute la partie orientale de la Suisse comprise entre le cours de la Reuss, l'Aar et celui du Rhin, depuis le Saint-Gothard jusqu'à Schaffouse, servit de champ de bataille et l'on peut ajouter qu'il n'existe pas dans toute cette vaste enceinte hérissée de difficultés naturelles une seule vallée, une seule communication soit dans les montagnes, entre les lacs et vers le plat pays, une seule position en un mot, un seul point susceptible d'être disputé, qui ne l'ait été par autant de combats. Durant ces quinze jours, trois corps d'armée offrant un effectif de..... (1) hommes et supérieurs par conséquent de..... (2) hommes à l'armée française qui comptait à peine..... (3) mille combattants, avaient été battus et complètement défaits par elle. Leur perte réunie s'élevait à 10,000 hommes tués ou blessés, près de 20,000 prisonniers et plus de cent pièces de canon, quinze drapeaux, presque tous leurs équipages et un nombre considérable de chevaux et de mulets (4).

Des avantages aussi grands et aussi décisifs ne pouvaient certainement pas être dus au hasard comme

---

(1) 81,600 hommes.

(2) 20,000.

(3) Qui eut exactement 61,255 hommes engagés dans la lutte.

(4) Marès ignorait, en écrivant cet ouvrage, la perte des Français qui eurent du 23 septembre au 23 octobre en tués, blessés, prisonniers, malades des suites de fatigue, 16,383 hommes.

quelques écrivains prévenus ou de mauvaise foi ont essayé de l'insinuer. Ils étaient au contraire les résultats nécessaires ou du moins probables des savantes combinaisons du général en chef et de l'habileté qu'il déploya dans leur exécution et ils placent non seulement le général Massena au rang des plus illustres guerriers dont notre patrie ait à s'enorgueillir, mais ils détruisirent alors le prestige de la grande renommée des troupes russes et de Souvarow.

A cette époque, s'arrêtent aussi les revers éprouvés par les armées françaises depuis l'ouverture de la campagne (1). Toutes reprennent une attitude respectable ou même menaçante et la mésintelligence commence à se glisser parmi les chefs de la coalition entre lesquels une certaine harmonie n'avait cessé de régner durant tout le tems qu'ils avaient vu leurs projets couronnés de succès (2).

Le maréchal Souvarow, que nous avons laissé le 10 octobre à Coire, occupé à réunir et à réorganiser ce qui lui restait de soldats, marcha le lendemain sur Balzers et ensuite à Feldkirch où il s'arrêta. Il écrivit de là à l'archiduc et lui envoya son plan sur les opérations ultérieures de la campagne. Le prince était alors de retour de son expédition sur le bas Rhin. Il avait ramené une partie de son armée sur le haut Danube et avait son quartier général à Donaueschingen. Les projets du maréchal russe ne furent pas entièrement goûtés

---

(1) Allusion faite aux succès remportés à Bergen en Hollande par Brune sur les Anglo-Russes et par Moreau en Italie qui chassait, devant Gênes, les Autrichiens de l'Apennin.

(2) En apprenant les revers essuyés par ses troupes, Paul Ier accuse tour à tour le roi d'Angleterre et l'empereur d'Allemagne d'avoir trahi les Russes.

du prince (1) ; de sorte que plusieurs jours s'écoulèrent en objections réciproques qui fatiguèrent bientôt le premier et dont il paraît qu'il s'offensa. Dans cette fâcheuse disposition que l'on ne doit pas être surpris de rencontrer chez ce vieux guerrier accoutumé à voir ses avis prévaloir et reçus comme autant d'oracles, Souvarow prit le parti de déclarer que ses troupes étaient hors d'état d'agir. Il se refusa même, dit-on, à une entrevue avec l'archiduc, rappela à lui Korzakow et dirigea immédiatement son armée vers la Souabe où il prit ses quartiers d'hiver entre l'Iller et le Lech et ne consentit qu'avec beaucoup de peine à laisser une de ses divisions à Brégenz jusqu'aux premiers jours de novembre.

Il est assez probable que ce fut d'abord cette différence d'opinion entre ces deux généraux, puis l'affaiblissement que le départ de Souvarow occasionna dans l'armée des alliés, qui empêchèrent l'archiduc de former aucune tentative pour se procurer quelques débouchés en Suisse, en cherchant à se remettre en possession des têtes de pont de Constance que les Russes venaient d'abandonner.

De son côté, le général Massena ne jugea pas non plus devoir s'avancer au-delà du Rhin.

------

(1) Ils avaient pour objet de franchir le Rhin afin de reprendre Zurich.

APPENDICE

A

LETTRES DU COLONEL LAHARPE (1)

[Ancien précepteur des grands-ducs Alexandre et Constantin, de Russie, ardent mais sage démocrate, le Vaudois Frédéric-César Laharpe faisait partie, lors de la guerre franco-autrichienne, du gouvernement helvétique. D'une attention soutenue, il suit les événements militaires et il applaudit aux succès remportés, dès le 6 mars 1799, par une fraction de l'armée du Danube. Sa première lettre a pour destinataire le citoyen Perrochel, chargé d'affaires de France en Suisse.]

« Citoyen Ambassadeur,

« Enfin, le brave *Massena* vient de prendre des mesures dignes et de lui et de la République française pour expulser des Grisons et du Vorarlberg les Autrichiens qui s'y renforçaient de jour en jour pour faire une trouée par le Saint-Gothard, percer dans le haut Vallais, etc., intercepter la communication entre les armées d'Italie et d'Helvétie et pénétrer *sans péril* jusque dans vos départements du Mont-Blanc et du Léman.

« Le 6 et le 7e, vos braves soldats ont passé le Rhin depuis Reinech jusqu'à Ragaz, tant en bateaux qu'à gué. Leur intrépidité a surmonté partout les obstacles. Repoussés momentanément à Atzmoos et à Flesch par la mitraille, ils sont revenus à la charge et à neuf heures du soir, les

---

(1) Archives Massena.

retranchements du *Luciensteig* et le défilé de ce nom qui forme la seule communication entre le *Vorarlberg* et le *Pays des Grisons* sur une ligne de 20 lieues ont été emportés à la baïonnette. La lettre incluse de Massena qu'on vous traduira vous instruira des détails.

« Dans le même temps, une autre colonne partie de Pfeffers et passant sur les revers de la haute montagne du *Rolanda* arrivait sur les hauteurs de Haldenstein, sur la rive gauche du Rhin, entre les redoutes autrichiennes élevées sur le *Lanquart* et la ville de Coire, de manière à couper la communication entre ces deux points.

« Enfin, le général Demont forçait par la vallée de *Wettis* le défilé du mont *Gunkel*, descendait à Flims et prenait Reichnau, poste qui commande les deux vallées du haut et bas Rhin et intercepte tellement la communication entre Coire et la Ligue grise que les Autrichiens demeurés dans celle-ci auront eu bien de la peine à s'esquiver. D'après l'issue de ces opérations exécutées à *la Massena* vous devez regarder les Grisons comme perdus pour l'Autriche et la campagne comme décidée en votre faveur.

« Nous ne connaissons point encore l'issue des attaques qui doivent avoir lieu du côté de Bellinzona et de la Valteline, mais quelle qu'elle puisse être, les Autrichiens du pays des Grisons, séparés de leur armée du Vorarlberg, doivent se replier bien vite dans l'Engadine et le Tyrol.

« L'attaque combinée le même jour depuis le Saint-Gothard sur *Dissentis* dans la Ligue grise a manqué parce que une colonne n'a pu arriver à point nommé. Deux colonnes devaient se porter sur ce point et s'y réunir : l'une par Ober-Alp, depuis Urseren et la deuxième par le Maïenthal ou le vallon du Rhin du milieu, depuis le val de Liomen. Cette dernière n'a pu passer à cause des neiges. La première commandée par le brave *Loyson* et forte de 800 hommes, se mit en marche le 5e au soir et bivouaqua sur l'Ober-Alp, au milieu des neiges, dans un pays du diable, après avoir marché jusqu'au ventre dans la neige nouvellement tombée. Le 6e au matin, elle descendit dans la vallée de Dissentis et après avoir emporté 7 villages de suite, toujours chassait les Autrichiens et les paysans fanatisés par les moines de *Dissentis* ; elle arriva à la nuit audessus de Dissentis où l'ennemi s'était fortifié. *Loyson* somma, le 7e au matin, le commandant de se rendre. Sur son refus, l'attaque commença ; mais les paysans s'étant rassemblés au nombre de 5,000 au moins entourèrent les Français fatigués par les combats, les marches précédentes et le besoin et les forcèrent à la retraite. Celle-ci fut périlleuse et a coûté la vie à un grand nombre de braves qui ont été indignement massacrés. L'ennemi, voulant couper la retraite aux Français, réussit à occuper avant eux les hauteurs de l'Ober-Alp qui dominent le défilé unique par lequel ils devaient passer ; mais la bravoure et le sang-froid de *Loyson* vinrent à bout de ce nouvel obstacle et après un nouveau combat, l'ennemi fut forcé de renoncer à son projet. La perte de *Loyson* est d'environ 300 hommes, dont la moitié au moins a péri de fatigue. Celle des Grisons est estimée à plus du double.

« Sans la présence d'esprit de *Loyson* et le courage de sa troupe, les ennemis pénétraient jusqu'à Urseren, prenaient possession de l'*Urner-loch* ou *Caverne d'Ury* et du *Pont-du-Diable*, seule communication de l'armée d'Helvétie avec celle d'Italie, et les conséquences de cette mesure étaient incalculables, parce que les fanatiques habitants de ces montagnes sont dévoués à l'Autriche.

« La première nouvelle nous étant parvenue hier au soir par un sous-préfet très patriote, nous fîmes partir pour Altorf notre garde consistant dans les volontaires du canton de Léman et donnâmes des ordres pour faire avancer des détachements de notre élite. La première troupe doit être arrivée ce matin à sa destination et le brave *Loyson* aura vu que nous faisons notre possible pour l'aider ; mais il n'aura pas eu besoin de ce petit renfort depuis les bonnes nouvelles arrivées des environs de Coire.

« Je ne comprends rien, citoyen ambassadeur, à la manière dont on agit à notre égard. Depuis deux mois et demi, on nous promet l'envoy des fonds et effets nécessaires pour la levée des 18,000 auxiliaires et jusqu'ici nous n'avons encore vu que 20,000 livres. On nous remet une lettre de change de 80,000 livres qui est protestée. On envoie 4 à 500 uniformes et puis l'on ne cesse de nous accabler de reproches ! Je n'accuse personne, mais les amis de la coalition la servent bien. Nous ne perdons pas courage pour tout cela ; et nous ferons, en dépit de vos commissaires et con—

sors, ce que nous pourrons pour vous aider; mais nous sommes ruinés, poussés à bout et il faut plus que de la bonne volonté pour lever des troupes.

« Pardonnez et mon long silence et la longueur de mon épitre. Ma femme me charge de la rappeler à la citoyenne votre épouse. Veuillez, je vous prie, lui faire agréer l'hommage de mon respect et recevoir l'assurance de mon sincère et durable dévouement.

« Lucerne le 9e mars 1799 ».

[Laharpe veut s'employer à protéger ses compatriotes, tous obérés de contributions. A leur charge, l'armée française a vécu depuis deux mois. De plus, le colonel donne des conseils militaires dont Massena tiendra compte. Il a reçu, par Degiovanni, les confidences du général en chef, même le témoignage de son amitié, lorsqu'il écrit :]

« Lucerne le 15 avril 1799.

« Frédéric-César Laharpe, membre du Directoire helvétique, au citoyen Massena, général en chef des armées du Danube et d'Helvétie.

« Citoyen Général,

« Agréez mes remerciements pour votre obligeante lettre du 23 germinal dont je ferai certainement usage, selon vos intentions.

« Nous envoyons un courrier à Paris pour solliciter une dernière fois le Directoire afin qu'il donne les ordres nécessaires à l'approvisionnement de votre armée. La réquisition du commissaire Gauthier a répandu l'alarme. Elle a pu être nécessitée par les conjectures; mais j'ai l'honneur de vous assurer qu'il est de la plus haute importance de ménager les braves habitants du canton de Zuric, ceux de la Thurgovie et du Sentis qui forment une barrière entre l'Autriche et ses amis du centre. Sans les patriotes de ces cantons, de celui de Bâle et de l'Helvétie française, les insurrections qui éclatent de toutes parts eussent produit une affreuse Vendée : il est donc bien essentiel de ne pas leur enlever les subsistances; et il ne l'est pas moins de nous laisser les moyens d'entretenir nos bataillons d'élite qui s'avancent.

« En attendant que le Directoire français réponde à la demande que nous faisons de tirer des départemens limitrophes des grains pour alimenter les cantons voisins du Rhin qui tiraient les leurs de Souabe, nous désirerions que vous puissiez nous accorder cette licence. Une compagnie française avec laquelle nous avions signé un traité pour 400,000 quintaux vient de nous manquer au moment de l'exécution et nous met dans le plus cruel embarras.

« Vous connaissez déjà nos aventures du 11e avril, l'insurrection de l'Oberland qui ne sera étouffée que par le fer et le feu et celle de plusieurs communes argoviennes et lucernoises. Pour terminer au plutôt sur ce point et déconcerter les mécontens, nulle mesure ne serait plus convenable que de placer à Lucerne le quartier général du corps d'armée destiné à coopérer avec nous à maintenir la tranquillité intérieure.

« Quoique le général Nouvion ait fait tout ce qu'il était possible, il est incontestable que son éloignement retarde ou croise les opérations qui devraient avoir la plus grande activité. Placé à Lucerne, auprès de nous, ce général serait au courant de tout et sans perte de temps nous prendrions de concert les mesures convenables tandis que les rapports nous étant faits à des époques différentes et par différentes personnes nécessitent des mesures qui ne quadrent pas toujours aux conjonctures.

« J'ignore si cette proposition est admissible, mais convaincu qu'il est de la plus haute importance d'écraser très vite nos ennemis de l'intérieur, je ne vois pas d'autres moyens pour y parvenir sûrement que celui que j'ai l'honneur de vous proposer et le citoyen Degiovanni est complètement du même avis. Je vous remercie en mon particulier pour l'envoy de ce brave officier qui nous a déjà été fort utile et s'est attiré notre entière confiance.

« Nous nous occupons des moyens de vous procurer tout de suite les chevaux que vous demandez. Comptez sur notre zèle et notre bonne volonté ! Employez nos chasseurs si vous le pouvez, ils ne craignent pas le feu. Je vous recommande mes concitoyens du Léman lorsqu'ils seront arrivés. »

[Des défections subies du 23 mars au 20 mai, forçant les
armées du Danube et d'Helvétie à céder aux Autrichiens
de grands espaces, ont inquiété les patriotes suisses. Connaissant les craintes du peuple qu'il administre, Laharpe
prévient Massena et lui demande d'étouffer une insurrection.]

« Citoyen général,

« Je ne vous ai pas écrit ces jours passés parce que vous
étiez très occupé. Je vais maintenant le faire en peu de
mots. Le général Chérin est venu nous proposer de votre
part *une levée en masse* pour border le Rhin. Nous lui en
avons fait pressentir l'inutilité ; mais, pour prouver que
nous étions de bonne foi, nous avons fait passer nos ordres ;
quelle n'a pas été notre suprise en apprenant que le général Chérin nous avait mal expliqué vos intentions et que
vous n'aviez pas songé à cette mesure ?

« Assurément, ce général ne peut avoir eu l'intention de
se moquer de nous, mais ce qui est bien certain, c'est que
nous ne savons que penser d'un voyage fait, à ce qu'il paraît,
pour nous faire faire une fausse démarche.

« Le même général nous assure que nous devrions être
tranquilles sur le Vallais, que par les mesures prises, cette
insurrection allait être étouffée. Lorsque nous devions être
tranquilles, eh bien, nous recevions dans le moment la nouvelle que les deux bataillons de la 110e qui étaient sous les
ordres du citoyen Schiner doivent aussi passer en Italie et
que s'il avait besoin de renforts, il pourrait prendre un
bataillon de garnison. Il ne m'appartient pas de me mêler
du militaire, mais votre confiance en moi m'enhardit à vous
réitérer que ce n'est pas ainsi qu'on terminera les affaires
en Vallais.

« Notre commissaire, brave militaire, qui a vu le feu et
qui est un excellent patriote nous mande : 1º Que les
insurgés sont au nombre de 7,000 au moins et que leur
nombre s'augmente. 2º Que leur camp du bois de Viege
est devenu inexpugnable et que derrière cette position ils
en ont 6 ou 7 autres non moins fortes. 3º Que les Austro-
Russes et paysans insurgés sont à Saint-Rémi sur le revers
du grand Saint-Bernard, dans le val d'Aoste. 4º Que le
seul moyen de les débusquer et d'en finir serait de les atta-

quer par le *Grimsel*, le col de *Bedulto* dans la Levantine et *La Fourche*. 5º Que si l'on n'en vient pas à bout bientôt, ils ne tarderont pas à attaquer et à recouvrer le passage du Saint-Bernard.

« Je vous soumets ces réflexions, dictées par le désir de voir triompher la bonne cause et j'espère qu'à ce titre vous voudrez bien les accueillir.

« Agréez, citoyen général, l'assurance de mon plus entier dévouement et de ma considération la plus distinguée.

« Lucerne, le 23ᵉ may 1799 ».

[Le vertueux Laharpe ne peut souffrir qu'un agent de Rapinat se livre, sans trève, sur les bourgeois et sur les paysans, aux pires exactions. Toujours prêt à se dévouer à la cause commune, il demande que le soldat français tienne une conduite digne de sa mission de protecteur.]

« 3 juin.

« Je rouvre ma lettre pour vous parler d'un certain commissaire *Souvestre* qui nous est malheureusement trop connu par ses mesures oppressives dans les cantons de Bellinzona et de Lugano.

« La Chambre administrative de Berne offrait de rassembler les fourrages et l'avoine que vous lui demandés, moyennant une avance en numéraire. Le commissaire avait d'abord proposé la moitié du prix payable dans la quinzaine et la deuxième moitié payable par la caisse de l'armée, mais lorsque la Chambre a accepté, il a décliné toute espèce de réponse positive et voudrait qu'elle fît seule les avances et se contentât en attendant des *Bons*.

« Citoyen général! Vous connaissez notre détresse. Nous vous avons accordé les 6,000 quintaux de grains demandés. Nous vous avons promis de faire notre possible pour le fourrage et l'avoine et nous n'avons pas perdu un moment ; mais vous savés que nous sommes ruinés, que nous manquons d'argent. Comment donc pourrions-nous faire des avances pour la formation de vos magasins ?

« Vos amis sont bien décidés à tout faire pour votre brave armée, pour le soulagement de vos invincibles soldats, mais ils abhorrent l'engeance infernale de ces lâches vampires qu'on appelle commissaires ou fournisseurs, qui vont prostituant partout le nom français, spéculant aux dépens des soldats et du peuple.

« Nous ferons pour vous, pour votre armée, pour la cause commune, tout ce que vous pouvez attendre d'hommes sincères et loyaux, mais veuillez apprendre à vivre à ces fournisseurs qui vous font plus de mal que toute la coalition ensemble et auxquels nous ne pouvons avoir la moindre confiance.

« Notre Directoire vous écrit aujourd'hui, mais j'ai cru devoir ajouter ces lignes, persuadé que vous n'y verrez que les sollicitudes d'un homme qui vous est sincèrement dévoué mais qui périrait mille fois plutôt que de concourir à l'avilissement de sa patrie.

« On va débitant que vous allez évacuer le pays jusqu'à l'Aar ; je n'en crois rien et suis convaincu que si des circonstances impérieuses vous forçaient à une marche rétrograde, vous nous donneriez le temps de prendre des mesures pour couvrir au moins les cantons de Fribourg et du Léman dont les habitants veulent à tout prix se défendre et nous fourniriez quelques secours pour organiser cette défensive. Cette organisation seule nous manque. Vous avez vu que notre courage n'est pas éteint. »

[Après la première bataille livrée devant Zurich, événement militaire, que la désertion d'une partie des auxiliaires suisses avait précédé, Laharpe, tout attristé, dénonce les agissements des ennemis de la République. En outre, il demande, pour pouvoir assurer la sécurité du Directoire, des forces militaires pouvant faire bonne garde.]

« 9 juin.

« Citoyen général.

« La gravité des circonstances me force à vous écrire. J'ai eu l'honneur de vous écrire deux lettres qui ont dû vous préparer. La désorganisation qui s'est mise parmi nos troupes me paraît avoir été préparée par *ceux qui veulent capituler avec l'Autriche, par l'entremise de l'ex-avoyer Steiger et des Suisses émigrés dont les correspondans sont au milieu de nous.* Cette faction nous travaille depuis plusieurs mois. C'est elle qui a neutralisé toutes nos mesures. C'est elle qui nous a conduit à Berne et l'on nous a fait vouloir cette commune pour détourner tous les soupçons.

« Si vous voulez, citoyen général, que le gouvernement helvétique vous assiste puissamment, soutenez vos amis, ceux qui veulent à tout prix l'indépendance de leur patrie, la liberté et le maintien de l'alliance qui nous lie. Toute la partie française de notre République est prête à marcher pour la défense commune et moyennant son appui et celui des patriotes dispersés dans les autres cantons nous pouvons espérer de nous maintenir si vous ne nous abandonnez pas.

« Je vous le répète, citoyen général, les partisans de l'Autriche s'agitent en tous sens *pour empêcher que les patriotes ne prennent des mesures énergiques*. Ils veulent à tout prix qu'on attende le sort préparé par l'ennemi ; et leurs intrigues abominables prévalent sur les efforts des patriotes. Plusieurs hommes respectés jusqu'ici, bons patriotes, se sont laissés intimider ou gagner par *l'assurance d'un généreux oubli du passé*; et brouillés jusqu'ici, irrémissiblement avec la coalition, ne peuvent s'en être rapprochés que par l'effroi que leur inspirent les échecs de la République française qu'ils regardent comme à demi perdue.

« J'ai prévenu votre ministre, dans une visite qu'il m'a fait; mais il est instant de prévenir ce coup qu'on portera à la République et aux patriotes dès le moment où vous vous retireriez assez en arrière pour que la cavalerie autrichienne pût percer rapidement jusqu'aux portes de Berne et donner le signal. Les avis qu'on m'a donné sur cette dernière mesure des ennemis me la font regarder comme arrêtée par eux définitivement.

« Pour parer ce coup, il faut aux patriotes plus de forces qu'ils n'en ont de disponibles. Un bataillon du Léman pourrait, par exemple, nous être envoyé ou il faudrait qu'un bataillon français vînt à sa place et que le commandant reçût des instructions analogues aux circonstances.

« Les dangers seront moindres ou à peu près nuls si nous parvenons à fixer le chef-lieu à Fribourg. Appuyés aux communes de l'Helvétie française, dont les neuf dixièmes sont patriotes, nous n'aurons plus rien à craindre.

« Je n'ai pas besoin de vous dire, citoyen général, que s'il y va de notre existence, il y va aussi de la sûreté de nos frontières, car les amis de l'Autriche, qui parlent tant de *neutralité* dans ce moment, parleraient bien vite d'armer contre vous.

« Si vous ne voulez pas m'écrire confidentiellement, veuillez du moins me faire donner quelques assurances consolantes avec lesquelles il soit possible de ranimer les amis de la Liberté et de la République. »

[Laharpe défend les intérêts de son pays mis continuellement à contribution. Il déplore l'incurie des administrations. Il raille la tristesse des ennemis de la République ; mais il craint, on le sent, des calamités ; surtout le retour d'un nouveau Gessler.]

« Berne, le 15 juin 1799.

« Citoyen général,

« La lettre que le Directoire de France a écritte au nôtre et la vôtre ont produit le meilleur effet et servi de contre-poison aux manifestes débités avec profusion sous le nom de l'archiduc qu'on fait parler d'une manière fort hautaine.

« Le Directoire vous fait parvenir quelques réclamations occasionnées par des excès commis dans le canton de Baden, dont les paysans fanatisés sont déjà dans les plus fâcheuses dispositions. Qu'ils soient convaincus au moins qu'on fait l'impossible pour les en garantir.

« Il est un deuxième objet sur lequel il vous prie d'arrêter votre attention. Nous avons perdu, faute de moyens de transport, un magasin de 15,000 quintaux de grain qui se trouvait dans Zurich ; ce qui nous reste ailleurs n'est pas considérable et néanmoins vos fournisseurs cessant à tout propos le service, vos commissaires recommencent à nous traiter en pays conquis. On disait que l'Helvétie dévalisée par eux depuis seize mois est un pays abondant en denrées et que vos départemens limitrophes, les plus fertiles de la France, sont dénués de subsistances. Il est de mon devoir de vous dire, citoyen général, que ces réquisitions nous mettent au désespoir et peuvent compromettre votre armée car avec la meilleure volonté nous ne pouvons demander à nos rochers de produire tout ce qu'on nous demande.

« Le dénuement de nos arsenaux est un troisième objet. Depuis le commencement de la guerre, on ne cesse d'y puiser des munitions et même des armes sans songer à remplacer ce qu'on en tire. A Dieu ne plaise que nous regrettions l'emploi que vous savez en faire, mais enfin vous ne voulez pas nous épuiser tout à fait. Vous ne voulez pas attendre jusqu'au dernier moment à faire ordonner des versemens devenus de jour en jour plus nécessaires. Nous adressons nos réclamations à ce sujet au Directoire français, et, appuyées par vous, Citoyen général, il n'est pas douteux qu'il n'y ait égard.

« Nos projetteurs de capitulations sont un peu tristes de ne pas vous voir tenir la ligne de l'Aar. Ils comptaient déjà sur la marche rapide d'un gros corps de cavalerie autrichienne pour opérer les mouvemens convenus par eux ; mais vous disputez si bien le terrain qu'il leur est impossible de rien entreprendre.

« Nous avons ici autant de troupe qu'il en faut pour maintenir la sécurité intérieure, en les soumettant à une discipline sévère et les faisant travailler. Il est probable néanmoins que le Directoire acceptera l'offre d'un régiment de cavalerie afin de pouvoir comprimer avec promptitude les mouvemens insurrectionnels que l'ennemi excitera çà et là dans les campagnes.

« Tant que vous ne serez pas derrière l'Aar, ce qui j'espère bien n'arrivera jamais, les autorités constituées sont en sûreté à Berne. Veuillez sûrement les rassurer à la première occasion : les grandes assemblées sont susceptibles de terreurs paniques. Mais la confiance de tous en Massena est telle qu'il suffira d'un mot pour tranquilliser les uns et décourager les autres.

« On s'occupe à procurer les moyens de faire rejoindre ceux qui ont abandonné leurs drapeaux. Les besoins qu'ils ont éprouvé forcent à user de palliatifs, mais nous ferons punir sévèrement et *suivant l'antique usage* ceux qui s'oublieraient une deuxième fois.

« Je profite de cette occasion pour vous recommander l'azile de l'un des plus vertueux mortels, d'un homme sans cesse occupé de l'instruction du peuple des campagnes, d'un *républicain pratique*, en un mot, dont l'âme est aussi belle que la figure est noble ; c'est du citoyen *Pestalouzz* dont je veux parler ; la note ci-jointe renferme l'indication de sa demeure, et sans doute vous ordonnerez, citoyen

général, que vos braves soldats respectent les propriétés de
l'un de vos plus vrais amis. »

[D'un pareil homme, la correspondance doit être publiée.
Elle montre comment il intervint pour avertir des dangers
courus un allié souvent aux prises avec l'adversité et pour
protéger contre toutes exactions ses compatriotes. En
somme, Laharpe dépensa ses forces au service de la Suisse
qui doit lui garder la plus vive reconnaissance.]

B

RAPPORT SUR LA JOURNÉE DU 6 AU 7 PRAIRIAL AN VII DE LA RÉPUBLIQUE (1)

D'après l'ordre reçu du général Thurreau, conformément
à celui du général en chef, la division d'avant-garde dont
j'avais le commandement s'est dirigée à trois heures du
matin, en colonne de marche, sur les routes de Winther-
thur à Stein et Frauenfeld. La brigade de droite commandée
par le général Gazan, après avoir repoussé l'ennemi jusqu'à Frauenfeld et avoir enlevé cette ville à la baïonnette,
s'est portée sur la route de Constance en laissant seulement
un bataillon et un escadron d'observation sur celle de
Saint-Gall. A l'instant où nous attaquions le pont de Pfyn
sur la Thur, l'ennemi au lieu d'apporter une forte résistance sur ce point s'est avancé sur celui de Wyllen et a
forcé nos troupes à se retirer en arrière de Frauenfeld où
jusqu'à ce que le renfort de la 23e m'est arrivé je me suis
borné à me contenir; l'ennemi ayant profité de notre rétrograde pour se jeter sur les derrières du général Gazan, et
m'en étant aperçu, j'ai ordonné la reprise de la ville au
pas de charge, ce qui s'est exécuté avec autant de succès
que de bravoure de la part de ladite demi-brigade, 1er dragons et de la légion helvétique ; nous avons gagné les hau-

----

(1) Archives Massena.

teurs en jetant 'à mon tour sur les derrières de l'ennemi un nombre de troupes et une réserve de cavalerie considérable qui ont fait mettre bas les armes à tout ce qui s'était engagé dans la vallée. L'ennemi ayant reçu des renforts considérables, s'est répandu sur tout mon front et m'a, pour la troisième fois, forcé à la retraite qui toujours s'est exécutée au pas ordinaire. La 50e demi-brigade étant arrivée sur l'entrefaite nous reprîmes la ville et les hauteurs toujours à la baïonnette après avoir poursuivi l'ennemi avec vigueur jusqu'au dessus de Matzing où la nuit nous a forcé à prendre position. Il est résulté de cette journée aussi heureuse que brillante par la valeur du soldat, de 18 à 1,900 hommes faits prisonniers, et au moins 1,500 hommes tués et restés sur le champ de bataille, dont plusieurs officiers de toutes les armes. Notre perte en tout est bien moindre ; je la crois de 6 à 700 hommes blessés ou tués y compris les Suisses qui, ensemble, se sont conduits à l'exemple des Français, Les 10e légère, 23e, 50e et 100e de ligne, 4e hussards, 7e hussards, 1er et 23e dragons, l'artillerie légère, les chefs de ces corps et le citoyen Foy se sont parfaitement conduits.

Le combat sur ce point a duré depuis quatre heures du matin jusqu'à neuf heures du soir ; et sur le pont de Pfyn (colonne commandée par le général Gazan, qui a enlevé ledit pont) jusqu'à minuit.

Les généraux Soult, Valther, Gazan, Humbert, et l'adjudant-général Lorest ont contribué au succès de la journée. Le citoyen Maransin, capitaine à la 10e, le lieutenant adjoint à l'adjudant général Lorest, Urbain, aide de camp, Boisselier, officier au 7e hussards, se sont distingués dans cette journée.

Le général de division,

OUDINOT.

C

RECONNAISSANCE MILITAIRE DE LA REUSS (1)

[Son armée gardant l'Albis en juin et juillet 1799, Massena craignait que la collaboration des Russes de Korsakow et des Autrichiens de l'archiduc Charles ne le forçât à rétrograder. Sa prudence éveillée, il ordonnait d'étudier, au point de vue défensif, les lignes de la Reuss, qui étaient plus fortes, croyait-on un moment au quartier général, que celles de la Limat.]

« En vertu d'un ordre de l'adjudant-général Abancourt, chargé de la direction du bureau topographique de l'armée du Danube, en date du 3 thermidor an VII, les citoyens Ressat et Epailly se sont rendus le lendemain à Bremgarten pour reconnaître le cours de la Reuss, depuis cette ville jusqu'au confluent dans l'Aar et faire la suite de la carte levée par les citoyens Gordon et Mytre, du cours de la même rivière, depuis Lucerne à Bremgarten.

Depuis Bremgarten à son confluent, la Reuss coule sur un fond de sable et de rochers. La rapidité de ses eaux n'y permet aucun dépôt vaseux. Sa largeur moyenne est de 30 toises ; ses bords sont peu garnis de saules, mais souvent elle coule entre des escarpements boisés.

Il n'y a pas de ponts permanens que ceux de Bremgarten et Mellingen ; il y avait des bacs à Rottenschwyl et à Windisch ; on y a construit des ponts à batteaux ; un troisième est projetté près de Fischbach.

Le bassin dans lequel coule la Reuss est formé par deux chaînes de montagnes. Celle de la rive droite forme jusqu'à une demi lieue de Mellingen un plan fortement incliné, garni de terre, vignes, prés, bois et hayes qui rendent le pays extrêmement couvert. Depuis Sulz, la rivière s'écarte du bas de cette pente dont elle est séparée par un

---

(1) Archives Massena. Registre 30, Pièces 90 à 96. Etude faite par les citoyens Epailly et Ressat, ingénieurs géographes, détachés du dépôt général de la guerre à l'armée du Danube.

terrain inégal, coupé et couvert, sur lequel s'élève, plus haut que Mellingen, une branche de montagnes boisées et variées dans leurs formes qui règnent depuis Stetten jusqu'à l'embouchure de la Reuss.

Sur la rive gauche, la rivière vient toucher à la chaîne de montagne au rentrant qu'elle forme entre Hermetschwyl et Bremgarten ; elle s'en trouve déjà un peu éloignée près de cette ville, après quoi elle la quitte tout à fait. Le bois qui recouvre cette montagne sur toute sa longueur s'étend jusqu'à la rivière au dessous de Bremgarten, après quoi l'espace compris entre la rivière et la montagne renferme beaucoup d'accidents de terrain tout à fait coupés de hayes et couverts d'arbres jusqu'à la hauteur de Nesselbach, où commence une plaine découverte qui se prolonge jusqu'à Mellingen. Ici finit la montagne qui forme le bassin de la Reuss.

La petite plaine qui est en arrière de Mellingen est séparée par un bois d'une plaine plus grande, tout à fait découverte, nommée Berfeld ou plaine de Birr. Elle a une lieue de long sur trois quarts de lieue de large. Elle est bornée à sa droite par un bois qui va jusqu'à la rivière près de Birhart et à sa gauche par une montagne qui fait la suite de celles dont est formé le bassin de l'Aar et dont le prolongement s'aperçoit sur la rive droite de la Reuss au-dessus de Birmensdorf.

Pour remonter la rive gauche de la Reuss, on sort de Bremgarten par la porte du pont, laissant à droite la route de Mellingen et de Lentzbourg. A une portée de fusil, on commence à monter un rideau qui domine la ville de très près et qui est couvert d'arbres et coupé de fortes hayes en tous les sens. La rivière s'écarte de la route pour faire un saillant dont la pointe se trouve à 250 toises au-dessus de Bremgarten, près de la chapelle nommée *Vald Bruder*. Dans cet espace, la rive droite est escarpée et domine la rive gauche, mais à 300 toises environ de cette rive sont des rideaux en amphithéâtre d'où l'artillerie atteindrait avantageusement la rive droite.

Après ce saillant, la rivière fait un rentrant où elle coule au pied de la route de Muri. Sur les deux branches de ce rentrant, la rive droite est dominée par la rive gauche qui fait escarpement souvent à pic. La rive droite est un bois très fourré et impénétrable, en sorte que rien ne sera tenté de part ni d'autre jusqu'à Hermetschwyl.

Après avoir laissé près de la pointe du rentrant une maison de chaque côté de la route, on entre à 150 toises de distance dans un bois qui commence avec une montée rapide, de 100 toises environ ; au milieu de cette montée, on laisse à droite un chemin plus rapide encore qui conduit à Wal, en passant près de la thuilerie que l'on aperçoit vers le haut de la montagne, sur la droite. Près du haut de la montée, on laisse encore à droite le chemin assez bon qui conduit à Bienren, puis on sort du bois et l'on trouve deux routes qui conduisent à Muri, l'une en passant par Staffen et l'autre par Hermetschwyl où l'on descend par une pente assez raide pour aller au couvent qui se trouve sur le bord de la Reuss. Ces deux routes sont bien entretenues et peuvent contenir deux voitures de front.

Si, près du couvent, on quitte la route de Muri, pour remonter la Reuss, on suit d'abord un chemin assez bon, dans un terrain inégal et graveleux ; mais après un demi-quart de lieue, on arrive à une prairie très marécageuse où le chemin se perd et où toutes les propriétés sont closes de hayes et barrières.

Après avoir passé un coude rentrant que fait la rivière, on arrive par un terrain un peu plus découvert, mais toujours marécageux, au pont de batteaux construit en face de Unter Lanckof. Ce pont, composé de douze batteaux d'artillerie, est établi en un point où il y avait auparavant un bac. On y arrive de la route de Muri en passant par Rottenschwyl par un assez bon chemin mais trop étroit pour contenir deux voitures de front. La rivière a 40 toises de largeur en ce point. La rive droite est un pré marécageux et le chemin remonte la rivière avant d'arriver à la route de Bremgarten à Zug. La position du pont est des plus commode pour le retirer sous les yeux de l'ennemi ; les rives y sont également basses et les batteaux désassemblés peuvent être en un instant conduits dans une espèce de port d'où on peut à son aise les charger sur leurs haquets sans craindre le feu de la rive droite.

BREMGARTEN. — La ville de Bremgarten est située à la gorge d'une anse de la Reuss qui rentre vers la rive gauche.

Cette ville, composée de 200 maisons environ et ceinte de murailles flanquées de tours, n'étant pas hors de portée de l'artillerie qui serait établie au bas de la montagne qui règne sur la rive droite, on ne pourrait y faire une longue résistance. Si l'ennemi s'était emparé de Bremgarten et que pour l'empêcher de mettre le pied sur la rive gauche, on eut détruit le pont de cette ville, il ne lui serait pas difficile d'effectuer un passage en avant de la ville, vers la pointe du saillant que fait la rivière ; mais alors on pourrait tirer parti des hauteurs en amphithéâtre qui existent sur la rive gauche pour arrêter ses progrès.

Communications. — Les routes qui communiquent de Bremgarten sont, sur la rive droite : celle de Zug, passant par Unter et Ober Lanckof. Celle de Zurich passant par Unter Zophikon et Obenwyl. Une autre passant par Viden, moins bonne. Celle de Mellingen passant par Eggenwyl et Stetten.

Sur la rive gauche : celle de Lucerne passant par Muri. Celle de Lentzbourg passant par Wolen, Volmergen et Hendschicken. Ou passant par Gosslickon, laissant à droite Fischbach et Gnadenthal et à gauche Niderwyl, Nesselbach et Tegeren.

Depuis Bremgarten à Eggenwyl, village situé sur la rive droite, cette rive domine l'autre qui est boisée sur tout cet espace, excepté l'extrémité du saillant qui est en avant de Bremgarten.

Au-dessus d'Eggenwyl, la rivière fait un rentrant où la rive gauche, en forme de terrasse, domine de quelques toises la plaine de la rive opposée.

Après ce rentrant, la rivière forme un saillant vers la pointe duquel se trouve le hameau de Sulz. La droite de ce saillant est garnie d'un bois extrêmement fourré et en quelque sorte impénétrable sur la rive gauche. Il règne sur le bord un petit chemin qui vers la pointe est réduit à la largeur d'un pied. Le bois y est si fourré que l'on ne peut y apercevoir l'eau que l'on entend à ses pieds. Dans cette partie, la rive droite commande la rive gauche par un plan incliné qui finit à la rivière ; mais il est boisé jusque vers la pointe où le terrain a conservé la forme horizontale. La rivière y a formé une espèce de terrasse qui domine de 8 à

10 toises la rive opposée. La hauteur et l'étendue de cette terrasse seraient très favorables à l'ennemi pour protéger par son artillerie un passage de la Reuss en ce point ; mais la gorge du saillant est une plaine de 250 toises environ, tout à fait découverte, où nos troupes pourraient se développer sur un grand front et s'opposer d'autant mieux à la marche de l'ennemi débarqué sur la rive gauche qu'elles seraient secondées par l'artillerie établie sur le rideau de Fischbach, sur celui peu éloigné sur le bord duquel passe la route de Bremgarten à Mellingen.

Près de Fischbach, la rivière fait un rentrant où la rive gauche domine la droite qui est boisée sur un côté. Ce point a été choisi pour l'établissement d'un pont de batteaux et l'ouvrage qui doit en protéger le passage est déjà achevé ; il n'y a encore que deux batteaux plats pour y passer la rivière ; au-dessous de cette tête de pont, la rivière coule dans une plaine coupée de hayes très épaisses, mais la rive droite peut être battue par l'artillerie placée sur le rideau de Gosslickon.

A 400 toises au-dessous du rentrant, les deux rives sont escarpées et boisées. Sur la rive droite est un mamelon garni de bois de sapin qui est dominé par la rive gauche où l'on construit une redoute qui doit battre le bois et la plaine qui les séparent de la tête de pont.

De ce point à Gnadenthal, les deux rives sont boisées et escarpées et l'on ne peut rien y entreprendre.

Gnadenthal. — A un quart de lieue de Gosslickon on trouve sur la droite le chemin de Gnadenthal, abbaye située sur la rive gauche de la Reuss ; elle est entourée d'un rideau en forme d'arc de cercle de 60 toises de long qui domine la plaine qui s'étend sur la rive opposée jusqu'à Stetten ; il serait très désavantageux à l'ennemi de tenter un passage en ce point.

Depuis Gnadenthal, les deux rives sont généralement boisées, surtout la gauche qui est escarpée et domine le plus souvent la droite jusqu'à 400 toises au-dessus de Mellingen où la rive droite forme une espèce de terrasse.

Mellingen. — Mellingen est une petite ville située sur la rive gauche de la Reuss ; elle est entourée de murailles qui se terminent de part et d'autre à la rivière ; elle communique avec la rive droite par un beau pont de bois d'une seule arche, couvert et long de 24 toises sur trois de large. Cette ville est tout à fait commandée par les montagnes desquelles elle n'est séparée que par la rivière. Leur forme d'amphithéâtre permettrait à l'ennemi d'en approcher d'aussi près qu'il le voudrait, de la saccager par son artillerie et même de battre la plaine située en arrière ; cette plaine qui peut avoir une demi-lieue de long sur un quart de lieue en large est entourée d'un petit rideau depuis lequel on ne pourrait sérieusement disputer à l'ennemi le passage de la route de Brug et de Bremgarten que par des ouvrages d'un assez grand développement dont les feux croisés se réuniraient au débouché de Mellingen. La route de Lentzbourg serait plus facile à garder, mais si le point de Bueblickon était forcé, l'ennemi arriverait dans la plaine de Birr et tournerait le passage gardé en arrière de Wolenschwyl.

A 300 toises au-dessous de Mellingen est un moulin à planches après lequel la rivière fait un petit coude en rentrant, puis elle est ensuite tellement encaissée entre des escarpements profonds, boisés et souvent à pic jusqu'au lac de Windisch que toute tentative y serait infructueuse.

A une demi-lieue au-dessous de Mellingen, près de Birhart, la rivière avait fait un rentrant où la rive gauche domine la droite à pic et ensuite les deux rives sont à même hauteur et ressemblent à un large fossé au fond duquel coulent les eaux rapides de la Reuss.

A un quart de lieue de Birhart, se trouve le hameau nommé Junlaus, sur le côté du circuit saillant que fait la rivière. La partie antérieure de ce saillant est garnie de bois. Sur la rive opposée se trouve le moulin nommé Lindmühli ; le terrain est très boisé et montueux en cette partie ; on trouve des terres cultivées à portée des hameaux de Mundoswyl, Rutihof, Monslerhof, Eschenbach et Oberhaus.

A un bon quart de lieue au-dessous de Lindmühli, on trouve sur la rive droite le village de Birmensdorf à quelques 100 toises duquel est situé sur la rive gauche le village de Mellingen où l'on passe la Reuss dans une nacelle.

A un quart de lieue au-dessous de Mellingen est la pointe d'un rentrant où la rivière vient couler au pied d'une montagne très escarpée sur laquelle est la ferme nommée Linhöff. A la pointe du saillant est une carrière à plâtre qui y entretient l'humidité et rend très mauvais le chemin de voiture qui va de Birhart à Brug en passant par Mellingen et Kœnigsfelden. Le moulin à plâtre est bâti sur le côté d'un rocher que baignent les eaux de la Reuss près d'une petite isle boisée.

Depuis ce moulin, la rive gauche est en partie boisée et est dominée par la rive droite jusqu'au Pfarr de Windisch où on a construit un pont de dix batteaux d'artillerie. La largeur de la rivière y est de 28 toises. Il règne sur sa rive gauche un rideau assez élevé, peu éloigné de la rivière et au pied duquel elle vient couler à la pointe du rentrant qu'elle forme près de Windisch. Cette éminence, qui embrasse le coude de la rivière est très avantageusement placé pour protéger le passage de nos troupes et arrêter l'ennemi dans les attaques qu'il pourrait faire sur ce point et au confluent de la Reuss.

Le village de Windisch est situé sur la pointe et au pied de cette éminence où est aussi un moulin. La presqu'isle formée par la Reuss et l'Aar est boisée à sa pointe qui est marécageuse. Le reste en est cultivé depuis Birmensdorf à l'embouchure de la Reuss; la rive droite est bordée de montagnes en amphithéâtre à mi-côte desquelles est situé le village de Gebensdorf près d'un petit coude saillant que fait la rivière avant son confluent.

Le lac de Windisch établit la communication entre Brug et Baden dont la route passe au couvent de Kœnigsfelden avant de descendre au Pfarr. De l'autre côté de la rivière, la route en suit le cours jusqu'à son embouchure, puis elle remonte la Limat.

Le confluent de cette rivière est d'un petit quart de lieue au-dessous de celui de la Reuss et le terrain qui les sépare est une plaine cultivée, tout à fait découverte, au bord de laquelle est situé, sur la Limat, le hameau de Vogelsang. La chaîne de montagne qui forme les bassins de la Reuss et de la Limat se prolonge en forme de crête jusque près de l'embouchure de la Reuss.

Il résulte de la présente reconnaissance, que les points sur lesquels il faut principalement veiller sont ceux de Bremgarten, Sulz, Gnadenthal, Mellingen, Windisch.

Bremgarten et Mellingen sont moins susceptibles de défense que les autres et cependant les grandes communications dont ils sont le centre rendraient leur perte extrêmement désastreuse. Il serait important de suppléer par des ouvrages établis en arrière au désavantage de la position de ces deux villes. »

15 thermidor (2 août 1799).

D

MÉMOIRE SUR LE CAMP RETRANCHÉ DE BALE (1)
Fructidor an VII.

Vues générales et préliminaires. — Le coude que le Rhin fait à Bâle prêtait à l'établissement d'un camp retranché destiné à couvrir le pont qui est sur ce fleuve entre la grande et la petite ville. 1º Ce camp, naturellement appuyé des deux côtés au fleuve, n'avait rien à craindre des montagnes qui lui seront opposées parce qu'elles sont trop éloignées ; 2º sa droite pouvait recevoir une défense indirecte de la rive gauche du Rhin et sa gauche une protection solide de cette même rive, de la place et des redoutes d'Huningue ; 3º l'escarpement de la rive gauche de la Wiesen, la partie marécageuse comprise entre cette rivière et le canal de dérivation de la Teich, le rideau de la droite, tout marquait sur le terrain le tracé naturel du camp; 4º l'arsenal de Bâle offrait l'artillerie nécessaire pour son armement; 5º on était assuré de faire ce travail vite et à peu de frais par des réquisitions d'ouvriers dans le Frickthal et le margraviat de Bade, par une invitation aux cantons de Bâle et de Soleure et par un appel aux cantons voisins de la République française ; 6º il était de nature à être défendu par les troupes que le canton de Bâle aurait pu mettre sur

----

(1) Archives Massena. Registre 29, pièces 4 à 12.

Nota. — Le plan que nous reproduisons ne mentionne que les redoutes, les portes et les villages, d'après l'original.

pied, si les Suisses s'étaient unis franchement avec nous pour faire une guerre nationale aux Autrichiens.

Les avantages du camp étaient également nombreux et intéressants : 1º il offrait un beau débouché à une armée qui voudrait entrer dans la forêt Noire par le val de la Wiesen, ou remonter le Rhin par les villes forestières ou le suivre pour entrer dans le Brisgau ; 2º il concourait avec la nouvelle tête de pont de Vieux Brisach, occupait sur la rive droite du Rhin un assez grand nombre de points fortifiés pour rendre à l'empereur la guerre sur ce fleuve fort désavantageuse et le réléguer à volonté dans le stérile pays de la forêt Noire ; il nous conservait les facilités de faire à propos des excursions, des diversions, des grands fourrages, et de reprendre sérieusement l'offensive ; 3º il conservait une portion du territoire de nos alliés, d'autant plus précieuse que la ville de Bâle a, sur la rive droite, presque toutes ses manufactures, ateliers et presque tous ses ouvriers et que la perte du petit Bâle ruine absolument l'industrie de la cité et du canton ; 4º il offrait, dès nos premiers succès ou dans l'espérance d'une convention, des communications intéressantes pour le transit des marchandises d'un pays qui ne vit que par le commerce ; 5º ce camp rendrait le bombardement de Bâle presque impossible.

Il ne faut pas s'étonner, d'après ces considérations, si le général en chef de l'armée du Danube ordonna en floréal ce vaste camp retranché, en pressa fort l'exécution et destina 5,000 hommes pour sa défense.

On se propose, dans ce Mémoire : 1º de donner la description exacte du camp tel qu'il existe ; 2º de produire et défendre les raisons qui ont déterminé sa ligne et la nature de sa fortification ; 3º d'indiquer les moyens de le défendre avec le plus d'avantage ; 4º de présenter les augmentations et améliorations dont il serait susceptible.

Description du camp. — La droite du camp s'appuie au Rhin, vis-à-vis l'embouchure de la Birs, à 16 hectomètres du petit Bâle sur la route de Rheinfelden. La gauche va également s'appuyer à ce fleuve, entre le petit Klübeck et le petit Huningue, à pareille distance de la ville. Ce point est vers le milieu de l'île que le Rhin forme dans cet endroit, à 5 hectomètres en arrière de l'embouchure de la Wiesen.

Le centre s'étend depuis le pont en bois de la Wiesen qui est sur la route de Fribourg jusqu'au pont en pierre dit Schonbrucke, sur le canal de la Teich, près la route de Lorrach.

La ligne du camp décrit une courbure peu sensible de la droite au Wiesenbrucke, mais elle fait un coude pour suivre le Wiesen et se retire ensuite pour arriver au Rhin; son développement est de 36 hectomètres.

La fortification de ce camp se compose : 1º de 13 redoutes fermées, de différente capacité, palissadées et espacées à peu près de 230 mètres en 230 mètres, distinguées sur le *plan* par le nº de son rang à compter de la droite ; 2º des redans H et L et de la demi-courtine R ; 3º enfin, des batteries A, B, C, D, E, F, destinées à battre les approches des parties susceptibles d'une pareille défense.

On croit nécessaire de se permettre des observations de détail sur ces ouvrages. Leur ennuyeuse longueur sera excusée par les raisons d'utilité et supportée par la patience ordinaire de celui qui veut connaître une chose à fond. La droite du camp comprend les redoutes cotées 1, 2, 3, 4 et 5 ; elles sont sur un rideau dont le glacis du côté de l'ennemi est doux et peu sensible, mais on trouve à 90 mètres en arrière un bon fond très favorable à l'établissement d'un camp. Ce terrain est du gravier recouvert de 4 décimètres seulement de terre végétale ; on y a rencontré des difficultés pour les revêtements ; le gazon y a été transporté de plus de 600 mètres.

La redoute nº 1 a 4 côtés. Deux seulement concourent à la défense immédiate ; l'un enfile la route de Rheinfelden ; l'autre flanque la face droite de la pièce nº 2 ; le côté qui regarde le Rhin aurait pu être très dangereux en offrant un abri à l'ennemi si l'on n'eût pas fait un tambour pour voir le fond de son fossé.

Les redoutes 2, 4 et 5 sont des petits bastions détachés à gorges brisées, se flanquant peut-être un peu trop en avant.

La redoute nº 5 a seule 4 pans et une gorge droite. Elle offre un emplacement de plus à l'artillerie et voit parfaitement de tout son pourtour ; une redoute demi-circulaire eut convenu à ce point, si l'on eut voulu utiliser le feu des flancs des pièces collatérales.

La redoute nº 5, placée à l'extrémité du rideau, enfile la

route de Lorrach, commande le centre de la position et voit le bas-fond pour lequel on voudrait au premier coup d'œil que la redoute n° 4 eût été avancée.

Malgré la bonne disposition de cette pièce et de la redoute n° 6, on a trouvé que le pied du rideau n'était pas assez vu et que cet intervalle était une partie faible ; on y a en conséquence construit la courtine R.

Le centre et les redoutes cotées 6, 7, 8, 9, l'ancienne redoute bâloise et les redoutes I et OH qui ont rempli les intervalles entre 6 et 7, 7 et 8, n'ont de remarquables que le relief donné au n° 6 pour mieux diriger ses feux sur sa voisine, n° 5 ; l'emplacement avantageux du n° 8 pour voir l'ancien et le nouveau lit de la Wiesen ; enfin, la redoute n° 9, modelée sur le terrain, enfilant la route de Fribourg, découvrant la plaine en avant, gardant le Wiesenbrucke et défendant le passage à gué de la rivière.

Toutes ces places, quoique au milieu des prés, sont sur un sable recouvert de 2 décimètres de bonne terre, il est à craindre que l'eau mise dans les fossés des n°s 6, 7 et 8 et des redans où elle peut être conduite, ne mange les berges et ne cause par suite l'éboulis des parapets. Pour ne point s'exposer à des accidents, il sera prudent d'attendre au moment du danger pour les remplir.

Ces redoutes sont en général petites et ne doivent être considérées que comme des batteries. On avait jugé dans les premiers moments qu'il serait possible de former un blocus d'eau en avant ; les nivellements ayant ensuite fait connaître le contraire, on a été obligé de les renforcer des redans I et H ; ils étaient d'autant plus nécessaires que les ouvrages étant abordables et ayant par suite de leur petitesse des faces mal dirigées, il fallait absolument les flanquer.

La gauche comprend les redoutes cotées 10, 11, 12 et 13 et les batteries A, E, F. La redoute n° 10 n'est à proprement parler qu'une batterie avantageusement placée. Elle voit bien les deux côtés du coude de la Wiesen et commande la plaine en avant ; le pied de son escarpement est découvert par l'ancienne batterie E et la redoute bâloise. Les redoutes 11 et 12 sont de forme bastionnée ; on les a aplaties pour mieux diriger leurs feux. La place n° 12 qui s'appuie sur le Rhin n'a que trois côtés terrassés. Comme sa gorge est sur un fossé très profond et sa gauche sur le bord du fleuve on s'est contenté de palissader l'une et de garnir l'autre en palanques turques ; ainsi, on est à même de répondre à des tirailleurs qui, dans les basses eaux, pourraient se jeter dans Bâle. Bientôt après ils en seront chassés par la mitraille de deux ou trois pièces sorties d'Huningue et placées sur la route de Bâle.

Les redoutes n° 11, 12 et 13 présentent les mêmes dangers et les mêmes avantages que celles du centre pour l'eau mise dans les fossés ; le terrain y est d'aussi mauvaise qualité ; il faudrait au n° 13 un barrage à la gorge pour faire gonfler l'eau du fossé naturel et l'obliger à suivre celui de sa pente.

Ces trois places ont, sur toutes les autres, l'avantage inappréciable de recevoir sur leurs approches les feux croisés des batteries A et F, la première est sur la rive gauche du Rhin, au pied de la redoute à machicoulis ; l'autre est sur l'extrémité du rideau qui suit la Wiesen.

La rive droite sur l'autre aile du camp ne reçoit pas une protection immédiate de celle opposée parce qu'elle la domine de 10 décimètres au moins. Les batteries B du bastion Saint-Albade et C dite de la Potence, quoique aussi bien placées que possible, sont trop reculées pour faire beaucoup de mal. La batterie D, sur la rive gauche, à 200 mètres de la route de Rheinfelden qui passe sur l'autre rive, me paraît bien entendue ; elle est sur un point où cette route est très rapprochée du Rhin et où la rive gauche, en se relevant insensiblement, a gagné un commandement sur l'opposée.

L'ennemi, pour passer par le principal débouché, est obligé de défiler sous la mitraille de cette batterie et de recevoir ensuite ses boulets à dos ; elle peut lui être très nuisible dans une retraite.

Le canal de la Wies qui forme toutes les irrigations n'est qu'une dérivation de la Wiesen ; on peut le mettre à sec en ouvrant ses barrages qui sont trop loin pour être couverts par des ouvrages ; aussi, on ne doit aucunement compter sur leurs eaux pour la défense.

En comptant 5,000 hommes pour la défense de ce camp, il faut, non compris les canonniers, 2,500 hommes dans les retranchements et l'on ne pourra disposer que de 2,500 pour les réserves. L'artillerie sera de 60 pièces.

Moyens de défendre le camp avec le plus d'avantage. — On ne doit considérer ce camp que comme un champ de bataille où l'on a prévu l'attaque de l'ennemi et fait d'avance ses dispositions ; il y faut pour vaincre, le sang-froid et l'à-propos d'un général qui est sur le terrain et non la sécurité et la méthode d'un commandant de place.

La nature du terrain oblige à faire deux camps : un placé en arrière des redoutes 1, 2, 3, 4 et 5, et l'autre en arrière du pont de la Wiesen et du n° 10 ; le premier destiné au service de la droite jusqu'au n° 6 inclusivement et l'autre de la gauche, depuis le n° 7 jusqu'au Rhin ; le reste du terrain est trop humide pour qu'on y puisse camper.

Les redoutes garnies, la réserve doit être à 600 mètres en arrière, partagée en deux corps, l'un sur la route de Lorrach et l'autre sur celle de Fribourg, au premier ordre pour le pont militaire G.

Le général placé au milieu du camp doit à chaque instant envoyer des officiers pour démêler quels sont les points d'attaque et porter les plus grandes attentions aux n°s 1 et 5 susceptibles de le secourir. Sa réserve doit se prononcer en conséquence de ce qu'il apprend.

Les véritables attaques reconnues, la réserve doit se diriger sur les intervalles menacés ; elle ne doit attaquer l'ennemi que quand il commence à dépasser les redoutes afin de le pousser jusque dans les intervalles et l'y tenir sous les feux croisés des redoutes collatérales ; s'il se décide à la retraite (ce qui est probable) il faut que les batteries et l'infanterie des redoutes cessent leur feu et que les réserves le chargent, le poursuivent à outrance, se replient ensuite sous la protection des redoutes et l'attendent ensuite de nouveau.

Si un ouvrage est perdu, il faudrait, s'il y a des obusiers aux redoutes voisines, les placer sur les flancs et faire pleuvoir des obus sur cette place que la réserve cherchera à reprendre.

Il n'y a que l'intervalle du n° 9 au n° 10 qui ne soit pas susceptible de cette défense ; mais leur escarpement et leur élévation les rassurent contre toute attaque.

On pourrait à la gauche défendre quelque tems le village du Petit-Huningue, par les tirailleurs protégés du canon de la place ; la réserve devrait fournir ces tirailleurs afin de ne pas déranger les hommes qui bordent le parapet ; en cas de retraite, ils se rallieraient en arrière des redoutes, sans y porter la confusion ; la place d'Huningue après la perte du village doit y jeter des bombes et des obus, sortir des pièces pour les placer sur le chemin de Bâle.

Comme tout le terrain en arrière des ouvrages est couvert de maisons, de murs et de haies, on ne doit pas craindre que l'ennemi fasse de grands progrès. Si la réserve, par son attaque de front, ne peut d'abord le repousser dans les intervalles, on aura toujours le tems de la rallier et renforcer pour tenter une nouvelle attaque pendant que les tirailleurs tireront et que les gorges feront feu.

Il faut remarquer que la levée de terre en arrière des redoutes 9, 10 et 11 est un fort bon retranchement derrière lequel on pourra mettre quelques hommes formant une petite réserve intermédiaire aux deux grandes.

Si plusieurs ouvrages sont perdus, que les efforts pour les reprendre soient vains et qu'on juge la retraite nécessaire, il faut amener l'artillerie des autres au milieu des troupes et jeter beaucoup de tirailleurs dans les maisons, les jardins, etc. On lèvera ensuite les ponts-levis du Petit-Bâle pour avoir le tems de couper le pont après l'avoir passé.

Il faut choisir et nommer d'avance les hommes intelligents et éprouvés pour commander dans chaque redoute ; tout tient à ce choix ; il faut des officiers de sang-froid et opiniâtres.

Pour se préparer à une attaque de nuit, qui est la plus sérieuse dans ces sortes de camps, il faut : 1º se garder avec le plus grand soin et de ses bivouacs détacher beaucoup de patrouilles dans l'obscurité ; 2º faire faire en avant des intervalles, à 600 mètres, des amas de bois, d'où tireraient les bivouacs et auxquels ils mettraient le feu s'ils étaient obligés à se replier pour éclairer les démarches de l'ennemi. On avait proposé dans le tems de conserver plusieurs maisons en bois condamnées à la démolition, pour être allumées et servir de fanal dans ces occasions ; on n'a pas voulu malheureusement écouter cet avis et l'on est embarrassé aujourd'hui pour y suppléer ; 3º placer tous les soirs dans les intervalles les 200 chevaux de frise et le lendemain, à la pointe du jour, les reporter derrière les redoutes pour les dérober au canon ; 4° tenir et faire marcher les réserves toujours réunies ; 5° lever les ponts-levis du Petit-Bâle et laisser en avant de forts plantons pour ramasser les fuyards et les amener aux réserves.

Augmentation et amélioration dont le camp est susceptible. — On peut dire qu'il n'y a aucune addition indispensable à faire au camp ; on y a successivement ajouté les choses les plus nécessaires et ce chapitre, qui aurait été fort long il y a deux mois, se réduit aujourd'hui à quelques lignes : 1° il conviendrait tailler et arranger en parapet la levée de terre qui provient du déblai du fossé en arrière des n°s 9, 10 et 11 ; 2° faire un petit redan, le fossé de tranchée, dans chaque intervalle des cinq redoutes de droite ; 3° élargir la plateforme de l'angle d'épaule de la redoute n° 5 pour y placer encore un obusier destiné à fouiller dans le bas-fond et en avant du n° 4.

A Bâle, le 1er fructidor an 7.

Le chef de bataillon du génie,
PAULINIER.

TABLE DES MATIÈRES

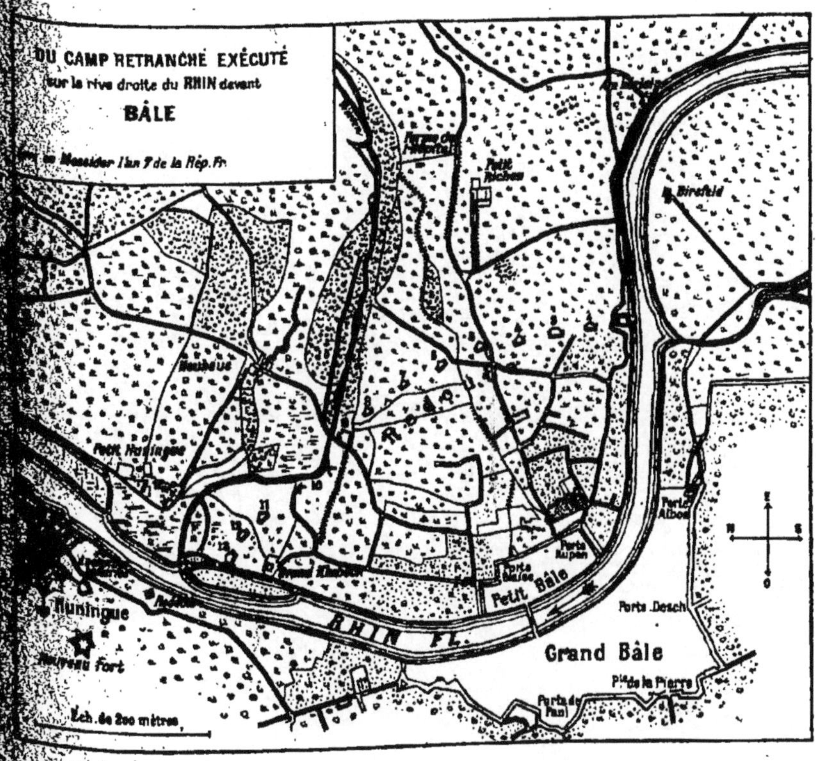

DU CAMP RETRANCHÉ EXÉCUTÉ
sur la rive droite du RHIN devant
BÂLE
en Messidor l'an 9 de la Rép. Fr.
Petit Richen
B. Birsfeld
Neuheusel
Petit Huningue
Porte Alban
Porte Augsten
Porte Blaise
Porte St Jean
Petit Bâle
Porte Desch
Grand Bâle
P.te de la Pierre
Porte de Huni
Huningue
Nouveau fort
Ech. de 200 mètres
RHIN FL.

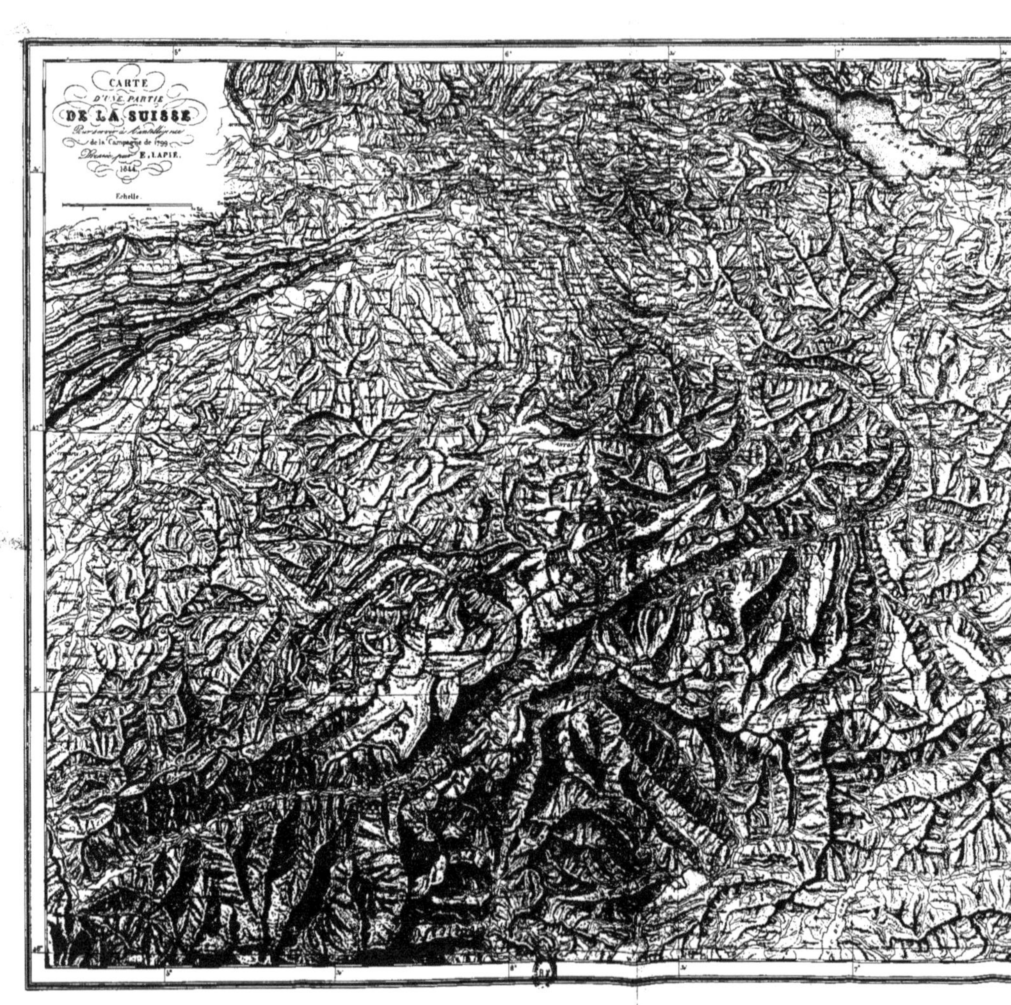

CARTE
D'UNE PARTIE
DE LA SUISSE
Pour servir à l'intelligence
de la Campagne de 1799
Dressée par E. LAPIE.
1844.
Echelle.

Publications de la librairie militaire universelle

Guide Fournier. **Officiers.** — Cet ouvrage, d'un format qui permet de le porter constamment en poche, contient le résumé des nombreuses formalités que messieurs les officiers et assimilés des troupes métropolitaines sont susceptibles de remplir dans le cours de leur carrière, in-16 oblong, relié. Prix 2 »

Guide Fournier. **Troupes coloniales.** — Contenant le résumé des nombreuses formalités que messieurs les officiers et assimilés des troupes coloniales sont susceptibles de remplir dans le cours de leur carrière, in-16 oblong, relié....... Prix 2 »

Guide Fournier. **Chefs de musique.** — Contenant les listes d'ancienneté et par régiment des chefs, sous-chefs de musique, chefs de fanfare et une partie documentaire complète. Prix. 1 50

Lieut-col. Coste. — **Nos réservistes.** — Histoire d'une période d'instruction accomplie par le 320ᵉ régiment de réserve. Prix................. 1 25

Capit. Marabail. — **De l'influence de l'esprit militaire** sur l'œuvre d'Alfred de Vigny, avec une préface d'Emile Faguet, de l'Académie française.................. Prix 7 50

Capit. Marabail. — **La haute région du Tonkin et l'officier colonial.** — Cercle de Cao-Bang.............. Prix 12·50

Alfred Durand. — **Jeune Turquie-Vieille France**, in-8º carré, orné de nombreuses illustrations, couvert. en coul. Prix 6 »

G. Demeny. — **Evolution de l'éducation physique.** — L'école française. Grand in-8 contenant plus de 150 grav., dessins ou portraits.................. Prix 6 »

Enrique Rostagno. — **Les armées russes en Mandchourie.** — Traduit du manuscrit espagnol inédit par le baron Hubert Beyens, t. I, in-8 raisin avec de nombreuses phot., cartes et plans coul.................. Prix 10 »

Col. Chaland de la Guillanche. — **Mémoires du capitaine Bertrand.** — (Grande Armée 1805-1815), recueillis par le col. Chaland de la Guillanche son petit-fils. Beau vol. in-8º avec gravures.................. Prix 5 fr. ; franco 5 50

Dʳ Ach. Edom. — **Escrime rationnelle aux trois armes.** — Manuel complet d'enseignement à l'usage des maîtres et prévôts.................. Prix 5 »

A. Martinien. — Tableaux par corps et par batailles des officiers tués et blessés pendant les guerres de l'Empire (1805-1815), in-8 raisin.................. Prix 6 »

Command. Mordacq, breveté, comm. le 25ᵉ bat. de chass.. — **Cours de stratégie,** vol. in-12.................. Prix 3 50

Capit. Courcier. — **L'officier d'infanterie et son cheval.** — In-8 jésus, tiré deux couleurs.................. Prix 6 »

Baccart. — **Conseils à un jeune conscrit,** par un vieil adjudant, in-12 illustré.................. Prix 1 25

www.ingramcontent.com/pod-product-compliance
Ingram Content Group UK Ltd.
Pitfield, Milton Keynes, MK11 3LW, UK
UKHW021509090726
13657UKWH00001B/128